地球の景色

藤本壮介

2023年3月6日の藤本事務所にて

2014.12.4　マイアミ

カフェの一杯から都市の軸線まで

パリ　東京　ロサンゼルス　二〇一四年十二月

①

パリに来ている。

最近はフランスの仕事が増えてきて、二〇一四年だけで六回目の訪問になる。時間が空いたときなどに街を歩き回ることも増えて、そうするとパリの街は本当に良いなあとしみじみ思えるのだ。

パリと言えばオスマンの軸線とその先に建つモニュメンタルな建造物、そしてブールバールに沿った統一感のある街並みという印象があったのだけれど、こうして自分の足でうろうろ歩いてみると、そんな表向きのパリの背後にはとても豊かな表情が控えているのがわかる。

パリの街はそれほど大きくない。いや、大きいのだが、自然と歩けてしまう距離感なのだ。大きな軸線に交わるように中小の幾何学的な街路が交錯し、視線がさまざまな方向に伸び縮みする。街並も単に統一感があるだけでなく、その足元の歩行者視線では実に変化に富んでいて、もちろんカフェが街角ごとに椅子とテーブルを広げているから良い意味での雑然とした感じが加わる。その変化ゆえに飽きがこない。

見上げれば同じように見える建物や窓も、まさに1／f揺らぎではないかと思えるほどに多様さと統一感が混ざりあった細工が施されていて、これは意図をもってつくり上げられるものではなく、ただ時間と文化の厚みのなし得るものだと実感する。

歩き疲れれば目の前にカフェが現れる。その椅子とテーブルはどちらかというとぎゅうぎゅうに詰め込まれていて、周囲の余裕のある街並との対比がなんだか可笑しい。しかしパリの人たちはそのぎゅうぎゅうの場所にぎゅうぎゅうに座って楽しく会話している。ぼくはたいてい一人で歩いているのだけれど、一人の人間と大きな都市が不思議と違和感なく接続する感覚があって心地よい。テーブルの上に一杯のカフェが運ばれてくる。この一杯でいつまでもこのパリという時間を過ごすことができる、とても贅沢な場所なのだ。

カフェのテラス席に腰掛けて改めて思うことは、このパリという街は、実にさまざまなスケール感が見事に共存し関係しあってつくられているということだ。一杯のカフェの小さなカップから数キロにわたる都市の軸線までが関係しあいながらつながっている。その両極端の間の無数のスケールが脈動するように目の前に現れては移り変わっていく。その体験の幅の広さと調和こそが、パリを美しい街にしているに違いない。

これからの建築は、単に建物単体を設計するというよりも、もう少し広い範囲を扱えるようになると面白いのではないか。それは「都市」というものとも違う。街と建築の間のようなあり方だろうか。路と建築と家具とが渾然一体となって人間の生活のための場をつくり出す。

考えてみると、最近は、規模は大きくないけれど、建築と街とその間を扱うようなプロジェクトが増えてきている気がする。建築家だけではなくクライアントにもそのような意識が広がってくれば、単体の建物をつくるのとは異なる新しい建築空間の考え方が生まれてくるかもしれない。

そのような街と建築の「間」の場所は、より社会的な場所であるはずで、それゆえに建築家の役割も広がってくるのではないだろうか。それは街と建築がつながる場所でもあり、さらにはさまざまなプログラムや出来事がつながる場所でもある。都市全体を設計するということのリアリティが持てない時代ではあるが、それでもぼくたちはパリの街からインスピレーションを得て、建築と街とその間

パリ, 2001年

の場所をつくっていくことができるに違いない。その場所が生み出すさまざまなつながりによって、建築の形が新しい社会の形と呼応できるかもしれない。

ところで今回パリの建築関係者の間で一番話題になっていたのは、ヘルツォーク&ド・ムーロンの例のピラミッド型の高層ビルが、周辺住民の投票によって否決されたというニュースだった。近年のパリで一番インパクトのある計画だっただけに、賛否両論とのことだが、これで終わりというわけではなく、行政は引き続き実現に向けて戦い続けていく意向だという。パリ、熱い……。

なぜパリはそうまでして新しい建築を求めるのか？　地元の建築家によると、パリという街が、これからも新しい価値観を受け入れ発信していく場所だということを世界に向けてアピールしたいのだという。すごく単純明快だ。しかしそれは新興国が最新の建築をアイコンとして求めるのとは、すこし違う気もする。あれだけの巨大な遺産を持っているからこそ、その巨大さを押し返すように新しいものを打ち出していく。それでようやくバランスが取れるのだろう。新しい価値と言っておきながら、このカフェにあるのは古めかしい籐椅子と飾りテーブルなのだから、その自然な新旧の共存にこそ文化の蓄積が感じられる。

日本でも国立競技場を巡ってさまざまな議論が起きている。東京とパリとでは、公共性、景観、文化の蓄積などさまざまな状況がちょうど正反対にズレながら重なっているように思える。新旧をぶつけあうことでエネルギーを生み出すパリに対して、日本ではまたすこし違った形での新しさの表出があっても良いのではないかと感じられる。

上野に到着した。

成田空港からはいつも京成線を使うので、上野に到着する。パリから突然の上野である。そしてこの上野の街並にいつも感銘を受ける。上野の、そして日本の街並は、どこまでもペラペラだ。もちろん良い意味で、ぺらぺらで軽やかで、吹けば飛ぶような儚さがある。これはパリの街がどうがんばってもつくり出せない光景だ。ペラペラだから、都市が、街路がひらひらしていて、建築の内装や家具に近いものに感じられる。ここではパリとは全く違った形で、家具的で建築内部的な感覚が街と街路につながっている。それゆえヨーロッパの石造りの街から突然上野のペラペラに移動してくるこの微笑ましい瞬間に、いつも不思議な可能性を感じられるのだ。

一週間後、ロサンゼルスにやってきた。

以前UCLAで教えたときには、この街がひたすらにだだっ広い場所に感じられて途方に暮れたものだが、今回はパリの直後に来たからなのか、この巨大な高速道路が新しい都市空間の可能性を秘めているようにも見えてきた。

巨大な面の上を、無数の車が滑っていく。これだけの広さと長さがあれば、この上を移動するのは何も従来型の自動車だけでなくてもよい。もっと建築的な大きさのものや、パーソナルな部屋のようなものが自動運転で縦横無尽に動き回れるだけのポテンシャルを秘めている。ホテルの部屋だって常にこの上を動いていてもよい。

すべてが流動している中で、翌日のアポイントメントに合わせてそれぞれのコンパートメントが合

ロサンゼルス, 2006年

流したり、グループワークを行うために無数の移動オフィスが融合したりする。そもそも動く必要があるの？　と思われるかもしれないが、このＬＡという場所にいると、自動車で動き回っていることのほうが定常状態なのではないかとも思われるのだ。

昨日もクライアントから「いま車で移動中であと一時間半でホテルに着くから」という連絡があってその間ぼくはホテルのロビーで仕事をしていたんだけど、双方移動していれば自然と四五分後には合流できて、一時間話しあってまた離れていく、ということが起こるかもしれない。

ぼく自身はいまでも動かない建築にこそ可能性があると思っているが、しかしＬＡの街にいるとそんなちっぽけなリアリティが吹き飛ばされるような奇妙な感覚に襲われる。それが異国と異文化を旅する楽しさでもある。

このエッセイでは、日々訪れるいろいろな場所で感じたこと、考えたこと、またそこから連想して思い出されるさまざまな建築や出来事などを交えて、建築の現代と未来について書き連ねていきたいと思っています。

2015.1.31　ニューヨーク

建築を道として思考する

イスタンブール　シカゴ　ニューヨーク　二〇一五年二月

②

イスタンブールに来ている。

最初にイスタンブールを訪れたのは、大学を卒業した翌年、一九九五年の二月から三月にかけてだった。冬のイスタンブールは観光客も少なく静かな場所だったが、それ以来この街は、ぼくがもっとも好きな街のひとつであり続けている。

今回はあいにく霧雨の曇り空だったが、ぼくはこの曇りがちなイスタンブールが好きだ。日の光で全てのものの輪郭がはっきりと区別されるよりも、霧に煙った曇り空に包まれて、街と建物とその下の人々の活動がひとつに溶けあって、柔らかな全体像を見せてくれるほうがこの街の構造に合っている気がするのだ。

イスタンブールの街は、建築と地形とがちょうど良いスケールで共鳴しあって美しい景観をつくり上げている。街全体は海峡から緩やかに立ち上がる丘状の地形に張り付いている。その姿を唯一無二のものにしているものは、この丘から隆起するように点在するモスクの丸屋根だ。街のシルエットを決定づけるこれらのドームは、自然の地形の延長のようにも見えるし、無数に張り付く建物たちの泡の多様な膨らみのひとつにも見える。フラクタル図形のように、全体と部分が相互に関係しあって不可分の調和をつくり上げている。さらにその柔らかい有機体のような都市に、無数のミナレットの尖塔が細長い垂直線を描き込むことで、人工物と自然地形の対比を際立たせる。そのような地形と家々と丸屋根と塔の総体が、曇り空の下、霧雨によって溶けあわされて、部分と全体のどこまでも尽きない関係性の応答を生み出しているのだ。

初めてこの街を訪れたときに、突然に街中に鳴り響くコーランの読唱にとても強い感銘を受けたのを思い出す。幾つものモスクから、さまざまなニュアンスのコーランが響き渡り、重なりあい、共鳴する。それは単なる音であることを超えて、街全体にあまねく染み渡る空間そのもののように感じられた。雲と霧雨が街を包み込むように、コーランの響きがエーテルのように街の空間と時間を溶かし込む。その下で、人々はさまざまにうごめき、活動し、生きていく。都市とは本来、そのような「場」そのものを指すのではないだろうか。

イスタンブールと言えば、グランバザールである。マーケットであり、路であり、都市であり、建築でもあり、地底のようでもあり、形のない生活そのものでもあり、さまざまなモノの集積でもある。いくつかの入り口はあるのだが、既に入り口前の路地が、かなりの範囲にわたってオーニングで覆われた露天のマーケットになっているので、街とグランバザールの境界は曖昧に溶けあっている。それでもバザールに一歩足を踏み入れると、そこはボルヘス的な迷宮の様相を呈していて、他のどこにもない特別な世界が広がっている。内部は路地がかなり複雑に絡みあっていて、うかつに歩いているとすぐに方向感覚と距離感を失ってしまう。しかし緩やかな斜面の地形がバザールの内部にも連続しているので、すこし歩き回ると大まかな方角を直感できるようになってくる。その傾斜ゆえに、内部空間でありながら屋外的な、街的な体験がオーバーラップしてくるのかもしれない。路地はアーチの連続だが、つくられた時期が異なるためなのか、さまざまな様式のアーチや柱が混在していて、それぞれのエリアに特徴を与えている。

初めてここを訪れたときには、この建築なのか路なのか街なのか判然としない場所を目の当たりにして、大きな衝撃を受けた。当時はまだ大学を卒業してすぐだったこともあり、また建築の教科書に

イスタンブール，グランバザール（カパルチャルシュ）

アヤ・ソフィア, 1975年

も当然載っていない場所なので、予備知識なしで突然こんな場所に放り込まれたら驚くに決まっている。驚くと同時に建築を超えた建築のあり方に魅了された。ここでの経験が影響してか、それまで住んでいたはずの東京を見る目が変わり、さらにその東京と故郷の森とをつなげる思考などが生まれてきて、自分のいまを形づくる建築思想へとつながっていく、最初のインスピレーションだったのだ。

ところで路を建築として思考する、あるいは建築を路として思考する、という方法は、近現代建築ではいつごろ生まれたものだろうか？　パリのパサージュなどが思い出されるし、ル・コルビュジエは自身の設計したサヴォア邸を建築的散策路と表現していた。ラ・トゥーレットの修道院においては、十字形の回廊が路と建築の交差する場所になっている。

現代における路的な建築と言えば、やはりOMAが設計したシカゴにあるIITのマコーミック・トリビューン・キャンパス・センターだろう。OMAはクンストハルなどの初期作品からすでに路的な建築思考を展開しているように思える。それはもしかするとロッテルダムという街そのものが持つ、自然地形から路や橋などのインフラまでをも、人間の居住環境として設計する姿勢に根ざしているのかもしれない。建築と路や橋の間に区別がない意識だろうか。しかし一方で、レム・コールハースがグランバザールのような不思議な場所に影響を受けていたのではないかと空想してみるのも面白い。たしかコルビュジエも、東方への旅でイスタンブールを訪れているはずだ。

レムのIITは、ミースの厳格な直交グリッドのキャンパスに、学生のための「けもの路」とも言えるような新しい路のありようを発見して、その路のネットワークそのものが建築となっている。幾つもの路が交わりあうその内部空間は、変化に富んで多様であり、街と路と建築の驚くべき融合が実現している。平らなIITのキャンパスに対して、敷地の真上を通過する高架鉄道を手がかりにして地形的な歪みを巧みにつくり出し、立体的にも実にさまざまな場所をつくり上げている。

現代において、路と建築はますます融合していくのかもしれない。路は街であり、それゆえ建築と街も溶けあい始めるだろう。その先には、もはや単体の建築というものが意味をなさない世界が広がっているのかもしれない。そのときに建築家がなにを設計し始めるのか……。

最後にアヤ・ソフィアを訪れた。何度来ても、この場所は、歴史上で人類がつくり上げた最高の内部空間であると思う。二〇年前に初めてイスタンブールを訪れたのは、この建物を見たいと思ったからだった。そのときに懸命にこの内部空間をスケッチしようとしたのを思い出す。このなんとも言えない「向こうの向こうの向こうの……」という感覚は、ひとつの空間でありながら、同時に無数の空間が集まったものであり、さらにその表面が無数のモザイクの粒子で埋め尽くされていることから生まれてくる感覚に違いない。極小から極大までが入れ子状に無限に重なりあっている。ここに現代建築につながる何があるのかは全く分からない。人類がこれをつくり上げ、その空間を存続させているということに驚くばかりである。

ニューヨークに着いた。

マンハッタンは、無数の高層ビルの集積によってできている。その都市の全体像と、個々の建物のバランスが、どこかイスタンブールにおける街の全体像と点在するドーム屋根の関係に似ている。個々の建物たちが、都市の完全な部分になってしまうのではなく、しかし個性的な建築たちが単に孤立す

EXIT

マコーミック・トリビューン・キャンパス・センター　設計：OMA

るわけでもなく、部分と全体が絶妙な調和を保っている。イスタンブールの場合にはその調和は既に安定しているが、マンハッタンはリアルタイムで随時更新されていく動的平衡である。街の中を歩いていると、マンハッタンの中心部でも無数の建設現場に出会う。ヴィニオリやヘルツォークなどの話題の集合住宅の個性的な形態が姿を現し、都市のシルエットを目の前で更新しつつある。それでも驚くのは、マンハッタンの街が持つ多様性である。NOHOとSOHOのあいだあたり、ブロードウェイから一本入ったところには、東京でもあまり見られないのではないかというくらいの、幅二メートル弱の細長い三角形の平屋の建物が、周囲を道路に囲まれたまま残っている。そこに入っている飲食店には行列ができていて、屋根の上には建物よりも大きな広告が据えられている。そのストリートの遥か先にはフランク・ゲーリーが最近完成させた、波打つ鏡面ファサードのマンションがそびえていて、この街が持つ懐の深さを象徴しているのである。

8スプルス・ストリート　設計：フランク・O・ゲーリー

2015.3.29　東京

都市と建築と時間の肌理

成都　香港　パリ

二〇一五年四月

中国、成都に来ている。

このところ、北京、上海、広州という三大都市以外の中国の街に来る機会が何度かあったが、どこを訪れても現地の人が、その街の周囲にある古い街並みが残るエリアに案内してくれる。昨年訪れた厦門《アモイ》で案内された世界遺産にもなっている塔楼は別格としても、杭州では市内に残る江南特有の水運集落がよく保存されていたし、ここ成都では、西に一時間くらい車で走ったところにある崇州街子古鎮という街を案内してくれた。かなり古くからある街のようで、「この路が唐の時代に長安までつながっていたんです」などと説明されると、その時間と距離のスパンにくらくらする。全体的に古色を帯びた印象で屋根が歪んでいたりするので、古いものがけっこう残っているんだなあと思って小路に入ると、改修中の建物が普通にRCの駆体だったりして、そうするとどこまでが本当に古くて、どこからが新しいものなのか、よくわからなくなってくる。

ここ中国では、良い意味で素材や施工にばらつきがあり、そうやってつくられたものには、たとえ新しいものだったとしても既に時間が経ったかのような自然な揺らぎが生まれるのかもしれない。そこでは人間が本来持っている生き物としての揺らぎと、時間の流れが自然というものに刻み込む揺らぎが共鳴しあって、人工と自然の区別を超えた、ある種の肌理のようなものが生まれている。この肌理の揺らぎは、言ってみれば「時間を無効にしてしまうような」何かであり、永遠に経過しながらも決して過ぎ去らない無時間のような感覚、あるいは過去と現在と未来が同時に存在している不思議な帝国のようでもある。長安へと通じたこの無時間の小路に佇みながら、ぼくはカフカの『皇帝の使者』という短編を思い浮かべずにはいられなかった。そこで描かれる空間的な繰り返しによる無限の延長と、どこまでもズレながら重なっていく相対的な無時間の世界は、この寂れた冬の観光地に確かに実在したのだ。

少し前までの中国は、おおざっぱには、古いものは容赦なくどんどん壊して新しい建物や街をつくっているという印象があったかもしれない。しかし今では、これらの伝統的な集落や建物は、逆に徹底的に保存再生され、観光地として強力にアピールされているようだ。通りにはたくさんの店舗が軒を連ね、中国のおばちゃんたちによって活気が生まれている。成都の市内に保存再生された別の伝統建築エリアなどは、市内で一番の人気エリアなのではないかと思われるくらいに賑わっていて、内装のリノベーションから街路のサイン計画までしっかりデザインされている。中国のクライアントや建築家と話をしていても、彼らがどこまでもどん欲に学びと向上の姿勢を持ち続けていることに感銘を受ける。もはや日本は追い越されているのではないかと思うことも多々あり、ぼくは中国に来るたびに、彼らの真摯な姿勢に刺激を受けて、もっともっと学び、そして創造しなければと思わされるのである。

香港に来た。

プロジェクトの敷地を見るために、施主に連れられて街の中を歩き回った。香港には何度か来たことがあったが、今回こうして地元の人々と歩き回ることで、初めて香港の地面を感じた気がした。香港は坂が多い。今から思うと当たり前のことなのかもしれないが、実際に歩いてみて、実感として、坂というか、全てが階段のようである。香港の建物は超人工的なプロポーションや密度で、ぼくは以前から好きだったけれど、この坂道を上り下りしているうちに、その超人工性のただ中に意外な身体

香港の街並み, 2004年

賢友餐廳
崇記地產
記粥飯店
FX 512

的運動の原初性を発見して、この両極端で調和がつくられていたのかと、自分なりに納得するものがあった。

香港と言えば、空中に飛び出た無数の看板である。というのはもう古いのかもしれない。現地の人によると、既に政府はあのような香港式の看板を承認しないらしい。安全性の問題とのことだが、やはりどこか残念ではある。一見、無秩序でありながら、しかし人間の活動の延長として増殖していく看板たちは、これもやはり都市の印象を決定づける重要な「肌理」であろう。坂道に無造作につくられた階段の段々が身体的なスケールでの都市の肌理をつくり出し、これらの看板たちを経てさらに林立する高層ビルの乱雑さと統一感が大きなスケールでの都市の肌理となる。港に浮かぶ無数の船の乱雑さは、また別の広がりをもった肌理である。

東京においてそのような肌理とは、おそらく頭上を行き交う電線であろうか。その電線たちが、ぼくに東京をして森のようだと感じさせたのだと思う。話は逸れるが、ぼくは東京の路には、もっと樹を植えた方が良いと思う。夏の日射しが厳しい東京には機能的に必要であるし、乱雑な建物と別の乱雑さを持つ樹木が相まってとてもユニークな都市景観が生まれるに違いない。割り箸のような形だけの街路樹を毎年割り箸のように剪定するのではなく、樹木の揺らぎと乱雑さを都市の豊かさとして活かしていくべきだと思うのだ。そしてメンテナンスをすることで、都市空間がぼくたち人間とは別ものとしてそこに存在するのではなく、ぼくたちの延長として呼吸しているものなのだという意識を持ちたいものだ。

パリにやってきた。

幾つか打ち合わせを終えて、帰国当日の午前中、ようやくフランク・ゲーリーのルイ・ヴィトン財団の建物を見ることができた。図面や写真を事前に読み込んでいたわけではなかったので、エントランス空間の平らな白天井に少し戸惑った。ゲーリーらしくない。館内の案内図を見ると、最上階以外は展示室が積み上げられた印象が強い。敷地は公園の中なので、比較的広々としているように見えたが、ここまで積層しなくてはならなかったのだろうか？　最上階の展示空間は、さすがのゲーリーだったけれど、全体的に窮屈な感じが否めない。曲面ガラスのシェードは美しいけれど、建物の周りに場所をつくっているわけでもなく、開放感もあまり感じられない。

屋上に出て、ようやく深呼吸できた。抑揚をもったダイナミックな地形のようにつくられた屋上空間が、曲面ガラスのシェルで複雑に覆われていて、豊かな半外部空間が連続している。ここではみんな楽しそうにしている。それでも同行したパリ出身のフランス人スタッフは、屋上テラスからの視線の抜けが、パリの街をほとんど意識していないことに不満げだった。もう一度エントランスに戻ると、正面に建物の写真をコラージュした宣伝用のグラフィックが設置されていたのだけれど、その構図は、ゲーリーの美しい建物がどこかの美しい砂漠のような場所に滑るように浮遊しているというもので、あたかもこの建築が場所と無関係に存在しているとでも言いたげだった。

ベージュ色のダクタル（繊維強化コンクリートパネル）による外装材は、とても精緻につくられているが、ぼくには逆にちょっと違和感があった。ぼくはゲーリーの建築の肝は、表面を覆う素材の「肌理」にある気がしている。レンガや金属板やガラスが、それぞれの素材の持つ特性に合わせてスケールを与

ルイ・ウイトン財団　設計：フランク・O・ゲーリー

えられ、それが精緻でありながら動きを伴ってダイナミックに連なり、その連なりがそのまま建築の形とフォームにまで連続していくような、部分と全体を統合して、その区別を無くしてしまうような肌理の在り方。建築と素材の間にもうひとつのスケールが介在することで、その両方が再発明されるような在り方。形と肌理が自己完結せずに、お互いがお互いを規定しあい、さらに周囲の環境と対話を始めるような在り方。それこそがぼくにとってのゲーリーとザハの違いであり、ぼくがゲーリーに感銘を受ける理由なのである。しかしこの建物においては、肌理と素材の扱いに、そこまでの強さを感じなかった。ガラスのシェルにおいては、その力が遺憾なく発揮されていたのだが……。

　この建物は、ガラスでくるまれた美しいサナギなのであろうか？　サナギは外界を遮断して、自分の世界に閉じこもる。それはそれで美しいには違いないが、この曲面ガラスのシェルが周囲に開きはじめ、その下や間に、豊かな半外部空間が無数にまとわりつき始めたとき、このサナギが羽化し、羽を広げたときに、より美しく、また喜びに満ちた建築となるのではないだろうか。そんな空想をしながら空港へと向かった。

2015.5.2　ロサンゼルス

④

その時その場所にしか存在し得ない特別さ

上海　ロサンゼルス　シンガポール　二〇一五年六月

Wi-Fiで仕事をした後に見たマンハッタンの夜景

先日、初めて航空機内のWi-Fiを使った。

ロサンゼルスからニューヨークまでの約五時間のフライトだったが、たまたま締め切りが迫っていたフランスのコンペのやり取りが離陸までに終わらず、しかしNYに着いてから再開だと微妙に間に合わない感じでどうしようかと思いながら搭乗したところ、目の前にWi-Fiの文字が……。結果、三〇分後には再びメールでのやり取りが始まっていた。しかし恐れていた通り、これは良くないですね……。いままで長距離フライトの機内はつかの間の安息の時間だったのだけれど、Wi-Fiにつながったとたんにそれは逃げ場の無い拘束された作業スペースと化し、つぎつぎと送られてくるデータを卓球のように一心不乱に打ち返す競技場となってしまった。機内食もとらず、リクライニングすらせず（ぼくの座席のリクライニング機能がそもそも故障していたことを後で知って、こういう運命だったのだと理解したが）そのままマンハッタンの夜景を見ることとなった。美しかった。

かわいそうだったのは日本でぼくとのやり取りを続けていたスタッフで、ぼくの搭乗と同時に家に帰って仮眠できるかと思ったらまだ続くのか、という感じで、しかもパリとのやり取りも同時に起こっていたりして、大変だったようだ。幸い、その時に提出したパリのエコール・ポリテクニークの教育施設のコンペは無事勝利することができて、ぼくたちの奇妙な努力が報われたのだった。

プロジェクトのプレゼンテーションのために、上海に一泊二日で行ってきた。

今回のプレゼンは地域の市長さんに直接行う。中国では半公共の大きめのプロジェクトでは、このように市長さんに直接行うプレゼンが多い気がする。市長さんは忙しい。この日も、プレゼンの場所や時間が二転三転して、その度に模型とパネルを持ってばたばたと移動していく。最終的に、三〇分だけ時間を確保できた。

パネルと模型を並べた部屋で待機していると、市長さんが、いかにも市長さんという感じの堂々とした歩き方で入ってくる。手短に説明を、と言われ、持っていった二案のポイントを簡潔に伝える。市長さんは同席した側近に意見を求め、彼らが短く印象を語る。驚いたのはここからで、市長さんは、演説をするかのように揚々とよどみなく、それぞれの案の良いところを挙げて自分の言葉で説明し始めた。そしてこれこれの理由で自分はこちらが良いと思う、と言って一案を選ぶ。さらにその選んだ案に対して、これからの設計プロセスで検討してほしい点、問題となりそうな点、さらにこうしたら良くなるのではないかという意見を、明瞭に順序づけて挙げていく。そうして「以上、ありがとう」と言って市長さんは去っていった。

これだけの規模の建物を、二〇分足らずのやり取りで理解し、さらにこれからの進め方を見据えた方向性を的確に提示することができる。このようなトップダウンのやり方にはさまざまな意見があるに違いないが、少なくともグローバルな場での重要な役職につく人間の知性を肌で感じることができたことは大きな経験であり、深く感銘を受けたのだった。

ロサンゼルスに来た。

今回は阿部仁史さんからの招待で、UCLAで一週間のワークショップを行う予定である。UCLAのキャンパスは広大でさまざまな建物が建っているが、その中にロバート・ヴェンチューリのポストモダン建築を発見して思わずはっとした。

ぼく自身、ポストモダン建築についてはあまり良い印象を持っていなかった。大学時代、ポストモダンの最後の輝きの余韻の中で、それとは対極のミースやコルビュジエに傾倒していたぼくの作品を「単調だ」「つまらない」とポストモダン系の先生方に揶揄された個人的な恨みというわけではないが、建築の本質と関係ないひとときの戯れというくらいにしか感じられなかった。

しかし目の前にあるヴェンチューリの建築は、そんなぼくの浅いポストモダン理解を超えていた。そのファサードは、とてつもなく薄っぺらいのだ。もちろん良い意味で。ガラスや窓枠、レンガや異種の素材が組み合わされているけれど、どれもがとても軽やかで、厚みがなく、まるで建物全体の重さがないかのように振る舞っている。当時の建築家たちが、新しい時代の建築を模索する中で、重々しい歴史的な建築のみならず、近代建築でさえも既にヨーロッパ的なある種の重厚さとオーラをまとってしまっているのを見て、それに対抗する強烈なカウンターとして、このぺらっぺらの建築を勇気をもって世に問うた、その心意気が伝わってくるようであった。細部のディテールのバランスを調整することで、建築にまつわる厚みや重さを消していく。そこにさらに歴史的な建築のモチーフを重ねることで、その軽さと重さのギャップは大きな驚きとなる。果たして、歴史的なモチーフへの挑戦が最初にあったのか、それとも軽さ自体へのより自由なチャレンジがあって、それを強調するために歴史が駆り出されたのか、ぼくには知識がないが、この軽快さは、もしかするとコルビュジエが建物の壁を真っ白に塗ったとき以来の驚きがあったのではないかとすら思えてくる。その表層的な建築の在り方は、初期のヘルツォーク&ド・ムーロンの映像的なファサードや、SANAAに代表される日本的な軽さの追求の先駆けと見ることすらできるのではないだろうか。そうして見ると、記号的な遊びのように見えていたポストモダン建築たちも、より身体的な意味での軽やかな新しい建築の在り方を希求していたはずで、たしかにその先にぼくたちがいるのだなと実感したのだった。歴史はいつも、自分たちのいる場所を多面的に照らし出してくれる。それはけっして一本の直線などではなく、幾重にも重なりあった無数の次元を行き来する中で現れる意外な関係性の編み目なのである。

レクチャーを行うためにシンガポールにやってきた。

主催者が用意してくれたのはマリーナ・ベイ・サンズのホテル。この建物は、建築界ではどのように捉えられているのだろうか？　とてつもなく商業的なことは確かだが、それでも二〇〇メートル級の超高層三棟の上に空中プールと熱帯の植物たちを伴った巨大な空中庭園が浮遊しているこの存在は、一度見たら忘れることができない強烈な何かである。オペラハウスのないシドニーを想像することができないように、マリーナ・ベイ・サンズのないシンガポールはもはや意味をなさない。このような強烈なキャラクターは建築の潮流とは必ずしも一致しない場合も多いようで、バルセロナのサグラダ・ファミリアにしても、NYのグッゲンハイム美術館、シドニー・オペラ・ハウスにしても、その後に継続的な影響力を持ち続けるプロトタイプ的な建築というよりも、むしろその時にその場所にしか存在し得ない特別さが魅力なのに違いない。

正直に言うと、ぼくはこの建築が大好きだ。建築というものが、人類の潜在的な欲望や夢に形を与え、ときには我々の狂気をかいま見せてくれるものだとするなら、ここに見られる可笑しさと真剣さはまさに現代そのものだとはいえないだろうか？　これを設計したのがHabitat 67のモシェ・サフディというのも感慨深い。万博で提示したモデル住宅を経て、よりおおらかに屈託の無い狂気を現代社会に着地させた。その地階では、今日も大勢の人たちが巨大カジノに飲み込まれていく。

日本では建築の社会性ということが真摯に議論されたりしているが、ときにこんなおおらかさが社会と建築とを無自覚な幸せでつなげてしまうこともあるのかもしれない。良い意味でも、悪い意味でも。そんな時にはつくづく、建築家には、ともかくも巻き込まれて行く能力が、その濁流に翻弄されつつも全力でもがき苦しむ自分を楽しむ能力が、求められているのではないかと思うのである。現実は常にぼくたちの想像を超えていくのだから。

マリーナ・ベイ・サンズ　設計：モシェ・サフディ

2015.6.23　ロンドン

スケールの多重奏と建築的生態系

ロンドン　キプロス　ウィーン　二〇一五年八月

サーペンタイン・パヴィリオン2015　設計：セルガスカーノ

ロンドン、サーペンタイン・パヴィリオンのオープニングに来ている。

セルガスカーノがデザインした今年のパヴィリオンは、色の建築である。色は光であり、光は建築だとするなら、純粋に色だけによってつくられる建築は、夢の建築にちがいない。その究極の建築に挑んだ心意気にまずは心が躍った。夕日が流れ込むその内部空間は、あたかも液状となった光のせせらぎのただ中にいるかのような新しい体験だった。その一方で、素材と構造とディテールの間の、かすかなチグハグさを感じざるを得なかったのも事実である。

建築とは、さまざまなスケールの交響曲のようなものではないだろうか。あるいはスケールの生態系と言い換えてもよい。どんな小さな部分でさえも、全体の体験の多様さをつくり上げる豊かな役割を果たしている。一見無関係に見える異なるスケールや素材が、不思議な関係を連ねながら寄り集まり、気づくとその全体は壮大な響きをもった体験世界を形づくっている。そのさまは、無数の異なる生物がお互いにさまざまに影響を与えながら、時には食う食われるという直接的な関係を、また時には捕食者のための快適な住処を与えるという意味での間接的な関係を、さらに間接の間接のその先のほんのかすかな関係性を連ねながら、総体が絶妙なバランスで成り立っているひとつの生態系を思い起こさせる。その関係のバランスがかすかに崩れた時、生態系に言いようのない不調和が広がるのだ。このパヴィリオンの中で感じた違和感は、そんな建築の本質を、恐ろしくも残酷に垣間見せてくれるものだった。

セルガスカーノのつくり出す建築の面白さは、時にチープとさえ思える素材を駆使しながら、エフェメラルな空間の揺らぎをつくり出すことだと思う。それはカラフルなプラスチック素材であったり、波板や足場をつくる単管パイプであったり、発泡スチロール型枠であったりする。それらがプログラムとスケールと光と融合する時に、新しい空間体験が生まれるのだ。このパヴィリオンでは、色とりどりのETFE膜素材という最先端の素材がチープに使われている。これは意図しているはずだ。しかし構造の鉄骨の曲げパイプが、なんとも「チープではない」アンバランスなつくり込みをされていて、ぎこちない。これが単管足場のパイプを組み合わせたフレームだったらおそらくまた違った印象だったようにも思えるが、綺麗に曲げ加工されたやや太めのパイプにかけられた手数と、さらにビニールテープを止めるためだけに（？）つけられた無数の突起、そしてETFE膜を取り付けるための別のフレームが生態系としての奇妙な齟齬を生み出していて、美しいハーモニーを奏でるはずの部分と部分がお互いに打ち消しあってしまっている。個別のディテールの美醜よりも、その関係のズレが気になる。

現地で見せてもらったパヴィリオンの模型の写真はとても美しかった。針金でつくられたフレームにカラフルなセロファンが貼られ、まるで宝石のように輝いていた。この模型から現実へと移行する過程に、建築の秘密が宿っているにちがいない。その面白さと恐ろしさを実感させられた一日だった。

キプロスに来ている。

講演会の翌日、市内を案内してもらった。キプロスは四〇年前の戦争で国が南北に分断されており、首都ニコシア自体も南北に分断されている。ここでは国境は線ではなく、ある幅をもった不可侵の面である。その面の内側は、両国どちらのものでもなく、それゆえ、誰一人このエリアのものに触れることができず、四〇年間ただ放置されている。停戦エリアはある日突然決められたもののようで、賑やかなストリートの途中から向こうが停戦エリアになっているところなどは、道のパースペクティブはそのままに、手前は生き生きとした街の活気があふれ、その先の同じ軸線上に、突然時が止まったような、生活の気配が全くない道が続いていく。四〇年の時は人工物を全て植物に置き換えてしまっていて、しかしそこには生き生きとした自然というよりも、無時間の象徴としての自然が横たわっている。道の軸線がそのままなだけに、より鮮やかに、不気味に、二つの世界の切り口が重なりあう。自然の生態系と建築の生態系、その残酷なまでの乖離が明らかになる。

翌日には、ローマ時代につくられた都市の遺跡を案内してもらった。久しぶりに円形劇場＝アンフィシアターを見た。ぼくはアンフィシアターが好きだ。ただの石の段々と言えなくもないが、実際にその場に立ってみると、この急勾配の段々は壁のように目の前に立ち上がり、建築的な領域をつくり出す。しかしそれは壁ではなく、もともとそこにあった地形を生かした段差であるから、どこかランドスケープのような説得力を持って周囲と連続する。そしてその段差は座席という明確に身体的なスケールを併せ持っている。ここでは人間の身体から建築へ、そしてランドスケープ的に周囲の地形や風景へと広がっていくスケールの多重奏が体感できるのだ。

円形劇場でもっとも記憶に残っているのは、大学を卒業した翌年訪れたギリシアのエピダウロスにあるアンフィシアターだ。ギリシアの円形劇場の中でも規模、保存状態共にもっとも素晴らしいもののひとつにちがいない。

サーペンタイン・ギャラリー・パヴィリオン 2013　設計：藤本壮介

そこに立った時の感覚は、今でもはっきりと思い出せる。誇張ではなく「これはもっとも完璧な建築にちがいない」と素直に思えた。半円をいくつも重ねて積み上げただけのその空間は、とてつもなく幾何学的で、それゆえとてつもなく観念的に完璧でありながら、しかしそこに実在し、自分を取り囲み、自分の身体に素直に連続し、その果てでは周囲の丘の起伏に馴染んでいる。この、実在するはずのないユークリッド的な完璧な幾何学の抽象が、現に目の前に姿を現している感覚は、驚異としか言えないものだった。紛れもなく建築でありながら、同時に建築を超えた抽象であり、地形であり、同時に身体につながるスケールである、そのすべてを横断していく感覚に圧倒された。当時はカメラを持たずスケッチに固執していたのだが、この完璧さを描こうと苦心して何度も描き直したのを覚えている。

アンフィシアターでもうひとつ思い出されることがある。それは二年前にサーペンタイン・ギャラリー・パヴィリオンの初期スタディで苦戦していた時に、ぼくたちを救ってくれた言葉だった。当時は一ヶ月のコンセプト作成期間で、何度かスケッチを送っては却下され電話口で怒られる、ということの繰り返しだった。そんなやりとりの最中に、館長の一人であるハンス・ウルリッヒ・オブリストさんが「サーペンタイン・ギャラリー・パヴィリオンは、言ってみれば、毎回異なる建築家がアンフィシアターをさまざまに再解釈してきた歴史なのかもしれない」と言いだしたのだ。人が集まる場所としてのアンフィシアター。しかし現代では、その集まり方はギリシアのものとは異なる。フランク・ゲーリーのパヴィリオンは明らかにそれを意識したすり鉢状をしていたし、前年のヘルツォークのもそうだ。SANAAのは逆に円形劇場を流動化して公園の中に流れ出させたと言えるかもしれない。そのまま電話を切ったのだが、その一言が、建築の歴史と人の活動とをつなげる大きなヒントになった。最終的にでき上がったぼくたちのパヴィリオンは、四〇センチの段差を重ねていくという意味で、まさにアンフィシアターであった。しかしそれは、求心的な円形劇場ではなく、多焦点のさまざまな関わりを誘発するアンフィシアターである。人間スケールから建築を経由して公園へと溶けていく幾何学は、現代的でネットワーク的な、透明なアンフィシアターの再構築だったと言えるに違いない。

ウィーンに一日だけ立ち寄った。

ぼくはヨーロッパの街を訪れる時には、その街の中心にあるゴシックの大聖堂に足を運ぶことにしている。ウィーンの大聖堂は素晴らしかった。ゴシックは軸性が強いと思われるかもしれないが、優れたゴシックは主軸に重なるように大小無数の軸性が交錯して、その都度空間全体が新しい幾何学で再定義されるような驚きの感覚がある。細部の装飾的な彫刻までもが参加するさまざまなスケールのざわめきに、建築の生態系を堪能した。

2015.9.5　パリ

芸術家的感性と科学者的実験精神

サンチアゴ　シカゴ　パリ　二〇一五年一〇月

⑥

久しぶりにチリ、サンティアゴにやってきた。講演会のためだけれど、今回はスミリャン・ラディッチに会って彼の作品をいくつか案内してもらう予定である。まず連れて行ったもらったのは、丘の上にあるベネディクト派の修道院の教会。彼の作品ではなく、修道僧が設計したものらしく、スミリャンの大好きな建築とのこと。ラ・トゥーレットの影響を感じさせる、とても清々しい建築だ。構成と光とシークエンスという王道を行っている。次に彼の設計した住宅へ。外観はとても控えめだったので、家の中に足を踏み入れた時の、対照的なその伸びやかな豊かさと全体に溢れている質の高さに圧倒された。スケール感、素材、プロポーション、自然の扱い、ディテール、そしてほんのりとした遊びの感覚。それらが濃密に、高いレベルで響きあっている。数をたくさんこなすわけではなく、彼の建築と真に共鳴するクライアントと時間をかけて作品をつくり上げていくさまが見て取れて、「ああ、こういう建築との関わり方も素晴らしいな」と思わされる。彼のアトリエもとてもこじんまりした場所で、同じくチリの建築家であるセシリア・プーガとシェアをしているスペースに、数人のスタッフと無数の模型の断片が満たされていた。それらの模型たちは、彼の建築の楽しさをよく表していて、あたかも彫刻家のアトリエか、科学者のラボかという感じである。それは彼の建築の豊かな二面性、芸術家としての感性と科学者的な実験精神の共鳴を表しているようにも感じられた。

最後に、竣工間近のシアターのリノベーションの現場へ。古い様式建築の外壁はそのままに、内部を丸ごとくり抜いてシアターとしている。内部は真っ黒に塗られた、がらんどうの空間だが、その中に最小限の階段とプラットフォーム、トイレなどのヴォリュームが浮いていて、立体的な散策路を形成している。その先に、黄色い光が差し込む一角がある。それは屋上へと伸びるまっすぐな階段で、

サンティシマ・トリニダード修道院の教会　設計：マルティン・コレア+ガブリエル・グアルダ

レッド・ストーン・ハウス　設計：スミリャン・ラディッチ

階段室の内部だけが鮮やかな黄色に塗られているので、あたかも闇の中に光そのものが降りてきたかのような不思議な場所である。階段を上っていく行為はその光の中を召し上げられているような、異世界に向かって上昇しているかのような体験だ。屋上に出ると、そこには明るい黄色の光が満たされていた。見ると、黄色地に赤い線の入った簡易なテントで覆われた空間である。チリで伝統的に使われているサーカステントを持ってきたのだという。劇場の屋上にサーカステント。漆黒の空間の先に光そのものとしての黄色い空間。重い様式建築の上の軽やかなテント。スミリャンの爽やかな知性を感じた瞬間だった。

今年が第一回目となる、シカゴ建築ビエンナーレのオープニングに参加するため、シカゴに飛んだ。シカゴは以前IITで教えていたこともあって、思い入れのある街だ。そしてもちろん、無数の素晴らしい建築の集まる街でもある。シカゴはまた、川の街でもある。もちろんさまざまな街が川とともにあると言えるが、シカゴの川と街の関係は、独特な気がする。なんというか、高層ビルの間を不意に水が流れているというか、川からいくつもビルが建ち上がっているというか、そんな凝縮感があるのだ。

ビエンナーレ自体は、いい意味でこじんまりしていた。文化センターの歴史的な建築の中にさまざまな作品が展開しているが、建築展というよりも、建築にインスピレーションを受けたインスタレーション展という感じで、好き勝手にやっている印象が面白かった。これもシカゴの街のどっしりとした建築遺産があってこその、建築と建築未満のものたちの相互批評的な展覧会のあり方なのにちがいない。

シカゴからパリへと移動した。今回はプロジェクトの打合せなどをしながらも、一番の目的は、パリのファッションウィーク、いわゆるパリコレへの参加だった。参加といっても、ぼくがファッションのデザインをしたわけではなく、スイスのデザイナーであるアルベルト・クリームラーさんのブランドAKRISが、ぼくの建築にインスピレーションを得たコレクションを発表するとのことで、その舞台裏とランウェイのショーを見に来たのだった。アルベルトさんとはこの春から何度かパリでお会いして、ぼくの建築の思想などについて話をしていたのだけれど、彼の建築への理解がとても深く的確なのに驚かされた。聞けば以前には、ヘルツォーク&ド・ムーロンの建築からインスパイアされたコレクションなども発表しているとのこと。夏には日本に来て直島まで足を運んでくれて、できたばかりの直島パヴィリオンにとても共鳴してくれた。そうやってお会いするたびに彼のアイディアや、新しくつくったファブリックのサンプルなどを見せてくれたりはしていたのだが、実際にどんな服が生まれてきているのか、それは今回、ショーの前日に彼のアトリエを訪れるまで、ぼくには想像すらできない世界だった。

アトリエは、エッフェル塔を望むパリのアパートの最上階のゆったりとした空間で、そこだけ別の時間が流れているかのようだ。以前に来た時には、なにもない大きな部屋にポツンと机が置かれていて、その贅沢な空間の使われ方に驚いたのだが、今回はさすがにショーの前日だけあって、廊下には数台のミシンが絶え間なく生地を縫い上げており、以前にはなにもなかった大きな部屋は、最終フィッティングのチェックのために、モデルがせわしなく歩き回っている。その周囲を無数のスタッフがさまざまな仕事をしながら取り巻く。それでもアルベルトさんの醸し出す雰囲気はとてもリラックスして落ち着いており、すべてが緊張感を保ちながらも優雅な空気の中で進められていた。

ぼくにはファッションについて語る資格があるとは思えないが、それでも、彼のつくり上げた服は、どれもとても美しかった。美しいというと月並みに聞こえるかもしれないが、そこには、なんというか、建築の世界を一〇〇倍くらい鋭敏にした感性が息づいているのがひしひしと感じられた。ファブリックのテクスチャーやかすかな手触り、それが服として身体にまとわれた時の空気感や揺らめき、それらすべてが圧倒的な感性で静かに重ねあわされている。アルベルトさんは、忙しいさなかのはずなのに、一つひとつの服がどのプロジェクトからインスピレーションを得ているのか丁寧に説明してくれたが、その建築から服への翻訳はとても軽やかに自由で、理屈っぽくなく、鮮やかだった。ある時にはブダペストの音楽ホールの屋根パターンそのままが服にくりぬかれているかと思えば、直島のメッシュグリッドにヒントを得て複雑で美しいメッシュの重ねあわせの服がつくられていたりする。さらに繊細な編み込みのファブリックを使って、それが台湾タワーだと言っていたが、もはや原型の建築など忘れてしまうくらいに飛躍しているものもあった。その自由さを見て、安心した。建築を服に置き換えると最初に聞いた時には、いったいどうなるのだろうと不安がなかったわけではなかったが、ある地点から先はもはや元の建築を忘れ、あるいは越えていくような新しい世界が開かれるこの感じは、まさにコラボレーションの醍醐味だろう。その飛躍ゆえに、ぼく自身が、自分の建築に対していままで自分では決して意識すらできなかった新しい可能性に気づかされる。

彼との会話の中で、建築とファッションの関係について、示唆的な認識を幾つももらうことができた。服も建築も、その距離感の違いはあるが、身体と世界の間に存在するものだということ。そのどちらも、身体を強制するのではなく、解放してさまざまな行為を誘発すること。それゆえ、彼はサーペンタイン・ギャラリー・パヴィリオンにすごく感銘を受けたと言っていた。人々が自由に振舞っているそのさまに、服がもつ場としての可能性を感じてくれたのだという。また、服も建築も、透明性、半透明性、不透明性の絶え間ないゆらぎの場であるということ。さらにまたスケール感の重層性についても、ファッションと建築は共有しているものがある。

翌日のショーは素晴らしかった。アトリエで見た時にも美しいと思ったが、やはり身体と服が一体となってそこに動きが加わるときに、服はその本質的な美しさを現す。そしてそれは建築にも言えることだ。予想外のコラボレーションを経て得られたものはとても大きかったと思う。

2015.10.13　北海道

建築空間を見る「こちら側の身体」

⑦

シンガポール　東京　ドバイ　パリ　二〇一五年十二月

ビルバオ・グッゲンハイム美術館　設計：フランク・O・ゲーリー

REDUCED

ＷＡＦ（ワールド・アーキテクチャー・フェスティバル）の最終審査をするためにシンガポールに来ている。ＷＡＦは個人的にとても思い出深いイベントだ。バルセロナで行われた第一回目となる二〇〇八年に、Final Wooden Houseが住宅部門の最優秀に選ばれたことで、それ以降のインターナショナルな扱いが増えた。海外のレクチャーに呼ばれるようになったのもこれがきっかけのひとつだった。各カテゴリーの勝者がバルセロナ・パヴィリオンでのディナーに参加できたりして不思議な体験でもあった。

今年の最優秀建築には、ＯＭＡがシンガポールにつくったインターレースが選ばれた。と言うと、疑問を感じる方も多いかもしれない。インターレースは直方体のヴォリュームをアクロバティックに積み上げた集合住宅で、ぼくも数年前に建設の最終段階で現地を見せてもらっていたので、そのダイアグラム的な構成からは想像できないくらいに多様な場所が展開しているのを面白く感じていたのだけれど、最優秀か、と言われると、ちょっと疑問もある。ただ、審査の過程で委員の一人がふと口にした「それでも、建築の新しいタイポロジーを提案し得ていることの力強さは、建築界を勇気づけるにちがいない」という言葉が印象的だった。

シンガポールから帰国した翌日、ＧＡギャラリーで行われていた二川幸夫さん撮影の写真によるフランク・ゲーリー展の最終日に滑り込んだ。すでに書籍では見ていたのだが、やはり大判のプリントや大きなモニターで見る写真は格別だ。

二川さんの写真は、たとえばイワン・バーンの写真などに見られるような、人の活動を添景として入れ込んだ写真ではない。だがしばらく見ていると、そこに「人」を強烈に感じ始めた。今回初めてそういう感覚になったので、これはなんなんだろう、どういうことなんだろうと、ぼく自身その謎を解きたくて、さらにしばらく会場をうろうろしながら、二川幸夫の「人」について思索を巡らせた。どうやらそこに感じられる「人」は、写真の向こう側の人ではなくて、写真のこちら側、二川幸夫の目であり、その建築の空間の中に立つかのようにその写真を見る我々としての人なのではないだろうか。何枚もの写真がつぎつぎと切り替わる大画面のモニターで見ていると、二川さんの写真は、内観だけではなく、外観の写真においても、不用意に広角のレンズを使わずに、人が見る自然な画角に近いように感じられる。そして、さらにそこから、ぐぐっと、一歩前に踏み込んだような、空間の中に自分が押し込まれるような、自分が空間の一部になってしまうような、そういう迫力を感じる。もちろんすべての写真には、写す者の「目」と「人」があるにはちがいない。しかし二川さんの写真は、このぐぐっと一歩踏み込んでいく感覚によって、単なる光学的な点としての目ではなく、身体と空間を伴った「人」としての「こちら側」が強烈に写し込まれているのではないだろうか。だから人そのものが画面に写っていないとしても、それは人を排除した建築構図の写真なのではなく、また人を演出として入れ込んだ情景写真なのでもなく、真の意味での空間と人との関係を写し取った建築写真となりえたのではないだろうか。そういう意識でもう一度写真たちを見てみると、どの写真も、その建築の空間が自分の身体と深くつながっていく感覚を覚えるのだ。建築写真とは、かっこいい建築をかっこよく画面に収めることなのではなく、建築本来の経験としての、身体の延長として空間が存在し、空間に取り囲まれた身体的な体験が起こるというその根本を、画面には決して写らない「こちら側の身体」を駆使して再構築することなのかもしれない。

ぼくは二川さんが写真を撮っている姿を一度だけ見たことがある。それは獲物を狙う肉食獣のようで、今にも襲い掛かりそうに、前のめりに、まさに対象に向かって、ぐぐっと迫っている姿であった。学生の時から見ていた二川さんの写真について、自分なりに初めて身体化と言語化ができた気がして、なんとも言えない静かな興奮を胸に、ギャラリーを後にした。

初めて、ドバイに来た。大学時代の同期がドバイのアメリカン・ユニバーシティで教員をしていて、彼が大学での講演会をアレンジしてくれたのだ。

初めてのドバイの印象は、奇妙に聞こえるかもしれないが、思いのほかリアルな街だった。ドバイにぼくがどんな幻想を抱いていたのかというと、それは究極の超現実ななにか、世界のどこにもあり得ない異様なほどの非現実感、のようなものを勝手に期待していたのかもしれない。だからドバイの街に普通に人が歩いているのを見ても、かすかな幻滅を感じてしまうという、その時点でぼくの感覚も相当歪められてしまっていたにちがいない。街に人が歩いているのは当たり前のはずなのに。その意味では、宿泊したホテルは、期待を裏切らない非現実感だった。敷地全体に運河が巡り、運河沿いのヴィラがそれぞれホテルの宿泊エリアになっている。朝は運河を船に乗って移動して、プールサイドのレストランで朝食をとる。ドバイにはやはりこういう非現実が似合う、などと勝手に納得してしまった。

大学の学生たちは、とても多国籍で、また非常に熱心だった。この街で建築を学び、この先の未来を彼らはどんな風に想像するのだろうか。レクチャーをセッティングしてくれたぼくの同級生は、学

ドバイの高層ビル群

生たちに、コンテクストや敷地境界線というものを教えるのに苦労している、という話をしてくれた。彼らからすると、その意味するところのリアリティがぼくたちとは決定的に異なるのだろう。それはそれでとても面白そうだ。そう思って、帰国後すぐに始まる東工大のスタジオ課題の敷地にドバイを選んでみた。ドバイに何を建ててもいい、という課題で、ただしぼく自身が大金持ちで建築好きの施主という設定にすることで、学生たちから解き放たれた小さなアイディアを、施主権限でぼくが勝手に極端に推し進めて、それをまた学生たちが、彼らの想像力によって展開させていく、という奇妙な課題である。ぼくたちの空想の中で肥大化するドバイを踏み切り台にして、自分たちの想像力の先のなにかに触れられないだろうか、という思いからの課題であり、先日あった最初のエスキースでは、すでにかなり面白い展開になっていた。ドバイというのは、永遠に非現実なドバイであってほしいと思うのである。

ドバイ滞在中に、砂漠サファリツアーというのに連れて行ってもらった。四輪駆動の車に乗って、砂漠の中を走り回る、というものである。ドバイの街から車で一時間も走ると砂漠である。ある意味でとても商業的なのだが、とても楽しかった。その日は月が出ていたのだが、ぼくは生まれて初めて、月夜というものを体験した。それはなんというか、月から溢れた光が天空と砂丘を満たして、世界が球状に輝いている、というようなものだった。エーテルで満たされて、乳白色のおぼろげな光そのものが、全世界であるような光景だった。自分にとって、空間の、あるいは世界の、新しい原型であるとさえ言える風景だった。月が無限に遠くに感じられた。

再びパリに来た。現地のフランス人スタッフとタクシーで移動していると、突如、道いっぱいが花束で満たされた中を通り過ぎた。聞くと先日のテロの現場のひとつなのだという。言葉を失った。フランス人スタッフの彼女も、当時パリにいたのだが、その出来事のショックの大きさと、その一方で続いていく日常というものの折り合いがつかず、それはどこか超現実での出来事のようにも感じられるとつぶやいた。ぼくが一瞬目にした花束の光景と、その後に続くパリの街の日常の姿との間の断絶と連続が、まさにそうだった。以前訪れたベオグラードでも、爆撃で破壊された建物が普通に街の一角に残っていたりして、それは、こちら側とあちら側の超えることのできない断絶が隣接している奇妙な感覚であった。ぼくたちの世界は、これからどうなっていくのだろうか。無言になったタクシーの中でそう考えずにはいられなかった。

2015.12.11　ドバイ

プログラムと環境と空間の形式

バリ島　パリ　二〇一六年二月

十二月の最初の一週間は、かつてないほどタイトなスケジュールで動くことになった。

十二月一日、東京からロンドン経由でパリに入る予定が、飛行機が八時間遅れて出発してしまったのでロンドンで一泊。翌朝の便でパリに入って、そのままディベロッパーコンファレンスでプレゼンテーション。翌日再びコンファレンスで話をして、そのまま夜にはロンドンへ。翌四日の午前中にロンドンで打合せ。クライアントとランチを取った後、午後の便でブダペストへ飛ぶ。経由便しか取れなかったので、ブダペスト着は夜になってしまった。翌日は朝からブダペストで進んでいる音楽博物館の打合せ。夕方の便で経由地のフランクフルトへ飛ぶ。

翌日はロンドンに戻ってそのままシカゴ行きへ乗り換え。シカゴ着は六日の夕方。七日は早朝から、指名コンペティションのプレゼン。一時間のプレゼンと質疑応答を終えるとすぐにタクシーで空港に向かう。そのままNY経由でドバイへ飛ぶ。そのNY行きの便がかなりギリギリで、プレゼン会場からタクシーに乗ったのが、すでにフライトの一時間前。少しでも渋滞したら間に合わない。なんとか三〇分で着いた。ここがギリギリになるのはフライトを予約した時点でわかっていたので、今回の旅行は機内持ち込みできるスーツケースで回ることにしていた。さらにインターネット・チェックインしていたので直前にゲート前にたどり着く。NYまで二時間。

今回の旅行での最難関は、このあとのNY、JFK空港での乗り換えだ。JFK発のエミレーツ航空NY—ドバイ直行便は一六：四〇発。ぼくの乗るデルタ航空シカゴ—NYは、一五：四〇JFK着。一時間あるから楽そうに聞こえるかもしれないが、なぜかエミレーツはアメリカ発便のインターネッ

ブダペストの夜景

ト・チェックインをやっていないという。チェックインは、JFK空港に着いてからと。さらに通常は手荷物検査の先にトランジットカウンターがあるが、エミレーツはこれもない。日本から電話で確認したところ、一度出口から出て、通常のカウンターでチェックインし、再度手荷物検査等を越えてゲートまでたどり着かなくてはならないとのこと。これはかなり時間を取られそうだ。

これで発着ターミナルが違ったら巨大なJFK空港ではほぼ不可能な接続だが、幸いエミレーツの国際線とデルタの国内線のターミナルが一緒だった。アメリカは、出国時にはパスポートチェックはないので、このような国際線と国内線の混合が可能なのかもしれない。そうであれば、「ともかくNYに飛んでから考えよう」と、こういうアクロバティックなフライトを予約したのだった。エミレーツ航空からは、「その接続は無理だからやめてください」と事前に言われていたのだけれど。

二時間後、ともかくも、JFKに着いた。同じターミナルの向こうに、エミレーツ航空の尾翼が見える。あそこまで行けばなんとかなるか？　しかしアメリカのターミナルは巨大だ。あいにくぼくのデルタは、ターミナルの端に着いて、エミレーツは反対の端。遠い。しかし走るしかない。しかも動く歩道もない。さすがアメリカ。ともかく走った。出発まで四〇分を切っていたので、一か八か、チェックインしていない状態でカウンターまでたどり着いて、その場で交渉するしかない。すでに搭乗が始まってごった返しているゲートで、なんとか搭乗券を確保することができた。乗れた……。普段は、飛行機のウェルカム・ドリンクはオレンジジュースか水しか飲まないのだが、この時ばかりは、迷わずシャンパンを手に取った。翌日の午後ドバイについて、そのまま夕方のコンファレンスでレクチャーをして、今回のおかしな旅の任務を果たしたのだった。

クリスマスの直前、バリ島に来ている。ビーチサイドで計画している、オフィスとレストランとが融合した建築のプレゼンである。幸い、クライアントはすぐにぼくたちの案を気に入ってくれた。「これでどんどん設計を進めましょう」となるかと思ったら、気に入ったゆえに、彼らはこの中に入るプログラムをもっと考えたほうがいいのではないか、相談し始めた。これはありがたいことだが、不思議な感覚だ。ぼくたちは、通常、そこに入るプログラムから、その場所での人々の活動を想像して、さらに敷地と周辺との関係や全体のスケール感を総合して、アイディアを積み上げていく。だからでき上がった空間の形式は、たとえ純粋に空間的に楽しそうに見えたとしても、やはりプログラムとの関係で初めて生きてくるものだ。彼らは、「この空間は素晴らしいから、余計なプログラムを入れないで全部を立体公園にしたらどうだろうか？　そうしたら空間の素晴らしさを最大限体験できるのではないか？」と言い始めた。これにはさすがに、ぼくは反対した。純粋に空間を楽しむことよりも、生きたプログラムがこの空間と相乗効果を生み出すほうが、より素晴らしいことだ、と説明した。伝わったようだ。それでも「もう少し文化的なプログラムも入れたい」ということになり、また次回の打合せまで彼らが検討することになった。プログラムと形式、空間。それぞれがそれぞれを生み出し、また影響され、さらに更新されていく、というのは、それがうまく作用する時には、素晴らしい状況だ。どういう展開が待っているのか、楽しみである。

一月末、再びパリにやってきた。ここ半年以上の間進めてきたパリのコンペの最終プレゼンのためで

バリ島のプロジェクトの敷地

ある。五万平米以上の規模で、複数のディベロッパー、ぼくたちとローカルアーキテクト、そしてさまざまなエンジニアがチームを組んで応募している。相手はOMA、3XNなど巨大事務所だ。プレゼンは三〇分間と、規模にしては短いので、ディベロッパーは入念にリハーサルしたいという。それもあって、プレゼン三日前にパリに入った。ぼくのパートは二分半である。三〇分の中の二分半だから、とても短く思われるかもしれないが、全体を率いる建築家として、プロジェクトの根本のコンセプトを説明する重要な役回りだ。

今回のコンペは、Reinventer Parisというキャッチコピーの元、パリ全体の二三の別々の敷地のコンペを一斉に行って、これからのパリの方向性を示すという野心的なプロジェクトのうちのひとつである。ぼくたちの提案は、パリそのものであるとも言えるオスマンスタイルのアパートの下層部分を緑の公園として解放し、上階であるパリの美しく多様なルーフスケープを、緑豊かな空中都市へと再解釈するというもの。それゆえ「パリそのものであること」と「未来のパリであること」が重なりあった瞬間を伝えなくてはならない。エッフェル塔を望む空中庭園と、足元に広がる鬱蒼とした森、そして新しいパリのスカイライン。具体的な情景と抽象的なコンセプト、そしてパリの歴史の流れを共有できるようなプレゼンでなくてはならないのだ。

リハーサル初日、まずはディベロッパーの事務所に集まり、最初のリハーサル。まだみんなぎこちない。そのうちに、近くに予約したスタジオに行くという。本格的だ。歩いて一分ほどのスタジオに着いてみると、単にリハーサルの場所が用意されているだけでなく、プレゼン講師のような人がスタンバイしていた。それぞれのパートをスタジオで喋ると、録画されて、講師があれこれアドバイスしてくれるのだ。こんな本格的なリハーサルは初めてだったので、楽しいような面倒くさいような。しかし何度も話しているうちに、自分の喋りも良くなっているのを実感するし、全体としてもそれっぽくなってきた。ディベロッパーのオフィスはなぜかヴァンドーム広場に面したとてつもない一等地にあり、今回はそこから歩いてすぐのホテルに宿泊していた。パリの華やかな街路を歩きながら、もごもごとセリフを口にぎこちない手振りで練習していた奇妙な日本人はぼくだったはずだ。翌日、再びスタジオで終日リハーサル。なんとかなりそうな手応えをみんな感じていた。

プレゼン当日、早朝から、会場である市役所の裏のカフェに集結する。やはりフランス人はカフェなのだ。総勢二〇人以上いるから、小さなカフェが藤本チームでいっぱいである。みんな遠足前の子どものようにテンションが上がっている。そうしていざ会場へ……。

プレゼンで実感したのは、フランスの女性は、みんな堂々として、チャーミングにプレゼンをする。フランスの男性は、あれだけ練習したのに、いざ本番ではめちゃくちゃ緊張してぐだぐだになるけど、土壇場でお茶目なキャラが発動してうまいことといく……。ともかくもプレゼンを終えると、また先ほどのカフェに集結。フランス人は、どこまでもカフェなのだ。今度はシャンパンでお疲れさまの乾杯。ディベロッパーのおじさんは、自分のプレゼンがうまくいかずちょっとしょんぼりしている。みんなで慰める。なかなか良いチームかもしれない。数時間後、結果の通知が来た。勝った。

パリの家並み

2016.3.11　ニューヨーク

喜望峰へ向かう一本道で考える

ケープタウン　コーネル大学　二〇一六年四月

⑨

ケープタウンに来ている。Design INDABAという国際的なデザインコンファレンスに招待してもらったのだが、丸一日時間が空いたので、テーブルマウンテンや喜望峰など、南アフリカの自然をめぐることにした。

ケープタウンから車で一時間も走ると、周囲は荒涼とした風景へと変わる。地平線の彼方まで、岩山と低い植物が広がっていく。文字通りの地の果てである喜望峰は、波に洗われた巨大な岩の塊そのものである。

こうして人工物のない広大な自然の風景の中を移動していると、建築物と自然の風景の絶望的な差異を考えずにいられない。自然の巨大な風景をつくり出しているものは、三つしかない。岩山や地形のように壊れ続けるもの、植物のように再生し続けるもの、雲や海のように流れ続けるもの、の三つである。

特に「壊れ続ける」というコンセプトは過激であり、高さ数千メートル、長さはその数倍もあるような巨大な岩山が存在できるのは、それがただひたすらに壊れ続けたまま放置されてよいからなのだ。岩山のもつ偶然的で意図を超えた危ういバランスを持った形状も、ひとえに壊れ続けている一瞬であることによってのみ生み出される。だれも何も直す必要はないし、完成することもない。壊れ続ける一瞬一瞬が、風景そのものの本当の形であり続けるのだ。

再生し続ける植物は、常に新しく更新されていくという意味で、その対極にある。壊れることとは反対のベクトルで、植物は完成もせず、直されもしない。時に枯れてしまうこともあるだろうが、そ

喜望峰

の時には速やかに「壊れ続ける」側へと移行する。植物は常に新しく、常に現在なのだ。

雲や海は、もはやそれらを超越してただ流転している。そこには過去も現在も未来もない。自然の風景というものは、時間の中で変化し続けることで変化しないものたちなのだ。そしてそれこそが、建築がまったくもって持ち得ない特色なのである。

建築は、（通常の場合）完成しなくてはならないし、壊れてはいけないし、壊れ続けられては困る。壊れたらいちいち直さなくてはならないが、それにはお金がかかる。変化していくことが苦手で、歴史上何度も「変化する建築」が構想されながら、現実的にはそれが成功した試しがない。コンクリートやガラスという「強い」素材を使った建物であっても、二〇年も放置されればあっという間に廃墟になってしまう。建築に限らず、人工物というものは、ある完成形を持たざるをえないという意味において、壊れることが許されないという意味において、ただただ崩壊していくことが真である自然の風景と決定的に異なるのである。それゆえ喜望峰へと向かう一本道のところどころが道路工事のために片側通行になっていたことが、とても象徴的な出来事に感じられた。この道をひたすら維持するために、人は永遠に直し続けなくてはならないのだ。

そのような自然の風景の真実にもっとも近い人工物は、たぶん都市であろう。大きな視点で見た時に、都市はまさに「壊れ続け」「再生し続け」ている。人間が生物であるゆえに、その行為は植物が自らを再生していくのと同じように、自分たちの住環境を常に更新し再生していく。歴史のある街が建築デザインを超えて魅力的に見えるのは、長い時間をかけて壊れ再生してきた結果として、自然の風景と同じように変転と偶然をもって都市がつくられているからなのだろう。
　メタボリズムはまさにその夢に形を与えたのであっただろうし、ルドフスキーが「建築家なしの建築」と言った時には、人間の儚い行為の繰り返しが「文化という風景」をつくり出していることの魅力を謳ったのだと言える。風景とは、目に見える姿形のことだけではなく、その背後の文化と成り立ちへの思索を伴なっているのである。

ところで未来の建築とは、壊れ続け、更新し続けられる、新しい何かになるのだろうか？

初めてコーネル大学に来た。以前から見てみたいと思っていたＯＭＡによる建築学科棟のオーディトリアム・コーネル大学ミルスタイン・ホールがレクチャー会場だと知って、快諾したのだった。
　この新しい建築学科棟は、地下のオーディトリアムとクリティークのためのスペース、一階のエントランスと外部の広場、そして二階の広大な製図室が、地形的な空間によって立体的に関係付けられたユニークな構成を持っている。ＲＣによる丘のような、洞窟のような膨らみの表面が、地下部分のオーディトリアムの座席となっていて、その丘の斜面がそのまま二階の水平に広がるヴォリュームを支えるように到達しているので、地下のオーディトリアムでレクチャーをしていると、目の前の聴衆が急角度でせり上がって二階の製図室の果てまで人間でできた斜面のように連なっていく。さらに上に浮かぶ製図室の中をレクチャーに関係なく往来している人々も見えたりするので、その異なる出来事の奇妙なすれ違いが面白い。オーディトリアムの一階部分は、外部の広場や路に面してガラス壁と

コーネル大学ミルスタイン・ホール，オーディトリアム
設計：OMA

なっているので、通りすがりに覗いている人がいたり、こちらからも地下にいながら地上部分を浮遊するように通り過ぎる人が見えたりと、とてもダイナミックで楽しい建築だ。

エントランスからも、眼下にクリティークのスペースを見下ろしながら、ブリッジを通過してオーディトリアムへと移動したり、見上げると階段の先に製図スペースが吹き抜けて見えていたりと、抜かりない。地下から地上部分をRCとし、製図スペースはトップライトをともなって白で明るく、そして一階の天井には、地元のトラディショナルなバーの天井をモチーフにしたという飾り天井と、素材や質感、照明のあり方などもさまざまに楽しげである。

以前に感銘を受けたIITの学生センターと比べると、求められるプログラムが比較的シンプルだったためか、シカゴにあった、混沌が体験の中でさまざまに編み上げられるような感覚はないが、逆にシカゴ以上に立体的で断面的な豊かさが本領を発揮していて、初期の傑作であるロッテルダムのクンストハルにもつながるOMAらしい建築だ。重松象平さんは照れ隠しのように「OMAのバロック」と言っていたが。シカゴに比べて、ちょっとエレガントすぎるのではないか、とも感じたが、それは創立当初の面影を残すコーネル大学のキャンパス全体が持つ格調高い空気感というコンテクストゆえにちがいない。IITの建物が、二〇世紀の建築であるミースに囲まれ、シカゴの高架鉄道の下につくられているゆえの、露悪的な表現の重ね合わせによって成功しているのもまた、そのコンテクストの精緻な理解の上にあるのだということを再認識した。

OMAは大学の施設にとても向いている。さまざまなプログラムが複合する空間を、学生たちが若い感性で自由自在に使いこなすという状況が、ＯＭＡの空間とうまくリンクするのだろう。そのような多様な関係性による刺激に満ちた空間というのは、本来、都市の公共空間にもっともっと展開されるべき方法だと思うのだけれど、実際には、まだそれほど広く実現はしていないようだ。

あらゆることが起こりうる都市の公共性がこのような刺激的な空間を受け入れるには、もう少し時間がかかるのかもしれない。しかしそのような時代は必ずやってくるに違いない。手法はさまざまであるにせよ、単に機能を満たすだけではなく、さまざまな出来事を意外性をもって関係づけ、人々の発想に想定を超えたインスピレーションを与えることで、より多様で豊かな生活環境をつくり出す、という方法は、現代の、そしてこれからの建築の大きな流れであるに違いない。そこでは公共性の新しい定義が生まれるだろうし、個と公共の新しい関係も模索されねばならないだろう。そして大学の建物が、そのような新しい公共空間の実験的な先駆けとなり始めているのかもしれない。ＩＩＴやコーネルのＯＭＡ、ＭＩＴのフランク・ゲーリーやローザンヌ、EPFL のSANAA など、近年の名作建築が大学施設と関係しているのは、偶然ではないはずだ。その先には、建築での試みが都市空間の可能性を拡張し、逆に都市が持つであろう自然の風景につながる流転性が建築を更新していくような、建築と都市との新しい相互作用が生まれるに違いない。

コーネルのキャンパスは、大きな谷に面した緩やかな斜面にあって、大きな中庭を囲むように建物が配置されている。創立当初のクラシカルな建物たちは、その中庭から谷を望む風景を見ることができるように、隣棟間隔を大きく開けて配置されている。この点在しながらもしっかりと並んでいる感じが、とても印象的だった。建物と建物の間からは、その意図通りに、谷とその向こうの地平線を見通すことができる。こちら側の斜面も傾斜していて、谷の向こうの斜面がまた同じように緩やかに傾斜しながら立ち上がっているので、建物の間に切り取られた風景の中で、まるで地平線が空に浮かんでいるかのように見えるのだ。巨大な風景に対して、小さな建築たちは、精緻に場所の意味を汲み取って配置されることで、そこにしかない新しい風景を、確かにつくり上げていた。

コーネル大学ミルスタイン・ホール，ロビー（講評室）　設計：OMA

2016.5.16　東神楽

時間を超越した異様さという特異点

ミラノ　ニューキャナン　二〇一六年六月

⑩

プラダ財団　設計：OMA

ミラノサローネでファッションブランドのCOSとコラボレーションしてインスタレーションを展示することになり、ミラノに来ている。以前からぜひ見たいと思っていたOMAによるプラダ財団を訪れる。

写真で見ていたときから、なかなか手強そうな建物だなと思っていたが、現地で見ると想像以上に楽しげだ。既存建物と新築部分が複雑に混ざりあっており、既存に対する介入の仕方も、新設建物のつくり方も、良い意味で一貫性を回避するように気を配っているようだ。複雑な素材と色彩と空間の質と建築言語のさまざまな混ざりあいによって実現されている総体が、ひとつの建築的なステートメントとなっているのだろう。それはまるで、古い建築とおしゃべりをするかのような建築であり、素材どうしが会話を交わすような場所であり、異なるディテールが共鳴しあって、ときに美しく、ときに不協和音を生みだしながら、ある種の現代的な物事の共存関係を示唆している。

中央に設えられているポディウムという、まさに舞台のように持ち上げられた新築部分に足を踏み入れた瞬間の感覚は、とても不思議なものだった。空間の最初の印象は、まるでミースの空間に入ったかのような、精緻な緊張感と清々しさが同居した空気感なのだが、その展示室の中を歩き回っていると、非対称な構造システムや場所によって異なるマリオンの扱い、また突如現れる斜めの柱や外部に飛び出した階段の荒っぽい扱い、レザーを切り裂いたかのような開口部があったと思えば、床の石はとても格調高い大判のものを敷き詰めている、といった感じで、素材とスケールとディテールと構造の意図的なちぐはぐさゆえの調和が詰め込まれた、ミースとは全く異質な建築思考によってつくられている場所であることが徐々に明らかになるのである。

圧巻だったのは、敷地の奥に配置されている巨大な既存建物を使った展示スペースだった。その空間のスケールもさることながら、なによりも驚いたのは、展示空間の半分より向こう側には、いまだ工事が進行中のこの施設の高層棟の施工現場が広がっていて、これら二つの空間は、おそらく意図したものだと思うが、ただ薄いプラスチックの仮囲いのみによって仕切られている。もっとも簡素な境界面のみを設えることによって、現代アートの展示空間と進行中の工事現場がもっとも意外な形で近接しているのである。その体験は絶大であり、単に既存建物のオーバースケールの異質性だけではなく、ほとんど工事現場の一角で展示を行っているような、リアルタイムの異質性が導入されることで、まさに究極の現代アートスペースとなり得ているのではないかとすら思えてくる。

幾つかのフェーズで工事が進行することを見越して、空間の設計に時間のデザインを取り入れること。リノベーションによってつくられるさまざまな現代美術のための空間が、もはや手法として確立してしまった感がある中で、その現実を批評的に越えていく試みなのかもしれない。この高層棟は、本当に竣工することを目指しているのか、それとも、永遠のコンストラクションサイトとして、現在進行形の施工現場がそこにあり続けることがより重要なのだろうか……。既存建物という停止した時間との対話や、さまざまな素材やディテールやスケール感の会話に加えて、さらに不可抗力としての現実世界の実時間の同時性と異空間の隣接性までをも会話の中に巻き込んで建築がつくられていく。

ニューヨークでの講演会に呼んでもらった機会を利用して、ニューキャナンにあるフィリップ・ジョンソンのグラスハウスを訪れた。敷地の広大さと高低差に驚かされる。その豊かな自然の中に、グラスハウスを含めたさまざまな建物が点在している。それらのスタイルはばらばらで、建てられた時代の影響がそのまま表れているようだ。これだけの敷地と資金があれば、自分の好きな建築家に好きに建ててもらうという究極の贅沢を楽しめるのではないかと想像してしまうが、影響を受けながらも自分で設計してしまうところが、フィリップ・ジョンソンのお茶目なところだ。

グラスハウス自体は、以前に見たミースのファンズワース邸とどうしても比較してしまうからか、とても丁寧につくられた普通のガラスの箱に見えてしまう。そもそも、ミースと比較すること自体が間違っているのだろう。ミースの建築の圧倒的なオーラの前では、たとえコルビュジエの建築でさえも、あるいは現世の至高のどんな建築でさえも、なんとも普通のものに見えてしまうのだ。

確かに、ミースの建築の異様さは際立っている。それは現実世界のものとは思えない何かを持っていて、目の前にあるにもかかわらず、そのものが無限の彼方にあるように感じられ、同じ時間の世界に存在しているとわかっていながらも、そこだけ時間が止まっているような、あるいは無限の時間の果てにあるような、そんな感覚なのだ。

そんなミースの建築に通じるものが、すくなくともぼくの見てきた世界の中で他に二つある。バチカンにあるレオナルド・ダ・ヴィンチの《荒野の聖ヒエロニムス》という絵画と、龍安寺の石庭である。ダ・ヴィンチの絵画はどれもある種の異様さを放っていて、時間を超越した何かを感じさせるが、この《荒野の聖ヒエロニムス》は、それが未完の絵画ゆえか、何かが永遠に宙づりになったままのような、どこまでも終わらないような、それゆえに全てを超越してしまう感覚があった。二〇年以上前、学生時代に訪れたバチカン美術館では、これほど重要な作品にもかかわらずガラスなどが一切ない状態で展示されていて、その筆致を間近で見ることができたのだが、どう見ても、この目の前にある絵画が同じ世界に属しているようには見えなかった。そこだけぽっかりと時空の穴が空いているかのようだった。龍安寺の石庭も、縁側の先に広がる石の庭は、当然持っているはずの空間の次元というものを通り越して、無限の彼方にあるように感じられる。そこに流れる時間は、不可能の川の奥底を覗き込んでいるかのような断絶の深淵であり、息を飲む思いだった。

ミースの建築は、そんな歴史上の稀有な特異点に位置している。しかしそれは同時に建築であるわけで、NYのパークアベニューに位置したシーグラムビルの足元などは、人々が行き交う豊かな公共空間であるにもかかわらず、その柱のプロポーションゆえなのか、時空が宙づりにされたような異様な空気が支配している。これは人間のための空間なのかと問わずにはいられない。シカゴのレイクショアドライブアパートメントを訪れた時には、足元の列柱が、未来の廃墟のような無時間の時空を形づくっていて震えを感じたほどだった。

ファンズワース邸は、そんなミースの特異点の中でも、それが住宅であるゆえか、人間の生活と永遠の無時間との奇跡的な融合が実現している。この家を初めて見た時に、ぼくはなんと言っていいのかわからずに、「ローマ時代から脈々と続いているLIFEの喜びのようなものが二〇〇〇年の時を経て蘇った」というような少し間抜けなことを言ってしまった記憶があるが、そこには、無時間性がつくり出す永遠ゆえに、全ての建築の本質の背後に横たわる「生」が鮮やかに、絶対性をもってあぶり出されているように思われた。しかし再び、それが人間のための場所なのかどうか、それは定かではなかった。その「LIFE」すらも人間をはるかに超えたなにかのようにすら感じられた。

シーグラムビル　設計：ミース・ファン・デル・ローエ

ミースの建築は、独り言の建築ではない。しかしそれは何と対話しているかというと、ぼくたちにはその不可能性からしか感じることができない遠いなにかへと向けられている。その遠さゆえに、それは世界の特異点なのだ。それに比べると、フィリップ・ジョンソンの邸宅は、はるかに人間味あふれる場所である。彼が同時代のさまざまなものたちに影響され、対話を楽しみ、敷地の自然や他の建物とおしゃべりをしながらつくっていくさまは、OMAがミラノで見せた方法へとつながっているのかもしれない。OMAはそれをさらに無数の次元からなるコミュニケーションの痕跡の集積へと昇華してしまうことで、昔ながらの周囲の自然や友人の建築家たちとのゆったりとした対話としての建築からは想像できないほどの過激な実験へと移行しているようだ。それが現代という時代の姿である、などと短絡的に言いたくはないが、良くも悪くも、ひとつのとても現代的な何かであることは確かなのではないだろうか。

（それではミースの現代的な意味とはなんなのだろうか？　現代からはるか彼方に位置するゆえに、常に世界の極北として現代を照らしているのだろうか。）

2016.7.23　パリ

スケールにまつわる機能主義の本当の意味とは

ロサンゼルス　ベルリン　シンガポール　二〇一六年八月

ロサンゼルスに来ている。ダウンタウンのディズニーコンサートホールのすぐ隣に新しくできたディラー・スコフィディオ＋レンフロのザ・ブロードの前が、長蛇の行列である。予約が必要な美術館とのことだが、当日券を求めてこれだけの人が並んでいる光景に驚いた。地元の人によると、この美術館の一般の人々への人気はとてつもないらしい。今回は内部に入ることはできなかったが、外観を見る限り、建築的にはちょっと大味過ぎるのではないかと感じた。外観を包むプレキャストの繰り返しはとても均質で、3Dプリンタでつくった小さな模型を拡大コピーしたかのようなスケールアウトした印象である。当初の計画では、この三次元グリッドがもっと多様に揺らいで外部とのコミュニケーションを生み出していたとのことだが、さまざまな事情でほとんど均質な繰り返しになってしまったという。先日サンフランシスコで訪れた、同じ設計者によるＵＣバークレーの美術館の改修が控えめながらもスケールの抑揚や新旧の対比と融合など、とても素晴らしい建築だっただけに、そしてＮＹのハイラインの成功を考えるに、ＬＡのこの美術館は苦労がしのばれる。それでも人々に絶大な人気を誇っているのは素晴らしいことだ。次回はぜひ内部を歩き回ってその真価を体験したいと思う。

ザ・ブロードのすぐ斜め前には、磯崎新によるロサンゼルス現代美術館がある。実はいままで何度もこの辺りに来たことがありながら、まだ一度もしっかりと見たことがなく、今回初めて敷地に足を踏み入れた。この美術館は、展示室を全て地下に収めることで、地上部分に魅力的な都市空間を生み出している。人間に近くもあり都市的でもあるスケール感でヴォリュームを三次元的に適切にコントロールすることで、この一角の雰囲気は、ロサンゼルスのダウンタウンの他のどの場所とも異なる質の高い場所となっている。

この建築を、スタイルとして「ポストモダン建築」とひとくくりにしてしまってはいけない。さまざまな形のヴォリュームを組み合わせる方法、そして異なる素材を組み合わせる手法は、単なるスタイルゆえに行われたのではなく、明確に、意味のある都市空間をつくり出す意図をもって行われている。美術館のチケットを買うという行為、そのあと地下へと降りていく動線が意図をもって分けられているのは、美術館をひとつの箱として建築するのではなく、都市の中での人々の行為とともに再構築するためであり、魅力的にデザインされた都市空間と美術館とが相互に溶けあっているのである。それはのちにでき上がったブロード美術館を始めとする箱としての美術館に対する未来への批評となっているかのようでもある。

正方形の窓や素材の目地割、またピラミッド型に飛び出した展示空間のトップライトなどが、大づかみに都市を捉えたヴォリュームにさらに人間のスケールを与えていく。ロサンゼルスのど真ん中にいながら、洗練されたヨーロッパの古都の路地や広場を巡っているような、そんな感覚すら抱く場所だった。

そうしてみると、フランク・ゲーリーの方法は、この磯崎さんの正統的な建築手法を、全くオリジナルな方法でしっかりとトレースしていると言えるだろう。ディズニーホールの持つヴォリューム感としてのモニュメンタルな大きさをつくり出す優雅な曲面が、ストリートレベルでは対極的にさまざまなシワに分離して人々のスケールへとつながっていく。さらにそれらの面がうろこ状の金属板で覆われることによって、ミリ単位から人間スケールそして都市スケールまでが調和しながら連続的に変化していく。改めて、都市建築としてのゲーリー建築の素晴らしさも同時に体感することができた。

THE BROAD

ザ・ブロード　設計：ディラー・スコフィディオ+レンフロ

ロサンゼルス現代美術館　設計：磯崎新

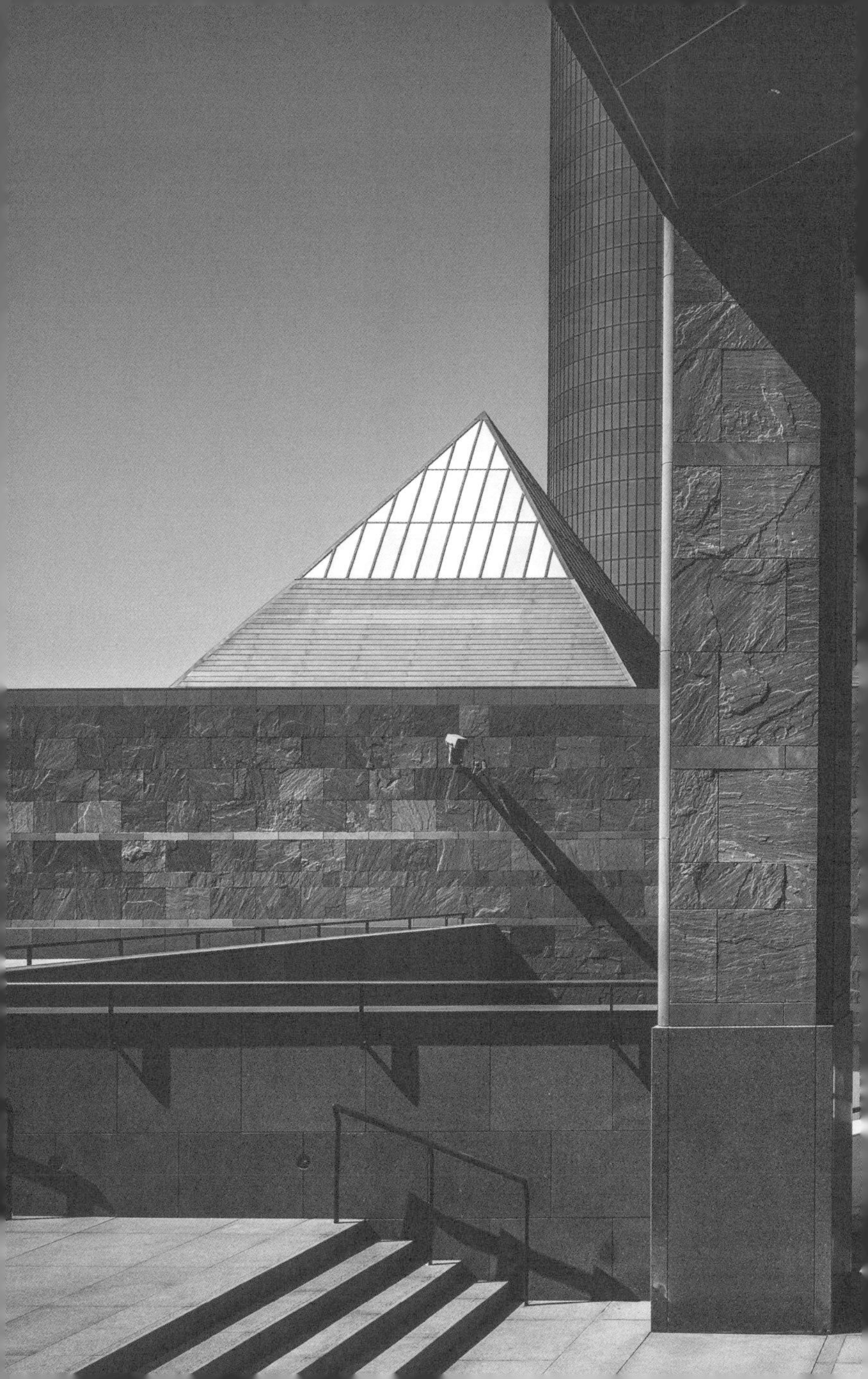

ベルリンに来ている。

以前どこかのコンファレンスでこんなことを言っている人がいた。「イタリアの都市には緑がないが、ドイツの都市には緑があふれている」。文脈次第でさまざまに解釈することができる言葉だが、その時の話の流れとぼく自身の自然観を重ねあわせて、「イタリアの都市は緑がなくても快適だが、ドイツの都市は緑がないと成り立たない」と理解した。これはとても示唆に富んでいる。

久しぶりに来たベルリンは、その言葉の通り緑に溢れているが、都市と建物の骨格が全体的に大味で、人のスケールが寄り添う場所がなかなか見つけられない。都市は居る場所ではなく、通り過ぎる場所のようにすら感じる。一方イタリアの中世の小さな都市などは、くねくねと曲がりくねった路地に緑がなかったとしても、その変化する視線や身体スケールに近い都市空間ゆえに、そこに居ること に安心感がある。ローマのような大きな都市でも、その中心部においては、建物は全体的に巨大だけれど、街路の持つスケール感は人に近いものがある。

イタリアの都市のように、街のスケールの重層性が、すでに居心地のよい場をつくり出している場合には、そこに緑を無理に持ち込む必要はない。一方でベルリンのように、人工物としての都市空間が茫漠として取り留めのない場合には、その街と人間の間を埋めるかのように、自然の緑で街を満たしていくのだろう。

思うに、人間は本能的に、ある種の快適なスケールの場所を求めるのではないだろうか？　単一のスケールではなく、小さなものから大きなものまで、さまざまなサイズのものが、適度な調和と違和

イタリア，アッシジの街並み

感をもって寄り集まっているような場所。それが何でできていようとも、そのスケールの分布自体が居心地の良さやさまざまな活動への適応を生み出すのである。一〇〇年前に機能主義と言われたものは、実は直接的な機能と空間の対応関係などではなくて、スケールの適切な分布によって人の活動の場を意味あるものとする、ということだったのかもしれない。コルビュジエが後期にモデュロールの構想を得て熱心に完成し、自分の建築に適用していったのは、まさにこのスケールの分布をもって機能主義を超える明確な方法としたかったからにちがいない。

そして二一世紀の現代には、このスケールの問題が、自然と人工という古くて新しい問いに、新しい光を投げかける。スケールの分布という視点で自然と人工を等価に扱うことができるのであれば、自然と人工の再定義から始まって、その組み合わせ方や自然的な人工、人工的な自然など、新しいフロンティアが広がってくるはずだ。

コーリン・ロウに倣って言えば、現実の緑や樹木などの自然を用いて都市や建築に適切なスケール感を持ち込むのを「実の自然」といい、人工的な方法によって自然物の持つ快適なスケールの重層をつくり出し、さらにその先に自然と人工の融合した新しい自然観のようなものを立ち上がらせる方向は「虚の自然」とでもいうのだろうか。そして実と虚が溶けあうところに、未来のぼくたちの都市環境が生まれてくるにちがいない。

シンガポールにやって来た。

大統領デザインアワードという建築、都市、プロダクト、ファッションなどデザイン全般のシンガポールで最も権威ある賞の建築部門の審査に参加して、現地で最終選考に残った一〇の建築を実際に見て歩くという、得難い機会だ。

シンガポールはまさに緑に満ちている。ほとんどすべての通りに街路樹が茂り、高層ビルにもヴァーティカルガーデンと呼ばれる立体的な緑化がさまざまな形で試みられている。熱帯の気候がそれを可能にするのだが、政府の方針として、最先端のグリーンシティを目指すという明確なヴィジョンが提示され、それに鼓舞されるようにWOHAのような若手を始めとするさまざまな建築家がアイディアを競っている。そしてそれらが次々に実現しているところが、この国のすごいところだ。

今回見学した中でも、日本で言うところの公団住宅の比較的ローコストのプロジェクトでありながら、若い建築家を起用して高層集合住宅における新しいコミュニティのあり方を大胆に提案しているものが幾つもあった。空中に浮かぶグリーンテラスや、高層ビルの中に街路のスケールをつくり出す試みなど、コンセプトとしても、実現している質としても、とてもわくわくするものであった。街中にはトリッキーなグリーンビルもたくさん建っていて、その点でも勢いを感じるのだが、実際に訪れて建築家と話をしてみると、気候的にも政策的にも恵まれたグリーンの状況に安住することなく、リアルな生活と経済と空間とコミュニティとを広く視野に入れて設計活動を行っていることが理解できた。ここでもやはり、人工と自然の新しい関係性をめぐる最先端の試みが行われているのである。

2016.8.9　静岡

空間的と時間的、両方の広がりを伴うもの

ニューヨーク　南フランス　二〇一六年一〇月

⑫

ニューヨークに来ている。昨年パリのファッションウィークでコラボレーションしたブランドAKRISのデザイナーのアルベルトさんが、今年はニューヨークでコレクションを発表するということで招待してくれたのだ。ショーの会場はパークアベニューに面した、SOM設計のレヴァー・ハウスである。ミースのシーグラムビルの斜向かいに建っているからか影が薄い気がするが、シーグラムよりも数年早く、マンハッタンで初めてのガラスカーテンウォールの高層ビルだ。恥ずかしながら、ぼく自身、今回初めて訪れてみて、このビルの提案していた高層建築と公共空間の関係性のヴィジョンに感銘を受けた。

レヴァー・ハウスはピロティで持ち上げられた低層棟の上に、大胆にセットバックしたスリムな高層棟が載るという構成である。高層棟が大きくセットバックした薄いヴォリュームなのは、低層部分に中庭を設けることで、地上レベルに豊かな公共空間をつくり出すためなのだ。歩道から連続するピロティと、そこからさらに連続する中庭によって、感覚的には敷地の半分以上がパブリックな都市空間となっているような広がりが生まれる。当初からあったものかどうかわからないが、ピロティ部分には屋外のカフェバー・カウンターが設置されて、人々が列をなしている。歩道と一体のピロティに はベンチが設置されているので、この季節にしては強すぎる日差しを避けて人々が談笑している。中庭には緑があふれ、ピロティ越しに明るく見えるその奥行きは、マンハッタンを埋め尽くすビルの大きな塊に開けられた爽やかなヴォイド空間となっている。さらにピロティ部分は天井を埋め尽くすアート作品や幾つかの彫刻など、アートにあふれた場所でもあり、生き生きとした豊かな都市空間となっていた。

AKRISのファッションショーは、このレヴァー・ハウスの低層部の、中庭を囲むリング状のフロア全体を使う趣向である。少し早めに会場入りすると、カーペットや座席を最終調整するスタッフが数人しかいない空っぽの空間が目の前に広がる。もともとはオフィスとしてつくられたであろうこのスペースも、最近はどのように使われているのか、少なくとも今回は、天井や間仕切り壁などが全て取り払われて、空間がむき出しになっている。中庭の緑越しに回廊のようにつながる向こう側の空間までを見通すことができて、さらにその向こうにはガラス越しに周囲のマンハッタンの高層ビルが間近に見えている。もちろんシーグラムビルもすぐそこにある。

このリング状の会場を、最新のコレクションに身を包んだモデルたちがぐるぐると歩き回るのである。マンハッタンの高層ビルの只中に浮かぶように見えるリング状のランウェイ、グリーンと空と高層ビルが交互に視界に入ってくる。外から見ていたとしても、照明に照らされた低層棟の中をカラフルなドレスがぐるぐると回っている様は、建築を超えて不思議な風景だったに違いない。

今回はファッションショーという特殊な状況ではあったが、同じガラスカーテンウォールのシーグラムビルとレヴァー・ハウスは、実は対照的な建築だと感じられた。ミースの建物が、五〇年以上経った今でも、他の何ものをも寄せ付けず、孤高の存在として建ち続けているのに対して、レヴァー・ハウスは、ピロティの天井がカラフルなアートになったり、バーが入ってきたり、グリーンやアートも変化し、オフィスだと思っていた空間でファッションショーが行われたりしている。それは良い意味で、人々や社会に開かれた場所である。大きな枠組みとしての都市空間のつくり方が秀逸だということに加えて、そのおおらかな空間性や鋭すぎないディテールなどが、人々の参加を促すのだろう。そ

DON'T BLOCK
THE BOX

レヴァー・ハウス　設計：SOM

の時代に応じて変化していく柔軟性と、それでも変化しない建築の大枠としての構造がうまく共鳴しあって豊かで生き生きした活動の場所となりえているのである。ミースのビルの天井が色とりどりになったり、プラザにバーが設置されるなどということは、やはり起こり得ないに違いない。パークアベニューに面した大理石のプラザが豊かな都市空間と言われたりもしているが、ぼくには緊張感がありすぎて、皆がくつろぐ公共の場所という感じはしない。

ではシーグラムビルが社会に背を向けているのかというと、そうは思わない。以前にも書いたが、ミースの建物は全て、遠い未来へと向けられている。そして遠い未来にも、やはり人間のリアルな社会はあるはずなのだ。そしてその未来へと向かう過程では、ミースの建物が投げかけるメッセージに刺激されて、さらに遠い未来へと向かうヴィジョンを生み出す人たちが必ずいる。そのような長い時間を超えていくヴィジョンというものは、やはり社会の重要な一部なのではないかと思うのである。

ぼくは建築を志す前は、アインシュタインの物理学に憧れていた。先日ノーベル賞の発表があったが、自然科学の基礎研究なども、やはりミースの建築に近いものがあるのではないだろうか？　アインシュタインの理論は、発表当時それを理解できる人間は数人しかいなかったと聞く。それでもその価値を解読し、さらにそこから新しい思考を生み出した人々がいた。そして一〇〇年後の今、現在のぼくたちの生活は、その数人しか理解できなかった理論に大きく依存しているのである。社会とは空間的なものでもあるけれども、同時に時間的な広がりを常に伴っているに違いない。その想像力が、今ほど必要な時代はないのではなかろうか？

南フランスの小さな街で、旧市街に隣接する敷地開発のマスタープランのコンペに招待されて現地を訪れた。敷地面積は三〇万平米。なかなか巨大である。ハウジングがメインで、そこに商業施設などが適宜配置される。建物の延べ床面積で十五万平米である。

当然最初に思ったのは、なぜぼくたちが呼ばれたのか、ということだった。コンペはディベロッパーとチームを組んで参加する仕組みで、ぼくたちがここ最近付き合いのあるディベロッパーが、いままでのプロジェクトを見て誘ってくれたのだった。しかしぼくたちは、都市のマスタープランをつくったことはない。一番大きな規模の建物でも、先日パリで勝ったプロジェクトの六万平米が最大である。ともかくも、市長に会いに行くという。

市長を交えていろいろ話をしている中でわかってきたのは、もともと、その敷地に計画されたマスタープランがあったようなのだが、市長がそれを気に入らなかったらしく、コンペにしたとのこと。なぜ気に入らなかったかというと「普通すぎる」。「普通」で何がいけないのか。そこに未来は無い、と。ぼくたちが呼ばれた理由も、「こいつらなら、なにか面白いことをやってくれるのではないか」という期待感からなのだろう。

ありがたい。と同時に、社会というのはいろいろだな、と思わずにはいられなかった。フランスでまだ何もつくったことのない異国の建築家に、美しい旧市街に隣接する場所のマスタープランを提案させる社会がここにはある。しかし別の場所には、まちづくりという曖昧な言葉で、どこでも行われているような「普通」さに理由づけして済ませてしまう社会がある。コンペという形式すら、単なるアリバイとしてしか認識していない社会もある。建築物にまつわる有ること無いことをあげつらって

1968年のレヴァー・ハウス

大げさに問題にして、本当に何が必要で何が問題なのかを見ようともしない社会もある。異国の建築家をコンペで選んでおきながら、まっとうなマネジメントができずにプロジェクトが迷走し、挙句の果てにその異国の建築家に全ての責任があるかのようにスキャンダラスに騒ぎ立てて追い出してしまう社会もある。そんな「社会の声」におどおどしながら、できるだけ事を荒立て無いようにといって、小さな提案や提案の無さを正当化する社会もある。しかしそこに未来はあるのか？

ぼくは、社会というのは、未来への想像力のことだと思う。いま自分がしていることが、未来を形づくるということ。自分が去ったあとにも、その先の人々に価値を手渡すことができるか、という想像力。それはなにも、奇妙なものをつくればいいということではない。しかし「普通」を繰り返していては、それは未来を価値あるものにしない。いまぼくたちが見ている「普通」は、以前に誰かが勇気をもって未来へと投げかけた新しい何かなのだ。

誰もがミースのように、数千年先の未来への飛距離を持ち得る必要はない。しかし少しだとしても、いまのぼくたちが未来の人々へ何かをもたらすことができないだろうか？　そう考えるそのことが、価値となる社会とならないだろうか？　レヴァー・ハウスが五〇年以上経って人々の豊かな都市生活の一部となる時、ぼくたちは半世紀以上昔の施主と建築家とそのプロジェクトに関わった人々の、当時としては突飛であったかもしれない構想力とヴィジョンを受け止めているのだから。

2016.10.3　アンティパロス

新しいプログラムには新しい建築を

中国の村　ニューヨーク　ザグレブ　香港　二〇一六年十二月

中国，浙江省にある富春江周辺の山あいの地域

杭州から車で一時間半ほどの浙江省の小さな村に来ている。この辺りは富春江という川の周辺で、古くから山水画のモチーフとなっていた美しい風景の地域だという。敷地は川を遡った山あいで、伝統的な土壁の建物が十軒ほど寄り集まった小さな集落全体をホテルに改修する計画である。その中心となるレセプション、多目的なイベントスペース、そして三つのゲストルームが複合した建物の設計を依頼されたのだ。

訪れてみると、谷あいの美しい集落は、周囲に棚田が広がり、あいにくの雨模様も霧が出ることで幻想的な雰囲気となっていた。一本道を目的の村へと向かう道中も、同じような伝統的な土壁の集落が点在しているのだが、それらの多くが宿泊施設やカフェなどに改装されている。途中、休憩で入ったカフェの内装などはしっかりしたデザイナーが入ってつくり込まれた空間であり、以前から感じていたことだが、中国のインテリアデザインのレベルは相当に高い。多様な素材や伝統的なモチーフを恐れを知らないといった感じで縦横無尽に使いこなし、それでいてシンプルさと現代性を併せ持っている。この辺りは、良い意味でも悪い意味でも日本の建築家やインテリアデザイナーには真似のできないものだろう。そして今回ぼくたちに求められているのも、そんな濃厚な内装設計とは異なる方向性に違いないが、ぼく自身はこの棚田の感覚や素材感など、現地からのインスピレーションで自分たちの建築を拡張していくことができればと期待している。

ニューヨークに来ている。すこし前にメールで相談された新しいプロジェクトの敷地はマンハッタンから車で四〇分くらいのニュージャージー州パターソンという町である。日本人にはあまり馴染みが

アメリカ，ニュージャージー州パターソン

ない名前かもしれないが、この場所こそアメリカの工業化の発祥の地なのだそうだ。

プログラムは、言うなれば「新しい居住と労働とコミュニティのあり方を体現する建築」である。パターソンの町は古いレンガ造りの工場跡や煙突がたくさん残る、こじんまりとした美しい町だったが、残念ながら、それらの工場跡地はほとんどが放棄され、なかば廃墟のようになっている。この地に再び活力とヴィジョンを取り戻そうというのがクライアントの思いである。二一世紀型の新しい集合住宅モデルとでも言えるだろう。「新しいプログラムには新しい建築が求められる」というクライアントの言葉に勇気づけられる。

敷地見学後に入った店は、外観は普通のダイナーという感じだったが、中に入ると超満員で、地元のさまざまな人々が普通にお昼ご飯を食べている。ぼくたちも地元のおじさんたちと相席で、ポルトガル系の料理だというその店のお昼ご飯をいただいたのだった。クライアントがレストランの雰囲気を見渡して「こういう多様性のコミュニティをつくりたいのだ」と熱く語っていたことが印象的であった。

クロアチアのザグレブにやってきた。

ORISという雑誌が主催するレクチャーに呼ばれたのだが、それと合わせてプロジェクトを依頼したいという話があり、レクチャーの前にザグレブから車で一時間半ほどのところにあるお城のひとつを訪れた。クロアチアの北部には、昔のお城がたくさん残っているらしい。今回はその敷地全体を一般に開放するためのヴィジターセンターのようなものをつくって欲しいという依頼だった。

プログラムの詳細を聞くと、設計者に任せるという。規模はと聞くと、それも任せるという。もちろんただ好き勝手に建てて良いということではなく、こちらからの提案を見ながら構想を固めていきたいということのようだ。こういうプロジェクトの根幹から築き上げていく感じはやはり面白い。さらに驚いたことに、彼らは四年前からアルヴァロ・シザに小さなチャペルの設計を依頼しているのだという。自分の好きな建築家と同じプロジェクトに関わることができることは建築家の夢ではないだろうか。このプロジェクトがうまく進んでくれることを願っている。

香港で現地のディベロッパーが主催するディナーに参加した。OMAやザハ事務所、そしてMVRDVなどのインターナショナルな事務所から、地元香港の若手の建築家までが招待されていて、聞くと香港の若手を支援することを意図しているという。このような文化的なサロンから次世代が生まれ、彼らが香港という場所そのもののエネルギーを高めていくという長期的なヴィジョンに立っているのだろう。それはとても素晴らしいことだと感じた。ディナーの途中には、参加した建築家が簡単に自分のプロジェクトをプレゼンする時間も用意されていて、ディナーテーブルの上に各参加者が持ち寄った模型がディスプレイされているという凝りようである。ぼくは主賓的な感じで皆のプレゼンを聞く係だったが、三〇歳前後の若手も多く参加していて面白かった。

彼らに香港の建築の大きなトピックはなんなのかと聞いてみると、デンシティ、密度だという。厳しいレギュレーションをかいくぐって、いかに高密度に集合住宅やオフィスをつくるのかが大きなテーマだというのだ。香港らしいといえば香港らしい、ある意味でとても特殊な前提条件の中での、特異な建築のテーマである。集まった若手は、その閉塞感に対して不満を持っているようだった。たしかに問題が明確でありすぎるとき、その答えは多様な世界の豊かさに開くよりも、回答のバリエーションをめぐるゲームへと成り下がってしまう。答えよりも問いのほうが常に創造的である。そして明瞭すぎる問いは、より大きくて豊かな問いへの思考を閉じてしまう。

そんな話を聞いた後にホテルにチェックインすると、部屋のドアを開けていきなり洗面台がある。なんというか、突然バスルームに入ってしまった感じである。最初、意味がわからなくて入り口を間違えたかと思ったほどだ。再度ドアを開けてみると、やはり洗面台がある。しかたがないのでそのまま中に入っていくと、その奥に普通にベッドがあって、なんとか泊まれそうである。どうやらこれは、つい先ほど話題に上った「密度」を獲得するために、特異に進化した間取りなのだということがわかってきた。ホテルの部屋の入り口付近にある廊下的場所など無駄である、どうせなら洗面所に直接入ってしまえば、ちょっとした違和感さえ気にしなければ、スペースを節約できる！　という感じで、設計者なのかディベロッパーなのかが大きな発見をしたと思ったのだろう。たしかに使えないことはない。でもたとえばシャワーを浴びるために服を脱ぐ場所が玄関なわけで、すぐ横に廊下に通じるドアがあるのは、なんとも落ち着かない。

特異な生態系の中で進化した建築たちが、外部の者から見ると良い悪いを超えた謎めいた存在に見えることがある。ときにそれは、突然変異的な意外な視点を持ち込んで、新しい建築の予感を抱かせてくれることがある。しかし一歩間違うと、その生態系の外の人からすると誰も興味を持たないような瑣末な問題を、空回りしながら大真面目に論じているだけということもあり得るのだ。このホテルはまさにそんな事例だろう。しかしぼくたちはこの香港のホテルを笑っていられるだろうか？

例えばぼくたちがあたりまえだと思っている、日本という、あるいは東京という状況の中での前提条件が、実はとても狭い特殊な生態系での必然でしかなかったとしたら？　あるいは単に状況やコンテクストに答えるだけの「正しい建築」に夢中になっていても、その状況自体が奇妙にねじ曲がっていて、それゆえにでき上がる建築は、とても近視眼的な模範回答のゲームでしかないなどということは十分あり得るのだ。

そんな閉じた世界に陥らないために、外に出るというのはひとつの重要な方法だろう。しかし「世界のさまざまな場所で異なるコンテクストに出会い、それぞれのコンテクストに応答しながら建築をつくっていく」というと聞こえはいいが、そこに前提を問い直す意志がなければ、単に明瞭すぎるコンテクストに飛びつく安易さによって、現実への無批判な迎合と自身への無批判な甘えの中で創造性は捨てられるであろう。

問いとは、目の前にある問題のことなどではなく、既存のコンテクストなどでもなく、自分自身の拠って立つ状況の前提を疑い、一歩どころか一〇〇歩引いた視点から前提を再発明しようとする意志なのだ。新しい問いは新しい思考を求め、新しい答えを生み出す。

だからぼくたちは、知らない国や街を移動しながら、自分の知らない状況に巻き込まれ、それを受け入れ、同時に疑い、疑っている自分をも疑いながら、人と場所との関係という建築の本質に常に立ち返り、その先を見据える問いを構築し続けていくしかないにちがいない。そんなことを思いながら香港のホテルのドアの脇でシャワーを浴びたのだった。

2017.1.24　パリ

無限に異なる理想都市の姿を建築に追い求めて

リール　アムステルダム　二〇一七年二月

⑭

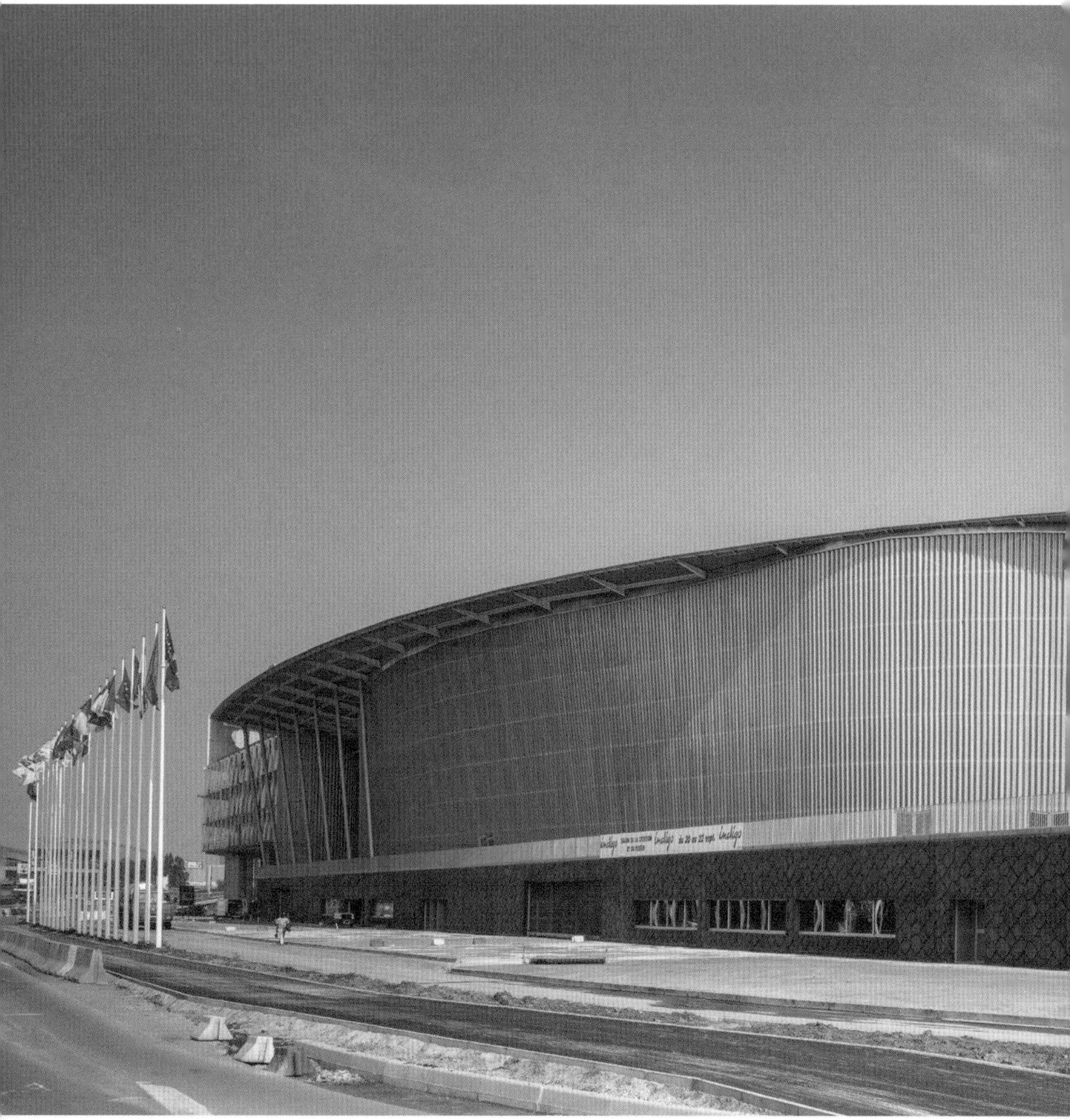

コングレスポ（リール・グラン・パレ）　設計：OMA

フランス北西部の街、リールを初めて訪れた。

この街の裁判所を設計する国際コンペに指名され、チームを組む現地の建築家とのキックオフ・ミーティングを兼ねて街と敷地を見に来たのだ。コンペの相手はレム・コールハースとドミニク・ペロー、そしてノイトリング・リーダイクという豪華な顔ぶれである。


リールといえば、ぼくが学生時代、ＯＭＡのマスタープランと、コングレスポの巨大な楕円の模型が表紙になったエル・クロッキースに夢中になったのを思い出す。当時の、あの楕円に対するセンセーションはなんだったのだろうか？

まだ建築を学び始めたばかりのぼくにとっても、形としての楕円はとても魅力的に見えていろいろな課題でプランに楕円が現れてしまったのだが、その一方で、ほとんどすべての建築家が楕円を使ったプロジェクトを発表しているのを見るに、学生ながらもなんとも不思議な気分になったものだ。ひとつの形が、あそこまでの熱狂で迎えられるということは、ちょっと現代では想像がつかない気がするし、当事者の端くれだったぼくにしても、今から振り返ると、なんだか遥か遠くにかすむ夢のような時代だったのだろう。

その夢が現実になった街が、リールの新市街だ。

ＴＧＶの駅を降りると、当たり前なのだが、それは普通のＴＧＶの駅で、屋根のアーチを組み合わせたような構造体に、遥か昔に建築雑誌で見た記憶がかすかに呼び覚まされはしたが、人々は建築など構うものかとばかりに忙しく歩いていて、夢と現実のすれ違う感覚を覚えた。

タクシーでローカル・パートナーの事務所に向かう途中、ジャン・ヌヴェルが手がけたオフィスと巨大なショッピングセンターの複合建築の特徴的な五本のキュービックなタワーがちらりと見えた。学生時代、まだ模型やドローイングでしか発表されていなかったこのプロジェクトを見て、なんだかとても興奮したのを思いだす。しかしなぜそんなに盛り上がったのか、その理由はもはや定かではない。五本の塔が、古代の遺跡のように立ち並んでいる感じに共鳴したのかもしれない。その先に、巨大なコングレスポの姿が見えてくる。

なんとなく予想はしていたが、新市街もすでにでき上がってからかなり時間が経っているために、夢が老いてしまったかのような、疲れた未来のような、奇妙な倦怠感が辺りを埋め尽くしている。それは良い意味で、現実の生活のリアリティが、建築たちに染み渡っていると言えるのかもしれない。理想都市の姿が鮮明だったがゆえに、そこに普通に人が歩いていること自体が、奇妙な違和感として見えてくる。

新しく建てられた建物のスケールが巨大だからそう感じるのか、若いぼくに刷り込まれた模型とドローイングとしての都市のイメージゆえなのか、フィクションとリアルが戸惑いながら共存しているような印象の場所なのであった。

その後、リールの旧市街へ。

旧市街は、打って変わって、とても小さなスケールの曲がりくねった道が魅力的な都市空間である。そして現地の人によると、リールはフランス側とゲルマン側の緩やかな境界に常に位置してきたため

リールの旧市街

に、街のフランス側では白い石の建物が多く、反対側ではレンガなどの仕上げが増えてくる、という不思議な場所なのだという。ぼくたちが歩いた旧市街はどちらかというとベルギー寄りの方だったらしく、確かに小さなスケールの装飾やレンガ的な色調が街を特徴づけていた。

ＯＭＡのマスタープランが、この旧市街をどのようにコンテクストとして考慮していたのかは、不勉強で知らないのだが、あえて巨大なスケールを対比させようとしたのだろうか？　同じＯＭＡでも、シカゴのＩＩＴの学生センターでつくられているような多様性を、都市レベルにまで展開するにはもうひとつ別のレイヤーが必要だということだろうか？　建築と都市は連続していないのかもしれない。いま南フランスで、やはり美しい小さな旧市街のすぐ外側に、新しいエリアを開発するマスタープランをやることになったのだが、このリールにおいて、新しい都市をつくるという永遠の課題の難しさに改めて気付かされたのだった。

翌日、アムステルダムへとやってきた。

これはぼくの偏見かもしれないが、オランダの街は、どうにもメカニカルというか、超人工的な感じがする。特にフランス側から電車で移動してくると、昨日リールで聞いたフランス側とゲルマン側の違いがより明瞭に感じられる。

初めてロッテルダムを訪れた時も、街全体が、都市生活者のための機械としてデザインされているかのような強烈な印象があった。跳ね橋が上下に動いたりすることが、都市という存在への思想と完全に一致している気がしたのだ。アムステルダムはそれでも、その観光地的な旧市街がノスタルジックな表情を見せているが、周囲でつくられていく現在進行形のプロジェクトは、建築そのものが海を埋め立てて伸びていくような、土地と建物とインフラを別々には考えられないような、そんな迫力が感じられた。

アムステルダムにおける旧市街と新市街の対比は、前者が理想都市の「姿」を持っているのに対して、後者においてはもはや都市の姿などなく、ただ「動態」として変化と運動だけがある、という点ではないだろうか。そして例えばパリは、現代においてもひたすらに理想都市の「姿」を追い求めていると言えるだろう。

どちらが良いというわけではないが、ぼく自身の最近のプロジェクトは、建築として空間や体験を考えると同時に、その建築がもつ姿のようなもの、あるいは、その建築が周辺との関係で生み出していく風景のようなものを思考している気がする。そしてその姿には、究極の回答などがあるわけではなく、さまざまな地域のさまざまな文化的歴史的な背景によって、無限に異なる理想都市の姿があり得るのではないか、とさえ思えてくるのである。それは建築や都市に、個別と多様と普遍の間の自由を与えてくれるに違いない。

理想都市といえば、最近は海外出張のフライトで無駄にたくさんの映画を観るのだが、最近のSF映画の中の未来都市の姿は凄いことになっている。

巨大な宇宙ステーションがフレームでできた惑星のようになっていて、それぞれのフレームには重力がしっかり作用している設定なのか、スカイスクレーパーが棘のようにその仮想地盤から生えているのだが、そもそもその地盤となるフレームが曲線立体格子となっているので、その結果、空には逆さ向きの地盤面と逆さ向きのスカイスクレーパーがアーチ状に、ほとんど浮いているかのように見えていたりする。などと拙い文章で説明してみてもなかなか伝わらないだろうくらいに、地球上での常識を無視してしまっているのだ。その映画はたしかスタートレックの新しいシリーズだったと思うが、その惑星的な宇宙ステーション全体が、いわば透明なクラゲのような惑星という風景を生み出していた。

以前UCLAの阿部仁史さんが、UCLAの建築を出た学生も、優秀な人材はどんどん映画産業に就職するようになっている、という話をしてくれた。建築の素養とセンスがあって、コンピュータを操る技術と、ありえないいくらいの自由があたえられた時に、人間の都市への想像力はどこまで広がるのだろうか。

その壮大な社会実験がいま映画の中の都市という形で行われているのかもしれない。そこにはある程度のリアリティの設定はあるにせよ、現実的な都市計画に根ざしているというよりも、むしろ「人間の想像力を限界まで解放した時に、いったい何が生まれてくるのか」という思考実験の、奇妙に無為な繰り返しの狂気にこそ本質があるように見える。彼らが生み出す奇想天外な都市風景と比べると、コルビュジエの都市計画でさえも、まじめくさった窮屈な議論に見えてしまう。

しかしその先に何があるのだろうか?

無数に生み出される理想都市のとてつもない風景が一方でありながら、現実世界では誰一人その理想に向かって行こうなどと考えていない。そんな空虚なヴィジョンが溢れる時代。そして奇想天外な理想都市の足元には、猥雑で混沌としたカオス的な都市の雑踏が展開しているというある種のステレオタイプ。その両方に挟まれて、これからの時代の建築家は社会と未来に何を提示していくのだろうか？

そんなことをぼんやりと思いながら、いまインドへ向かう飛行機に乗っている。初めてのインドである。明日には、チャンディガールを訪れる予定だ。

チャンディガールの開いた手

2017.2.15　チャンド・バオリ

人間社会に対する夢と理想と知性が生き続ける

⑮

チャンディガール　二〇一七年四月

チャンディガール，州会議事堂（左）と高等裁判所（右奥）

チャンディガールに来ている。

夕方の便で空港についてそのままタクシーで議事堂周りの建物に向かう。もう夕暮れで見学時間は過ぎているが、建物周りの広場までは行けそうだ。

建築はやはり現地で体験しないと本当の意味ではわからないものだ。

チャンディガールでまず何よりも印象的だったのは、都市の軸線の先に「何もない」ということだ。プランを見れば軸線の先は広場であるから、そんなことはわかりそうなものだが、実際に現地で、この都市の芯となる中央通りの真ん中に立ってみて初めて、ああ、本当に何もないのだな、この街はただ空と山とに開かれているのだな、ということが体感できた。

しかも地形が議事堂周りのエリアに向かうにつれて下がっているので、なんとも控えめな建ち方なのである。写真だけで見ていた時には、荒野にヒロイックに立ち並ぶ彫刻的な建築群という印象が強かったのだが、現地での体感はむしろ反対に、周辺を含めた大きな地勢の中で、丁寧に、控えめに、それでいて誇りをもって建築が配置されているのだった。

その感覚は不思議な両義性に満ちていた。たしかにその軸線は暴力的であり、議事堂前の広場は広大でスケールアウトしているように見える。しかし一度そこに足を踏み入れると、軸線の暴力性は周囲の風景の圧倒的な広大さの中で、むしろ知性のかすかな介入が風景とうまくバランスされているように感じられるし、広大な広場はその両側に配置された人工物＝建築の存在の大きさと小ささによって、意味のある場所となっている。小ささ？　たしかにこれら三つの建物は、大きく、そして小さい。

広大な風景の中で「秩序」が生まれるギリギリの小ささが選択されているかのように。

さらに不思議なことに、ひとたびこれらの建物に歩いて近づいていくと、その存在の意味が徐々に変化していくのがわかる。ある大きさの、特徴的な形態をもったシルエットは、最初は広大な広場を建築空間たらしめる大きな身振りのように思えるのだが、徐々に近づいていくと、それはけっしてそれほど大きくはなく、むしろ巨大な壁柱に支えられたヴォリューム感のある庇に近づくと、それはかえって人に寄り添ってくる優しさをもった存在なのだ。これは意外だった。巨大さと身体に寄り添う感覚が同居している。コルビュジエの住宅建築などでは、全体のスケールがすでに住宅サイズゆえに、なかなかこのようなダイナミックなコントラストは見えづらい。しかしここチャンディガールにおいて実現した、人間スケールから都市スケールまでが断続しながらも連続する奇跡のようなさまは、初期から都市と住居を同時に扱い、またモデュロールというクロススケールな寸法体系を構想したコルビュジエだからこそなし得た究極の建築だと言えるのではないだろうか。

そして日没によって刻々と変化していく空の風景が、圧倒的にその場所の主役である。奇妙に彫刻的な議事堂のトップライトでさえも、その空を縁取る脇役のように、なぜかとても控えめに、知的に、楽しげに、そこにある。

ぼくはここに、ル・コルビュジエという建築家の、本当の知性を見た気がした。インドという異国で、人々のための新首都をつくるということ。自身の輝く都市をつくることを夢見ていた建築家が最後にたどり着いたのは、その都市の中心軸に何も置かないことによって、その場所がもともともっていた風景をその主役に据えることであり、人々の誇りとなる存在として建築を立ち上げながら、それらが同時に人々に寄り添う大いなる優しさをもった場所となり、そして人々を受け止める大きな時空間の広場をつくり出す、そんな都市計画だった。パリを破壊しようとしたコルビュジエは、軸線の先に常に人工物のモニュメントを置くパリに抵抗しようとしたのかもしれない。しかしこの場所に生まれた都市の包容力は、そんな小さな抵抗を超えた、小さな人為など超えた理想郷のようであった。都市の一番重要な場所に何もつくらないことによって、そこはこの地域の風景のために開かれた場となり、また人々のために開かれた場となる。そんな究極の理想都市の夢が、ここに芽生えたにちがいない。

この軸線の先の「空《くう》」は、ぼくには丹下健三の広島計画以上の深みをもって感じられた。ともにコルビュジエの影響を受けたニーマイヤーが、ブラジリアの軸線の先に自身の設計によるモニュメンタルな建築を据え、丹下健三は自身が何かをつくる代わりに悲劇の焦点を据えたのにたいして、師であるコルビュジエのやり方は驚くほど控えめだ。しかし現地に立ってみると、その控えめな身振りに込められた人間社会に対する夢と理想と知性とが、大きな風景の中に生き続けている。それは偉大な構想でありながら、同時に未来へと差し出された贈り物のようだ。それは何も決めつけることなく、開いた希望のように、未来の時間、未来の人々の行為への信頼に根ざして、それを受け止めるための場所となっている。それゆえこの場所は、時間を超えて、そこにある。チャンディガールの本当に感動的な瞬間がそこにはあった。

翌日早朝、宿泊したホテルの近くのセクター17というコルビュジエとジャンヌレが計画したブロック

チャンディガール，セクター17

を歩いた。建物の配置は初期のコルビュジエの都市計画に見られる雁行した低層の住居棟が連なる形式だが、ここでも何より住棟の間の広場空間のおおらかさが素晴らしかった。朝からクリケットをしている一団がいて、数人で火を起こして朝食を準備している人たちの集団が幾つか点在している。早朝ということもあってけっして大勢の人々で賑わっているというわけではないのだが、緑あふれる広場がおおらかな広がりと適度に分節されたヒューマンスケールによって、とても居心地の良い開放感をもっていた。

建物自体はRCのドミノシステム的な丸柱が特徴的な四層の集合住宅だが、すでにインドの気候によって風化して、はるか昔につくられた遺跡のような様相である。しかし広場の大きさと建物とのバランスが良いせいか、これらの構築物は、建築というよりもむしろ木々の向こうに隠れた岩壁につくられた洞窟住居のようにも見えるくらいに、人工物であることを感じさせない。もしかするとインドの人々の生命力ゆえなのかもしれないが、このような一見均質な骨組みが、かえって縦横無尽に使い倒されて、結果として生活を引き立て成り立たせるプラットフォームとして背景に引き下がっていくような感覚があった。ここでも「空《くう》」としての都市広場空間が大きな役割を担っている。建築は何かを強制するものではなく、むしろ未来の不確実さに開いていて、ただ大枠の広がりと控えめな秩序が用意されている、という潔さが感じられる。

コルビュジエの建築に、そもそもこのような「空《くう》」の意識があっただろうか？と思い返してみる。チャンディガールの議事堂周辺を月明かりの下で歩きながら、ぼくはそれが少し不思議だった。学生時代から幾つものコルビュジエの作品を実際に見たり作品集で読んだりしていた中でも、ここで感じた「空《くう》」の感覚というのは初めてのことだったから。

そうしていろいろなことを思い出していた。たとえばロンシャンの教会の中でも、もっとも感動的な場所は、東側の外壁のくぼみによってつくられる屋外の教会堂ではなかったか。その壁と庇と幾つかの建築的な痕跡が、広大な外部空間へと開いているさまは、まさしく「空《くう》」の感覚だ。

またサヴォア邸での一番の主役の空間は、四角く切り取られた二階の屋外テラスであり、それは外の庭、空の庭とでも呼べる特別な場所になっている。その原型はエスプリヌーヴォー館の大きくくり抜かれた外部テラスであり、住居の中でもっとも大きく天井の高い場所が外部テラスなのである。またパリの輝く都市の計画において、高層ビルが全て十字型をしているのは奇妙だと常々思っていたが、もしかするとあれは、ビルの形そのものが重要なのではなく、そのビルによって取り囲まれる間の空間自体をつくりたいという意図の表れだったのではないだろうか。十字にすることで、都市空間の巨大な容積を、かすかに囲い取りながら場所をつくっているのかもしれない。そしてなにより、パリの街にひっそりと差し込まれたラ・ロッシュ＝ジャンヌレ邸の白い壁の、あまりに軽やかで、厚みも重さもないようなあの白さは、パリという街の中に驚くほど鮮やかに、人間のための空白の場所をつくり出す意図だったのかもしれない。

こうしてチャンディガールでのぼく自身の新鮮な発見が、自分自身のコルビュジエ体験を新たな光で照らしている。そしてインドの旅は続く。

2017.5.6　パリ

歴史と世界と未来を信じて無心に飛び込んでいく

ジャイプール　アーメダバード　二〇一七年六月

⑯

ふたたび、インドである。

チャンディガールからデリー経由でジャイプールへとやってきた。今回の旅程にジャイプールを入れたのは、ジャンタル・マンタルという天文観測所と、ジャイプール郊外にあるチャンド・バオリの階段井戸を見たいと思ったからだが、着いてまず連れて行かれたのは、山の上に建つアンベール城と呼ばれる大宮殿であった。予備知識がないままに車に揺られていたので、近づいて見えてきた全貌に思わず息を飲んだ。

あたかも山全体が巨大な城塞であるかのように、建築物と山が渾然一体となっている。聞くと、ジャイガル城塞とアンベール城という二つの城塞が連続するように建っていることで、万里の長城の一部が宮殿化したような巨大さを生み出しているのだ。さらに山と宮殿の手前には広大な水盤が広がっていて、その先の宮殿へと上がる巨大な斜路を象の列が門へと向かってゆっくりと登っている風景はこの世のものとは思えない不思議さを湛えている。もちろん象は観光客向けのサービスなのだが。

何百年もかけてつくられてきた巨大な存在は、一人の建築家の仕事をはるかに凌駕してしまうものなのだろうか。その積み重ねた時間が否応なしに物質と空間に織り込まれることで、理解を超えた多様さや奇妙な迫力が生まれてくるということが、ここには確かにある。近代建築の創始者たる偉大なル・コルビュジエのつくり上げたチャンディガールに感銘を受けた翌日に、この奇妙な宮殿を訪れて、そこに全く異なる、しかし圧倒的な何かを感じざるを得なかった。どちらが良いということではない。存在の次元が異なる、とでもいうべきだろうか。

城壁に囲まれた山の上には、大きな中庭のような屋外広場が広がっていた。先ほど斜面を上っていた象が歩き回っている。その広場から、さらに大階段を登りながら壁を抜けていくと、もうひとつ上のレベルの中庭広場が視界に入ってくる。この宮殿はとてつもなく巨大で、さまざまな部屋が用意されているのだが、その巨大な宮殿の中でも一番豊かにデザインされているのは、これらの広大な外部空間なのである。それぞれの庭はそれぞれに表情があり、グリーンで満たされた庭があるかと思えば、巨大な東屋を囲む庭、異なるレベルで回廊のように展開する外部空間、そしてロッジアのように逃げ込める場所から隣の中庭を見下ろすことができるなど、異なる庭が多様に関係しあっている。

中庭から中庭への迷宮を巡っていると、建築とは、いかに豊かな外部空間をつくり出すかというところから始まったのではないか、と夢想せざるをえなかった。「空き」としての空間である。たしかにこのような人里離れた荒野の山の上に人間のための場所を構築するときには、まずなによりも、安全な外部空間を計画することが最初の出発点だっただろう。山の上に城壁を築き、空中に浮かぶ庭をつくり出す。さらに庭から庭へと幾重にも連続して変化する守られた外部空間が圧倒的な豊かさを生みだす。もちろん気候的に日差しから守られた屋外が生活空間となり得る地域ではあるが、それ以上に、人間の生活の根元に、やはり空気と風と空と太陽に開かれた場所というものがあるのではないだろうか。風を取り入れるための驚くべき石の透かし彫りのスクリーンなどを見ると、空間とか機能とかいう以前に、外部空間というものがもっていた現代とは異なるリアリティとでもいうべき感覚の片鱗を感じざるをえない。巨大宮殿を歩き回った肉体的な疲労以上に、めくるめく光景の残像が生み出す終わりのない残響の中で、時間と空間の感覚を失うような体験であった。

アンベール城(右)とジャイガル城砦(左奥)

このアンベール城の足元には美しい階段井戸がある。今回のインド旅行では四つの異なる階段井戸を見たが、これが最初の体験だった。控えめな大きさではあるが、各段のスケールと全体の大きさが調和していて美しい。この階段井戸という存在は、まさに空間の「空き」としての外部空間をつくることで、機能的かつ構造的で美学的な形式の発明となっている。地下にある水脈まで掘り下げながら土圧を支えるという技術的な課題と、そこにアクセスするという身体的機能性が統合されて、四角錐を逆さにしたような、エッシャーの版画のような無限ともいえる階段の繰り返しの風景が現れた。ぼくは昔その写真を初めて見たとき、その風景に重ねて、さまざまな人がさまざまな方向から自由に井戸にアクセスして中央に集まり、ときにその段に腰掛けて世間話を楽しむような、地域のコミュニケーションの拠点を想像したのだが、実際には水は貴重なものであり、出入りはそれほど自由ではなかったかもしれない。この空間性も、人々が集まる公共空間の新しい形式ではなくて、むしろ儀式性の方が強かったのかもしれない。残念ながら階段を下りていくことはできなかったので、この「空間」を体験したとは言えないのだが、それでもこの造形はさまざまな想像をかきたてるものであった。

アーメダバード。

学生の頃にコルビュジエを知ってから、いつかは来なければと思いつづけ、今回ようやくたどり着くことができた。サラバイさんがリキシャとドライバーを三日間アレンジしてくれたので、すべての移動がリキシャである。アーメダバードの交通事情は、デリーやチャンディガール、そしてジャイプールに比べても格段に喧しくカオティックで、リキシャはその喧騒を体験するのにぴったりなのだ。センチ単位で他の車やバイク、リキシャが自分の周りを行き交い、それどころか衝突しながら進んで行くので気が抜けない。

まずはル・コルビュジエの繊維業者協会会館を訪れる。ゆったりとしたおおらかな空間が縦横につながりあい、豊かな場所を生み出している。ファサードに繁茂する植物がこの建物を、立体的な大地、あるいは建築的な洞窟とでも言えるなにかたらしめている。それは光に満ちて風が吹き抜ける幾何学的な洞窟である。

ショーダン邸へ。家の中に入ることはできなかったが、正面のプールの周囲と前庭に入ることが許された。この建物は、ぼくが漠然と抱いていた印象と全く異なる場所だった。RCでつくられているにもかかわらず、その幾何学的な絶妙のプロポーションゆえに、空間はどこまでも軽やかである。周囲に高層マンションが建ち並んでもなお、正面のプールと何本かの大きな樹木とに包まれて、重さのない純粋な秩序の理想郷としてありつづけている。家の前に施主であるショーダンさんのご家族がテーブルを出して談笑している、その姿は永遠に変わらない夢のような風景に思えた。

ルイス・カーンのインド経営大学は、残念ながら期待はずれだった。いままでもたくさんのルイス・カーンの建物を見てきた。そしていつも、かすかな違和感を感じていたのだ。それはなにか、自身が考える世界の中での完璧を期す意思ゆえに建築がかえってこじんまりとまとまってしまっている、というような感覚だった。そしてこのアーメダバードの地においても、カーンはやはり、自分の世界の中に閉じこもって完璧をつくり上げたかったのであろう。しかしこの巨大で奇怪で魅力的な本物の「世界」に比べて、個人の中の「完璧な」とは、なんと小さく退屈なのだろう。その小ささ、退屈さが建築に現れてしまっている。全てのディテールやスケールなどが、徹底的にコントロールされているゆえに、小さくまとまってしまっている。今回は特にコルビュジエの傑作たちを見て歩いていた最中だけに、その落差が大きく感じられる（それでもぼくは、ダッカの議事堂を見るまでは、カーンに希望を抱いていたいと思う）。それにくらべてコルビュジエの建築は「世界に開いている」のである。自分ができうる最大を成しながら、その先に投げ出していく感覚。歴史と世界と未来を信じ切って、そこに無心に飛び込んでいく感覚。そのとき建築は世界に開かれ、永遠に時間の中を進み続ける。

その意味で、サラバイ邸は忘れがたい場所であった。それは学生のときから常にぼくが一番好きな住宅のひとつであった。そしてそれは、そのままでもあり、それ以上の場所だった。とても控えめでありながら、それは生きているようだった。それは生きていたにちがいない。そして生き続けるにちがいない。

今回の旅で最も感動的で、そして感傷的でもあった瞬間は、そのコルビュジエの設計したアーメダバード・サンスカル・ケンドラ美術館を訪れたときだった。サラバイさんからも、保存状態がかなり悪いのでお薦めしないとすら言われていた場所だ。足を踏み入れると、たしかにRCの躯体はぼろぼろで、場所によっては崩壊しかかっている。夕暮れ時の日差しの中、ピロティの水盤に水はなく、地元の男性が二人のんびりとおしゃべりをしている。何匹かの野良犬がうろうろしている。すべてが放置されている。

サンスカル・ケンドラ美術館　設計：ル・コルビュジエ

それでもそこには、たしかにあったのだ。コルビュジエという一人の建築家が、その生涯をかけて獲得したプロポーションと光の感覚を武器に、この混沌とした世界に真摯に対峙している姿が。人々と歴史を無心に信頼し、この場所の未来の美しく豊かな風景を夢見てつくり上げた大きな枠組みは、どんなに荒れ果ててしまってもなお、そこにあり続ける。人はそれを見ることができ、感じることができる。あらためて、建築の尊さを感じたのだった。

2017.6.10　サン・パウロ

大きな流れの中で豊かな世界に耳を澄ますこと

ニース　パリ　二〇一七年八月

⑰

指名コンペの中間発表のために南仏ニースに来ている。ニースといえば、ル・コルビュジエのカップ・マルタンの小屋である。聞くと隣に建つアイリーン・グレイの住宅とともに公開しているという。さっそく予約をした。

アイリーン・グレイの住宅E.1027については外観のおぼろげな雰囲気以外ほとんど予備知識を持たないまま現地に赴いたのだが、内部に入った瞬間に、これはデザインの集積であって建築ではない、ということを理解した。デザインと建築、どちらが良い悪いというわけでもないし、そもそも分ける必要もないのだが、それでもそこには厳然とした違いがあるように思う。この住宅に関して言えば、オブジェクトのデザインのみならず、パーティションや天井の扱いの工夫などによって、空間を意識していることは確かである。しかしその空間とモノのデザインが、密接に関係しているわけではなく、むしろ漠然とした空間の中にさまざまに趣向を凝らしたプロダクトたちがちりばめられているという感覚である。それらのモノのデザインは、人の生活や行為をフェティッシュなまでに反映して、ときに誇張し、ときにユーモアを交えて美しい形に変化させていく。だから身体とデザインという意味では建築につながるはずなのだが、そうはなっていない。そもそもの前提となる空間自体が、無造作な白い箱として無自覚につくられているからだろうか、その中に置かれるモノたちが華やかに煌めくほどに、その背後の空間の凡庸さが際立つかのようだ。その濃密な「デザイン」には強烈な感銘を受けつつも、建築家としては、どこか物足りない感覚を覚えずにはいられない。

よく知られているスキャンダルだが、室内の壁面の幾つかには、コルビュジエが無断で描いたと言われる壁画が残されている。アイリーン・グレイは激怒したらしいが、皮肉なことに、この住宅の中

カップマルタンの休暇小屋　設計：ル・コルビュジエ

で唯一建築的な空間が立ち現れているのは、この壁画によってなのである。壁に絵を描くというのは単なる絵画ではなく、空間そのもの、そして空間を成り立たせている背後の秩序そのものを更新することである。凡庸な白い箱を、数枚の壁画によって建築に変容させてしまったル・コルビュジエは、やはりすばらしい建築家であったのだ。

隣接して建つコルビュジエの小屋に足を踏み入れる。そこはアイリーン・グレイの住宅とは対極の場所だった。約三・六六メートル四方の室内は、空間そのものがさまざまに変容して機能や居場所を生み出しているかのような、あるいは無数の生活の手がかりが有機的に絡みあって、ひとつの、そして無数の空間を生成しているかのような、かすかに移動すると空間全体ががらりと変容していく絶え間ないメタモルフォーゼの中にいるかのような場所だった。テーブルのわずかな角度の振り方が空間に動きを与え、小さな窓から望む地中海と沿岸の崖が、立ち位置、座る位置によって大きく見え方を変える。全ては素朴にデザインされているが、それゆえに全てが空間に調和して身体に染み込んでくる。

あらためて、空間とは、関係性なのだと思う。空間はそこにあるようで、そこにはない。そこにあると思って油断していると、空間がすっかりと抜け落ちた、空疎な建築ができ上がるだろう。空間はそこに無自覚に前提とされるものではなく、さまざまなものが、時に時間を超えてつながり、変化していく。その関係性の網目そのものが、空間であり、建築である。

それにしても、この南仏の日差しと海と地形は、そんなことを忘れさせる大きさがある。コルビュジエは、この建築的な小屋とその対極にある海とを行き来していた。そして最期の地としてこの場所を、この海の存在を選んだのだった。その時間を超えた大きさに、何を見ていたのだろうか。

ここ最近は、二週間に一度くらいのペースでパリに来るようになっている。

そうするとパリの街というものにも徐々に馴染みのような感覚が生まれてきて「パリに住んでいる」などとは決して言えないのだけれど、それでも単なる旅行者の視点とも違う、またパリに住んでいる人の視点とも異なる、そのどちらでもない、なんともいえない間の感覚が生まれてきている。自分はいつまでも、この旅行者とも居住者とも違うどちらでもない存在なのだろうな、と思う。それはそれで居心地が良さそうだ。

ある日の夕方、パリ中心部での打ち合わせが終わって、ホテルへと歩いて戻ることにした。この時期のヨーロッパは、夜八時すぎになっても傾いた日差しがパリの街全体を琥珀色に照らしている。セーヌ川を渡り、ルーヴルの脇を抜ける。オスマン様式の街並みを目の前にして、ふと奇妙な感覚に捉われた。「この街は、自分が死んだあとも変わらず美しいままあり続けてくれるにちがいない」。同時に、いままで感じたことのない、不思議な安心感、のようなものが湧き上がってきた。自分という小さな存在が、わずかばかりの良き小石をここに積み上げて去っていく。そうして貢献した世界が、このあともずっと美しいままでいてくれる。安心して死ぬことができる。変わらぬ大きな存在があり続けるということ。そんな安堵感だった。

この感覚は、ぼくがいままで生きてきた中で感じたことのないものだった。たしかに東京に住んでいるときには、この感覚を味わうことはなかったに違いない。若い頃は、自分が死んだあとにもこの

夕暮れのパリ

世界が変わらず存在するということに、ある種の恐怖を覚えたものだった。自分が去ったあとも、全てが変わり続けていく街。それがどこへ向かっているのかもわからず、けっして良きものへと向かっている感覚もなく、ただ不確かな何かがひたすら続いている。

そんな場所でずっと建築をやってきた自分にとって、あの日の夕暮れのパリは、ある種の啓示だった。もしかすると、都市というものは、とても大きな、かすかな、信仰なのかもしれない。大勢の人がそこで暮らし、漠然と、その場所は、自分が生を受ける前も、去ったあとも、その美しい姿のままあり続ける、と感じることができる。信じるというよりも、自然と感じることができる。それは大きな、時間を超えた存在でありながら、同時に人々の日々の生活の場であるゆえに、人はそこに感情移入し、記憶に寄り添い、そして自分の一部だと感じることができる。同時に、この街を未来に渡って生かし、守り続ける人間というものへの信頼が生まれてくるに違いない。パリの街に感じるのは、そのような大きな信頼である。その上に、建築の活動が行われ、変わらぬ美しさへの信頼があるゆえに、そこに新しい建築を受け入れ、新しい人々を、新しい活動を受け入れ、そうしてパリは常に新しくあり続ける。

このような、大きな時間の流れに身をまかせるように建築を理解する、ということが、自分の中で少しずつ起こってきている気がする。五年前に伊東豊雄さんたちと陸前高田にみんなの家をつくった時には、そこから始まる何か新しい建築があるはずだ、という思い込みがぼくたちをどこにも導かないことを悟った。そのあとに、今そこにあるもの、かつてそこにあったものへと耳を澄ますことを通して、少しずつ、思いもよらぬ形で、しかしある必然をともなって姿を顕す建築というものを見た。

昨年の夏に父が他界した時には、人は死ぬが、しかし死なない、ということを見た。自分の感覚の中でも家族との会話の中でも、父は相変わらずそこにいて、リビングルームの風景も、全てが、保存しておこうという意図などなくとも、自然とただそのままであり、それは父のものというよりも、父と家族が普通に積み上げてきた時間が風景となってそこにあり続けている。彼が築いた実家の庭は、ぼく自身が子供時代に遊んだ場所であり、それゆえにぼくの外側にある風景というよりも、ぼく自身になかば内部化された風景でもあり、それゆえに父の記憶はぼく自身の脳の中の記憶というよりも、ぼくの存在そのものに刻まれているともいえる。その記憶も徐々に薄れていって、ぼくたちもやがては去る。そうやって人は現れ、少しずつ少しずつ消えていく。葬儀の日、一歳二ヶ月のぼくの息子が、意味もわからずに読経に合わせて踊り始めたときに、その神話的な光景に、そこにいた皆が、自分たちが去ったあとにもこの子が生きていくのだ、というあたりまえの崇高さを見た。

パリの街で感じた安堵感は、これらのこととつながっているに違いない。

自分が大きな歴史のほんの小さな一部であること。それは諦めではなく、むしろより大きな視点での創造性だ。若いときのぼくは、世界を変革する新しい理論を生み出すことができないかと苦闘していた。しかし今は、この豊かな世界にただ耳を澄ませたいと思っている。汲みつくせない多様さに驚き続けたいと思っている。世界はただひとつの原理でできているのではなく、むしろ無数の別々のかけがえのないものたちによって成り立っているに違いないのだから。そして歴史とはひとつの流れではなく、無数の点の終わりのない明滅のようなものなのだから。

2017.8.4　東神楽

モノと空間の際どい関係性

ハノイ　セゴビア　二〇一七年一〇月

⑱

ハノイに来ている。

ハノイ、そしてベトナムといえば、やはり小嶋一浩さんのことを思い出す。

東京理科大学の非常勤に呼んでもらって一緒に教えていた時のエスキスの前の空き時間などに、当時、小嶋さんが関わっていたスペースブロック・ハノイモデルやホーチミンシティの建築大学のプロジェクトの、その思考や現地での苦労や面白さなどを、小嶋さん独特の、少し照れながら、柔らかく、穏やかに、そして情熱を持って話してくれたことを思い出す。

小嶋さんの活動は、中央アジアや中東などへとどんどん広がっていって、学生たちへの課題でも、あえて敷地を外国に設定して、まず敷地を見てこい、などという無茶なことを言い出して、そうやって学生たちやぼくのような若い建築家たちに、外へ出ることのススメを説いていたのだった。いろいろな国や地域にともかくも行ってみる、その場所に飛び込んで、そこから考え始める。そんな小嶋さんの教えは、無意識のうちにぼくの中に蓄積されていたに違いない。少しずつ機会が増えて海外に行くようになった頃には、今度は「海外に行き始めて藤本の建築や講演の仕方が変わってきた」と面白がってくれたりもした。自分の活動が、そうやって知らず知らずに海外と自然と地続きになって広がっていったのは、小嶋さんがその心理的な地ならしをしてくれていたからなのだ。今ではずいぶんと色々な場所を行き来するようになったけれど、改めて、あのころの小嶋さんが持っていたスケール感は、やはり圧倒的だったなあと実感するのである。

ところでハノイは二度目である。前回来たのがもう八、九年前なのだが、ひとつの情景が不思議と鮮やかに、しかし夢のように記憶の中に漂っている。ハノイの旧市街のどこかの路地である。少し曲がりくねった路地は、全体的に道も建物も白っぽく、雨が降っている。スコールである。道端には無数の女性が地べたに座っていて、何か売っているか、何かをつくっている。女性たちの身体と衣服と周囲に広げているカゴのようなものたちで路地は埋め尽くされている。ぼくはその間を縫うように、足の踏み場もないような路地を歩いていく。その全体が、雨の中で白っぽく光っている。果たしてあの場所は今でも存在するのだろうか？　それともぼくの記憶の中で奇妙に歪められた非現実の情景なのだろうか？　ある街が、その多様さにもかかわらず、たったひとつの情景として記憶されるということがあるに違いない。ボルヘス的な意味での、全てを内包したひとつの情景として。ぼくにとってのハノイは、今でもあの路地の情景と共にある。

それにしても、ここのところ移動が多すぎる。

夏休みが明けた八月末からは、シンガポール、広州、パリ、再びシンガポール、香港、パリからセゴビア、一旦帰国して再びパリ―東京の往復。さらにこの先一ヶ月は、ハノイからシンガポール、広州からパリへ。そのままサンフランシスコとロサンゼルスを回ってミラノに移動、そして再びパリ、ブリュッセルである。その間、コンペのプレゼンが六つ、講演会が六つ、その間にさまざまな打ち合わせがある。

そうやっていろいろな場所を移動し、それぞれ異なる状況でプロジェクトに携わり、いろいろなアイディアや人々に巻き込まれていると、なんというか、自分というものが徐々に世界に染み込んでしまっていくような感覚になってくる。砂に水が染み込んでいくように、森の中を抜ける柔らかい風の

ハノイの街路

ように、世界という大きなものの中に、自分が溶けていくような感覚になる。溶けて世界と一体になる。それはとても心地よいことだ。

染み込んでいくというとき、それは自分を失うということとは少し違う。例えるなら、砂に染み込んだ水が、特別な化学反応によってその周囲の砂と共に、ある独自の構造を生み出すような感覚であろうか。森の中を抜ける風が新鮮な空気を生態系に供給して、森全体が活性化されるような、そんな存在としての建築家もありえるのではないだろうか。

一方で、先日プレゼンをしたフランスのコンペなどで感じるのは、建築家は「旗を振る人」でもあるということだ。その場所の未来像をもって、こっちの方角が面白そうだよ、と旗を振る人。そこでは、エゴイスティックな表現だけをもってしても、人は一緒に歩んではくれない。だからといって、普通に正しいことをただ積み上げても、それは魅力的な未来像にはなり得ず「そっちの方面はもうすでに知っているし、どこにでもある」と言われてそっぽを向かれてしまう。

その地域の現状や文化や生活を理解しリスペクトした上で、周囲のコンテクストの複雑な問題を丁寧に解決しながら、その先の魅力的な街の未来像を、皆が共有できる「言葉」と「形」にして提示すること。そのとき、人はその旗の下に集まり、楽しげにその未来を語り始め、共同体の進むべき方向を信じることができる。最初に旗を振っていた建築家も、いつしか皆の集まりの中に溶けていって、同じように楽しそうに未来を語りあう。そんな建築家のあり方は、とても幸せなのではないだろうか。

建築には未来を形づくる力がある。良き未来を思うなら、建築から逃げ回っていてはいけない。旗を振る人には、それだけ大きな責任がある。エゴイスティックに空回りするのでもなく、無難なものをもっともらしく滑り込ませるのでもなく、真摯に、力を持った建築をつくり続けていくことが、ますます必要となってくるはずだ。

さまざまな場所を移動しながら設計をしていると、チームとのやりとりも日々メールで進捗をもらってメールで返すということの繰り返しになってくる。そうするとさまざまなことが同時に自分の脳を通り過ぎていく。

全てが脳内で起こっているような感覚は、心地よくもあり、不気味でもある。脳内では自分の思考を超えて、さまざまな人のアイディアや進捗やプロジェクトの背景や歴史や概念や曖昧さやおぼろげな何かなどが、自由に行き交いつながりあいながらひとつの大きな全体をつくり出しているので、まるで世界の全てが自分の中に存在するようにも思えるし、逆に自分の全てが世界に染み出して空っぽになるようにも感じる。ぼくは自我と無自我の間を漂っている。

先日訪れたセゴビアは、そんな半自我半無自我からのリハビリであるかのように、強烈に身体と空間のリアリティを感じることができる街だった。脳に収まらない他者としての建築・都市空間の意味とは、そんなところにもあるのかもしれない。

セゴビアの街全体が、切り立った崖というか城壁の上に築かれている。有名なローマ時代の水道橋は、周囲の丘からいったん地形が下がって、再び城壁へと上がっていく谷を跨いで水を供給するためにつくられているのだ。街を体感するには、とにかく歩き回るのが良い。この城壁のような崖を上り下りしながら、街の内部と外部を行き来して、狭い路地から意外な方向へと開ける幾つもの広場を通り抜けて、ひたすら歩き続けた。あとでiPhoneのアプリで見てみると、この日ぼくは五四階分の階段を登ったのだそうだ。

街の中央には大聖堂がある。正午すぎ、中に入った。入ってすぐ、何かがおかしいと感じた。モノと空間の関係がおかしい。この違和感は、フィレンツェのドゥオモの内部を見たときに感じたものに似ている。歴史の中では、その時々の最新の技術が現れたり、それまでの社会状況を超えるような収容人員が想定されたときに、建築が、モノと空間の本来あるべき調和を離れて、空間が一人歩きしてしまう瞬間があるのかもしれない。

本来モノと空間とは別々に分けることができない、お互いがお互いをつくり出しているような相互作用的な存在のはずなのだが、今まで見たことのないような大きなスパンや大勢のための「空間」と考えたときに、空気のヴォリュームは膨張し、それ自体が意味を持ち始め、その「空間」にふさわしいディテールや分節、質感などの部分と全体の関係性にまで思考が行き渡らないのであろうか。あるいは従来からある方法が新しい空間にそぐわなくなってしまっているのに、それに代わる様式を見出しきれないまま空間が建ち上がってしまうのかもしれない。結果としてモノと空間は離れ離れになり、でき上がった空気の塊は、空間ではなく空虚となってしまう。

このセゴビアの大聖堂に感じた違和感は、社会と技術と人間とが、空間とモノの調和を踏み越えてバランスを崩した状態なのだ。ぼくにとっては、ローマのパンテオンも、技術と純粋さの観念ゆえに、

セゴビア，広場に抜ける路地

空間が一人で迷子になってしまったのではないかと感じられる。モノと空間が少しだけ乖離した虚しさを覚えるのだ。その後、同じ巨大空間に再びモノと空間の調和を取り戻すのは、数百年後のイスタンブールにアヤ・ソフィア聖堂がつくられるまで待たねばならない。それほどまでに、空間と技術と社会の変化というものは、いつも際どい関係性を取り結んでいるのだろう。

暗い聖堂内部から、奥の回廊へと出た。光と緑が視界に流れ込んでくる。ほっとする。そこで再び、モノと空間は本来の調和を取り戻したようだった。石と光と空間とは別々のものではなく、それぞれが滑らかに入れ替わりながらぼくたちの世界をつくり上げているかのようだった。

2017.10.21　パリ

多次元的な立体都市空間

ポルト　サンパウロ　二〇一七年十二月

ポルトに来ている。

以前訪れたときのぼんやりとした記憶で、自分はポルトの街が好きだ、と思っていたのだが、その記憶の中の風景を思い出せないくらいに、今回訪れたポルトはまったく異なる印象の街だった。それは都市という複雑な総体がもつ面白さだろう。毎回異なる印象をもつという以上に、かすかに揺らいだ異なる様相が、少しずつ重なりあって都市の全体像を形づくっていく。そうやってひとつの変わらないものと、変化していく多様さが同居しているような、安心感と期待感が両方入り混じるような、本当の都市の豊かさを獲得していくのだろう。

今日見たポルトは、とあえて言ってみると、いわば「多次元的な立体都市空間」だった。その只中に立ち尽くしていると、まるで周囲の時空が豊かに歪んでいるような感覚になり、幾つもの都市が積層しているように見えながら、それらは滑らかに連続している。異なる次元が同時に視界に入ってくるような感覚と同時に、その全てが異なる時空に属しているかのような、そんな連続性と断絶性がめくるめく都市の風景となっているのである。

ポルトの街は、丘が河川に向かって降りていく斜面地である。その複雑な傾斜にさらに不規則な街路が重なりあっているので、斜面の方向がひとつではなく、異なる方向へと流れ落ちたり上昇したりしていく氷河のような街路が特徴的なのだ。古い街らしく三叉路や五叉路などの多方位的な路たちが、それぞれ勝手な傾斜で自由に伸びていくので、それぞれの路がひとつの次元を持った小世界を生み出していて、さらに高低差が大きいことから、もはやそれらの小世界たちが同じ時空に属しているようには見えなくなってしまうのだ。五叉路に立って周囲を見回していると、まるで急峻な氷河の中ほど

ポルト，斜面に沿った立体的な空間

に浮いているような、その上を視線だけがスルスルと滑って動き回りながらも、身体はその立体性についていけないような、不思議な魅力を感じる。斜面に建つ都市は無数にあるし、そこに不規則な街路が重なりあうことも珍しくないはずだが、例えばドゥブロヴニクやサン・ジミニャーノにしても、このような緩やかな流動性と断絶性を併せ持っているわけではない。

このような都市で育ち、この空間が日常であるような生活をしていると、一体どんな空間感覚を身につけるのだろうか？　アルヴァロ・シザの建築を思い浮かべてみると、確かに立体的な空間に圧倒されるということは言える。そして壁なり手すりなりを追う視線が、スルスルと流れていく中で、壁だと思っていた面がいつのまにか窓の断面になったり天井へと回り込んでいったり、という次元のメタモルフォーセスが起きている感覚もある。しかしあまり強引に都市とそこで活動する建築家とを結びつけるのは危険であろう。むしろ五叉路の只中でふと浮かんで来た「多次元的な立体都市空間」という奇妙な言葉を建築へと適用してみながら、自分自身の問題として建築の空間性について思考を進めていくのが良いにちがいない。

前回見ることができなかったシザのスイミングプールを二つ見ることができた。ひとつは有名な海岸のプールであり、もうひとつは森の中のプールである。森のプールについてはまったく知らなかったので、予備知識のないまま訪れることになり、より鮮烈な印象となった。

公園の中にある緩やかな森の斜面を登っていくと、林立する大きな樹木たちの向こうに白い壁が見えてくる。壁は丘の斜面に沿うように幾重にも重なることで、徐々にそれが建築であることが理解される。壁を回り込んだ反対側に、折り返すように幅の広い緩やかな階段が見えてきて、そこがエントランスだということがわかる。階段を徐々に上っていくと、さっきまで見えていた白い壁は建築空間を囲いとるものではなく、森の中に広大なテラスを浮かべる擁壁なのだということがわかる。一歩一歩を上がっていくにつれて、そのテラスの全貌が徐々に眼前に開けてくる。それは森と空に解放されていながらも、木々と低い壁によって守られたサンクチュアリのような場所である。ある意味では、建築的なものはほとんど何もない。にもかかわらず建築でしかつくり得ない特別な場所となっている。ゆったりと配置された壁は、真っ白い幾何学的な壁であるにもかかわらず、緊張感や対比を生むよりも、むしろ自然の一部になりつつあるようにすら見える。

プール周りのプラットフォームを歩き回ると、三箇所ほど、巨大な樹木の切り株が残されている。竣工当時は、ここに周囲の樹木と同じくらい大きな木々が立っていたにちがいない。樹木が枯れてしまったので切り倒したのだという。残念である。プールサイドに立って、今はなきこれらの樹木を想像して見ると、このプールは全く違った表情を持ち始める。建築的プラットフォームだと見えているこの場所は、何本もの巨樹の枝葉に覆われた豊かな木陰空間であり、プールの水辺はまるで森の中の湖のような美しさだっただろう。静かな森の水辺を建築的につくり出すこと。さらには建築思考そのものすらも、異なる次元を持ち始める。今は巨大に見えるこのプールサイドのプラットフォームは、本来は、木々の立ち並ぶこの森そのものがすでに建築的な場である、という思考から捉え直す必要がある。森の中に、緩やかにすーっと伸びていく白い壁。人工の幾何学を強く主張するというよりも、まるで固まり始めた空気が木々の間を縫ってゆっくりと伸びていくような感覚である。凛としているが、

マトジニョシュの公園にあるプール　設計：アルヴァロ・シザ

同時におおらかである。そうやって差し込まれた幾つかの面が、かすかに人間のための場所を整える。こんなふうに、人工物を自然に寄り添わせた建築家はいただろうか？　この壁はミースの自立壁とは決定的に異なる。大理石で仕上げられたミースの壁は、それ自体が存在の中心であり、その周囲に磁場のように空間をつくり出す。それは近代の大きな発明であったかもしれない（そして質量がその周囲に空間の歪みを生み出し、それが重力であるというアインシュタインの理論は、そんなミースの「物と空間」の関係に驚くほど似ていないだろうか？　その二つが二〇世紀初頭という同じ時期に発明されたことは偶然だろうか？）。それに対して、シザの壁は、それ自体はかすかでおおらかで、もともとそこにある場の力、気の流れとでもいえるものに寄り添って整えるものである。どこか東洋的というと安易かもしれないが、近代とは異なる自然と人工の関係であることは確かである。

それにしても、シザのこのすーっと伸びていく壁―空間の感覚というのは何だろうか。市内で訪れた初期のソーシャルハウジングの建築も、細長いヴォリュームがやはり「すーっ」と伸びていく。単にまっすぐなヴォリュームなのだが、何かがこの緩やかな流れを生み出している。背後には鉄道が走っているので壁で押さえているが、細いヴォリュームの手前の端部では、都市とのインターフェースという意図なのか、特徴的な形態の独立したヴォリュームが置かれている。これらのヴォリュームも、一見細長いメインの建物たちと脈絡がなさそうに見えながら、「すーっ」と伸びる空間が変容して多様な表情で街に接続しているという意味で、空間の流れの重要な一部であることがわかる。冒頭に描いたポルトの街路が氷河のように滑らかに広がっていく感覚と、シザの壁がゆっくりと「すーっ」

と伸びていく感覚が、やはりどこかつながる気もする。

伸びやかといえば、その後に訪れたサンパウロの建築たちも、やはり伸びやかと表現されるものだろう。しかしシザの建築とブラジルの伸びやかさとは、少し異なるようである（そして両方ともポルトガル語圏である。言語と空間性についても、別の機会に考えてみると面白そうだ）。すごく単純化して見ると、シザの建築は、木々の間、岩場の間、そして空気の間を、壁や建築自体が「すーっ」と抜けていくような伸びやかさである。それに対して、ブラジルの伸びやかさとは、アルティガスにせよ、リナ・ボ・バルディにせよ、パウロ・メンデス・ダ・ローシャにしても、そしてもちろんニーマイヤーにしても、モノ自体の伸びやかさ以上に、建築の間を抜けていく風というか、空気の流れの伸びやかさであろう。空気の中を建築が抜けていくシザと、建築の中を風も人も通り抜けていくブラジル。どちらもとても原初的だけれども、この先の建築と自然と人間の関係を考える手がかりが、そこにはあるに違いない。

2017.12　⑲ 多次元的な立体都市空間

2017.12.17　ニース

自分にしか出せない普遍という矛盾

ブリュッセル　ニース　ザンクト・ガレン　二〇一八年二月

⑳

ここ三ヶ月で、三つの指名コンペに立て続けに勝つことができた。そこで今日はヨーロッパのコンペ事情について書いてみたい。その三つとは、ブリュッセル、ニース、そしてスイスの東に位置する美しい町ザンクト・ガレン。国も地域も異なるものだ。

ブリュッセルはDELTA TOWERという高層複合建築で、集合住宅、オフィス、商業施設、幼稚園などを複合させる都市的な計画である。クライアントは民間のディベロッパーで、彼らがコンペを主催している。二〜三ヶ月という比較的短い期間に、複雑なプログラムを扱うだけではなく、二万五千平米、三万五千平米、五万平米のそれぞれの可能性を検討した上で、一番相応しいと思われる規模で詳細な提案にまとめる、という難易度の高いものだった。それゆえ検討のプロセスは多層的で、各規模のヴォリューム・スタディから始まり、都市的な広場をつくりながら機能を配置していく案、オープンスペースは無しで床面積の効率を高めた案など色々な可能性を検討しながら、全体のヴォリューム感や都市的な意味など、複合的な論点を整理しつつ発見していくような作業の繰り返しとなった。それは新しい経験であり、学びであり、それゆえに新鮮なインスピレーションに溢れ、大変だけれども楽しい作業だった。ブリュッセルの建築家とチームを組んで、彼らの地元ならではの知識と情報も盛り込んでいく。

最終的には三、四個のオプションを同時並行で走らせて、プランニングからヴォリュームレンダーまでを進めていく中で、果たしてどれがよりエキサイティングな可能性に開いていくのか、ということをチームで議論していく形となった。ここまで複雑な状況が関係していると、もはやワン・アイディアの一点突破などは意味がなく、また建築家的な思想で全てを説明することなど不可能である。だからと言って無難に安全にとやっていては、そもそも今までにない新しいタイプの高層複合建築をつくりたいと言っている施主には全く響かない。

しかし建築というのは不思議なもので、ここまで複雑な状況を引き受けて、様々なファクターの関係性の網目をつなぎあわせてでき上がった壮大で複雑な何かが、同時に、一目見れば忘れることのできないような、未来へと向けた原風景として、ひとつの、一瞬の形へと収斂していくものなのである。この原型性を急ぎすぎると、状況を引き受ける網目が穴だらけになってしまうし、逆に形へと飛び込むことができなければ、それはつまらない模範解答で終わってしまう。それは地道で慎重な検討の末の、緊張感と大胆さと喜びを伴った跳躍なのである。

一方のニースは、巨大都市計画である。旧市街から少し西に離れたエリアに広がる新市街の一部に七万平米以上の都市開発を行うコンペで、ディベロッパーとアーバンデザイナーと複数の建築家がチームを組んで応募する。ぼくたちは七人の建築家が集まり、その中の一人がマスタープランも担当するという形で取り組んだ。コンペは市が主催している。マスタープランナーがいるとはいえ、彼は七人の建築家の中の一人であり、ある意味で対等な立場でみんなが意見を戦わせながら、まずは全体計画を練っていく。ぼくたちは都市計画的な知識も経験もほとんどないのだが、案が出てくるとそれに刺激されてアイディアやコメントが湧き出てくる。この辺りは、全てを自分がコントロールしようとしても上手くいかなかったはずで、ある程度距離を置いて見ながらも、重要なポイントを見極め、明確に伝えていくことが求められた。

DELTA TOWER

Méridia Tower

さらにそのマスタープランに重ねるように、各自が自分たちの建築を提案する。ぼくたちは対象エリアの中でも最も重要なコーナーを任された。空港からのアクセス道路から最初に見えてくる建物であり、高さ五〇メートルまで建ち上がるこの計画全体のランドマークとなるべき建物だ。これは難題だった。なぜなら一方でマスタープラン全体としての調和をつくり出しながら、他方ではその中でひときわ際立つユニークさと特別さを生み出さなくてはならないからだ。建築設計ではときに、矛盾に直面することが設計の推進力になることがある。今回もこの難題、差異と調和の両立こそが、ぼくたちの出発点となった。最終的に生み出された提案は、遠景では全体計画の他の建物と同様の繊細な水平線によってマスタープランとの調和を図りながら、ランドマークとして見上げた時には重なりあう曲線の生み出す軽やかなダイナミズムが新しい高層建築のあり方を提示し、この地中海沿岸ならではのおおらかで開放的なライフスタイルを生み出すことに成功した。

プロジェクト全体は数百億円という規模で、その顔となるプロジェクトを任されているぼくたちは、責任重大である。他にはない特別なものが欲しいと求められながら、それがぼくたちの「小さな作品性」で終わってしまっては意味がないという、根元的な問いである。自分以外ではあり得ないという自分性をさらに超えて、その先で自分にしか出せない普遍という矛盾へと至ること。その自分性が同時にチームの命運を握っているという、自分をはるかに超えた何かとなっていること。それらの不思議な関係の中での創作だった。

ザンクト・ガレンは、ザンクト・ガレン大学に来たるべき未来のクリエイティブな学びの場を約七千平米のラーニングセンターとして提案するというプロジェクトである。明確な応募要項がありながら、その求めるものの本質は「来るべき未来の学びの場」であり、結局、彼らもそれが本当のところなんなのか「わからない」というものなのだ。それはプログラムとコンテクストと建築空間と人間活動の本質的な思考を求められる。つまり「建築」にまつわる全てが求められるのだ。

事務所でのプロセスは本当に手探りだった。面積やヴォリューム・チェックをしながらも、議論はいつも、ここにぼんやりと予感されている場所とは、どのような空間なのか、どのような形式なのか、という点を巡っていった。最終的にぼくたちが提案したのは、おおらかな立体グリッド空間とでも呼べる場所だった。中央のクロイスターと呼ばれる吹き抜けを取り囲むようにグリッド空間が立体的に展開する。それはフレキシビリティの場であると同時に、強い空間の場でもあり、ニュートラルと強烈な個性が同居し、入れ子的に展開する様々なスケールが共存する場である。

でき上がってみると、それはぼくたちの過去の作品であるサーペンタイン・ギャラリー・パヴィリオンにもつながるように見えるし、House N や House NA とも響きあっている。しかしここに起こっているのは、そのような建築スタイルの連関などではなく、ごく普通のラーメン構造フレームの始まりにまで遡って、その「なんでもないこと」の深淵を覗き込みながらもギリギリのところでその本質に異なる価値を再発見していく創造性なのである。それはまた、要項と周辺環境を丁寧に読み解きながら、この建築に関わるあらゆる要素を一つひとつ結びあわせていくという地道な作業の果てに、その膨大な網目の集合の中にかすかに現れたひとつの形式を、静かに、丁寧に、そして大胆に現実世界に羽化させせたと言えるだろうか。

ザンクト・ガレン大学ラーニングセンター　©MIR

こうしてみると、規模も用途も状況も様々であり、それゆえにプロジェクトの進め方やアイディアの生まれ方、そして空間性や都市性など、まさに世界の多様性そのものに投げ込まれているかのようである。ぼくはここ数年、あまり建築の方法論について語らなくなったと思うのだが、その理由はここにある。世界の多様性を前にした時に、自分の方法論という小さな枠組みの中にこの豊かな世界を押し込めることなど失礼なのではないか、と考えるようになってきたのだ。この世界の驚くべき多様さに真摯に耳を澄まし、その状況にまつわるあらゆることを、ひたすらに聴くということ。そのとき建築とは、建築家とは、世界にたゆたっている無数の音たちをつなぎあわせ、美しく響かせることである。建築は楽器ではないし旋律でもない。音ですらない。なぜなら音や旋律はすでにそこにあるのだから。そして異なる音や旋律が響きあうために空気が必要であり波長の調和が必要であるのと同じ意味において、建築が必要とされ、それらを響きあわせる。ブリュッセルとニースとザンクト・ガレンの提案は、全く異なる形やロジックや空間をもっているように見えるかもしれないが、それはそこに流れていた音たちが異なるのだから当然なのである。そしてそれぞれの建築が生み出すその響きは、その状況でしかあり得ない固有のものでありながら、同時に未来の普遍への原風景となるはずである。なぜならそれは響きの発見であり、変換の発明であり、関係性の構築であり、媒体として普遍性を持ちうるのだから。

無数の全く異なる状況のコンペに参加しているうちに、ぼく自身の建築観はそんなふうに変化してきている。

KATRA RATH
ABRA BROS.
Sarees & Dresses
5562-5563 NAI SARAK, NEAR KATRA

2018.2.24　デリー

「美しい街の五原則」を考えてみる

ヴァラナシ　ドゥブロヴニク　二〇一八年四月

㉑

インド、ヒンドゥー教の聖地、ヴァラナシに来ている。ちょうど一年前に初めてインドを訪れた時には、チャンディガール、アーメダバードなど、コルビュジエ建築を中心に見て回った。今回は逆に、近代建築は一切予定に入れず、違ったインドを見てみたいと思ったのだ。

タクシーで移動していると、日干しレンガのような素材のつくりかけの建物が多く見られる。すでに長い年月使われているようだが、使っているうちに朽ちてきたのか、元から完成すらしていなかったのか、もはやその区別がつかないほどに活動と構築が溶けあっている。そのような建物が延々と続くさまを見ていると、インドでは、ものを完成させる、という概念がないのではないかとすら思えてくる。

「ものを完成させる」、とはなんだろうか？　つかの間の完成の後、すべてのものは朽ち始める。常に変化し続ける人間の生を考えるとき、完成の瞬間はあまりに一瞬であり、朽ち果てている状態こそが定常ではないのか？　インドの人々がそんなことを考えた末にこの永遠に未完の街に住み続けているわけでもないはずだが、この無常の感覚、流転の感覚とその都市空間とはどこかでつながっているにちがいない。

ヴァラナシの都市構造は、そんな無限と有限が切迫しながらも共存しているように見える。街自体はガンジス河に面した此岸に、沐浴から火葬場までを含めた全ての人間社会の活動が蠢《うごめ》いており、その対岸である彼岸は、ただなにも無い、というとても不思議な場所だ。巨大なガンジスに面していることで街の構造がとても明確であり、此岸と彼岸の対比は論理的ですらある。しかしそのガンジス自体が、全てを許容し飲み込むかのような超論理的な存在であるゆえに、そこに生成する生のあらゆる

ガンジス川から見るヴァラナシ

様相には、単なる構成としての明確さでは語り得ない不可思議な溶融が起きているのだ。

一度路地の中に歩み入ると、全ての細い道は似ていて、異なる。路地のあちこちの壁には、建物と一体化したかのように小さな窪みに「人」が座っていて、というよりも嵌まり込んでいて、お茶やらお菓子やら何やらを売っている。人と街が溶けあっている。そのような路地を歩き続けると、疲労の果てに「無限」という言葉しか浮かんでこなくなる。人は建物と溶けあい、歩く人も路地の空気に溶けていき、歩いている自分自身も程なくこの街に溶けて消えてしまうのではないかと思わされる。街自体がどのくらいの時を経ているのかもわからないが、もはやそのような疑問すら意味を持たない。「全てが永遠の途中であり、それゆえに時間が意味を持たない」とでも言える時空を超えた空間が広がっている。

インドの街について思索をめぐらすことは、言葉を与えることは、それらの言葉自体に自分の思考が絡め取られて、溶け出して、もはや出口を失うような感覚になる。こうして文章を書いている感覚自体が、一ヶ月前にヴァラナシをさまよっていた自分の身体的感覚と区別がつかなくなってくる。これは少なくともぼくの知っている「思考」ではない。それを超えた何かなのか、そこから深い暗闇に落ちていく何かなのか、今はそれすらもわからないのだが。

翌朝早く、ガンジスへと船を浮かべた。日の出の少し前に岸辺に着くと、すでに大勢の観光客と地元の人々でごった返している。鐘が打ち鳴らされている。沐浴を始めている人々の間を縫って、桟橋の向こうに係留してある小舟にたどり着く。やがて船はゆっくりと動き出した。

船で岸から離れることは、この永遠という混沌の外観を見ることだ。見えているものは同じである。しかしさっきまでは混沌の内部にいて、今は外にいる。鐘の音は引き続き鳴り響いているが、このわずかな距離と河の上という立ち位置ゆえか、音の外観を感じさせる。岸辺の人々の表情や仕草、その周囲に散在する無数のものたちの細部はよく見えているが、さっきまでとはかすかに異なる感覚でこの世界を捉えている。外観とは概念化ということか？　それはまた少し違う。内部にいても概念化することはできる。そうではなくて、この混沌とした世界の全体が表す何ものかを、ひとつの風景として、ひとつの存在として、一度に、持続する瞬間として見せてくれる、とでもいうのだろうか。

建築においても、外観とはそのようなものではないだろうか？　建築には壁やガラスなどの外皮があるので、どうしても内部は殻の内側を見ること、外観とは殻の外から物体を見るかのように捉えられてしまうが、それでは本質を見誤ってしまうだろう。単なる外形でもなく、単なる内部の延長としての表れでもなく、その建築が持つ都市的空間的自然的歴史的なさまざまな意味が、ひとつの、無数の存在として感じられる何か。それが建築の外観の本質だろう。都市には、また森には、外観がありながら外観が無い。そのように建築のあり方を捉えることができればと思うのである。

アドリア海に面したクロアチアの都市、ドゥブロヴニクにやって来た。

この美しい街を訪れるのは二度目である。旧市街自体はとてもコンパクトなので、一日あれば十分巡ることができるのだが、前回は初めてということもあり、また長い間訪れたいと思っていた街でもあったので、三〜四日滞在して隅から隅まで街を歩き回ったのだった。数年前のその記憶はまだしっかりと残っていて、どの路地を歩いてもどこか懐かしいという感覚を覚えた。

ぼくは、素晴らしい街、というものには幾つかの共通した特徴がある気がしている。それを「美しい街の五原則」などと言ってみるのはどうだろうか。そしてそれは、素晴らしい建築の特徴とも言えるものだろう。

例えば、良い街は、常に自然と豊かに関係している。ドゥブロヴニクであれば、それはまず街の地形である。観光的に有名な鳥瞰の写真からはあまり感じ取れないが、ドゥブロヴニクの街は、すり鉢に近い谷状の地形である。それゆえ路地には坂道と階段が溢れ、街を見る視点の高さがさまざまに変化する。地形に守られている感覚の場所があるかと思えば、細い路地に沿って遠くまで視界が伸びる辻がある。城壁の上は開放的だが、それ自体が万里の長城のように起伏に富んでいる。自然の地形と人工の構築物があいまって、他にはない豊かな都市空間が生まれている。

ここではまた、海が都市を形づくる重要な自然である。城壁に囲まれているので、街の中心部から海を見ることはできない。しかし全体が小さいからなのか、半島のように海に飛び出した立地ゆえなのか、街のどこにいても、海を感じる。そして城壁を抜ける小さなトンネルの先には、巨大な城壁の外側にへばりつくように、人工物から投げ出された荒々しい自然として、海と岩とに囲まれたカフェが隠れるように存在するのだ。

この自然の都市への介入が最も劇的に起こっているのは、いうまでもなくヴェネツィアであろう。人工の道と水の道が絡みあうことで都市全体を構成している素晴らしさは、何度訪れても染み入るように感動的だ。パリのセーヌ川も幅が比較的狭いことで都市空間と相補的な存在になり得ている。

ドゥブロヴニクの地形がつくり出した階段

良い街の条件の二つ目は、小さなスケールから大きなスケールまでが、有機的に関係しあっていることだ。人間的な小さなスケールはどんな場所にも芽吹くものだが、それがある大きさの都市的な構造と体験に接続することこそ、都市の面白さなのだ。ドゥブロヴニクの中央の軸線は、城壁の端から端までを一直線に貫く構造で、それ以外の無数の路地の小ささとの美しい「対比の調和」を見せている。また城壁の上から街全体を「一望できる」というのも都市を豊かにする大きなスケールである。絶対的な大きさのいかんによらず、全てを見ることができるというのは「究極の大きさ」なのだ。そして全てを見渡せるという有限性と、いつまでも巡り続けることができるという無限性の間に、真に豊かな体験は生まれる。

また魅力的な街には、人の生活がある。観光地であるドゥブロヴニクも、少し奥まった路地に入ると、そこには日常の生活のみがつくり得る豊かな乱雑さが溢れている。それはほのぼのとした「生活」などではなく、「調和とばらつき」とでも言うべき構造である。乱雑さゆえの揺らぎは、デザインされたものだけでは生まれてこない何ものかであろう。

新旧の共存、ということも、街を魅力的にする大きな要因だ。残念ながらドゥブロヴニクのような小さな街で、それ自体が世界遺産の観光資源である場合には、なかなか新しいものを大胆にこの都市に対比させるわけにはいかないのだろう。それでも空想の中では、自分がこの街に何かをつくることになった時に、どんな方法があり得るのだろうか、と考えずにはいられない魅力がある。新旧の豊かな共存という意味で最も成功しているのは、やはりパリだろう。その現在進行形の都市に、現在進行形のプロジェクトを進めていく責任と喜びを再確認する。

そして最後に、素晴らしい街には、やはり外観がある、と言えるのではないだろうか？　都市という豊かに複雑で多様な総体が、ひとつの外観によってすべて言い尽くされる瞬間が訪れる。そしてその瞬間は無数に存在する。そのとき人は、自分が生きているその場所と、生きているということ全ての外観を見る。人生の外観、などというものがあるのだろうか。しかし美しい都市の外観は、そんな不可能を可視化してくれるのだ。

2018.5.4　日光

㉒

歴史に翻弄され、連動し、そしてつくり上げる

パリ　ミラノ　東京　二〇一八年六月

パリのホテルで、友人の韓国の建築家、チョー・ミンスクと偶然再会した。

小さなホテルのロビーラウンジの隅っこで、いつものように通りを見ながら仕事をしていると、背後から「Sou!」と大きな声が呼ぶ。聞くと、ヴェネツィア・ビエンナーレからの帰路でフライトの乗り継ぎにトラブルがあったらしく、たまたまパリで一泊することになったとのこと。

その彼が開口一番話題にしたのは、他でもない南北朝鮮の融和についてであった。もちろんニュースでは知っていたが、「自分が生きている間に実現するとは思っていなかった」という彼の思いのこもった言葉に、その意味するところの大きさを実感した。その時のミンスクの、何とも言えない安堵と緊張と希望が入り混じった表情を、ぼくは忘れることはないだろう。

今から四年前、二〇一四年のヴェネツィア・ビエンナーレで韓国館を率いたミンスクは、満を持して北朝鮮問題を正面から扱って、みごと金獅子賞を獲得した。その時ぼくもヴェネツィアにいて、彼の韓国館を訪れたのだった。ミンスク自ら展示の説明をしてくれたその熱い語りも、よく覚えている。その時の彼も、まさかその日が来るとは、やはり想像していなかったと言っていたが、それでも何かの予感や願望や責務のようなものに突き動かされて、あの展示を行ったに違いない。今回話を聞くことができて、改めて建築というものが、図らずも歴史と連動し、歴史に翻弄され、そうして歴史をつくり上げていくのだということを実感することができた。事実、四年前の受賞を受けての韓国での凱旋展は、前大統領の治世下では決して賞賛に包まれたものではなかったようで、彼自身、自分の凱旋展のオープニングに出席することができなかったというのだ。そしてたった四年で、状況がここまで大きく変化した。またそれを民衆のデモによってなし得た、韓国という国の力に感服せずにはいられない。そんな話を、小さなホテルの片隅で、ぼくたちは、熱く、しみじみと語りあった。彼はこれからも、持ち前の人懐こさと堪能な英語力で、韓国と世界をつなぎあわせる重要な役割を担っていくに違いない。その彼の、ある意味で歴史的な瞬間を共有することができたのは、幸運だった。

その日の午後、ミラノでの講演会へと飛んだ。たまたまぼくの後に伊東豊雄さんが講演することになっていて、事前に集合したカフェでお話をすることができた。

伊東さんもヴェネツィアからミラノに移動してきたばかりで、「今回のビエンナーレはどうでしたか？」という話になった。それに対して伊東さんが「もうみんな何をやっていいのかわからなくなっているような感じだったなあ」と仰ったのが強く印象に残った。「皆が何をやっていいのかわからない時代」。良くも悪くも、ぼくたちはそんな時代の只中にいるのだ。ビエンナーレという混沌の中から軽やかにひとつの言葉を引き出す伊東さんの知性と感性に感銘を受ける。同時に、そんな時代に建築をするということの面白さと不可能さを考えざるを得なかった。

昔からの友人である平田晃久くんの展覧会がギャラリー間で始まった。オープニングに駆けつけ、そのあと飲みながら話をした。二〇数年前に会って以来、まだ何者でもなかったぼくたちは、それゆえの楽観さと真摯さで建築の未来について事あるごとに語りあった。

その日ぼくは、平田くんの最新作である太田市美術館・図書館の外観に納得がいかないという話をしていた。内的な論理ででき上がった外観が、単に論理展開の結果としてのみ立ち現われてきていて、現実の周辺状況との関わりに欠けているのではないか、というような議論だった。それに対して同席

RECONSTRUCTING
LIFE

ヴェネツィア・ビエンナーレ2014，韓国館　キュレーター：チョー・ミンスク

した方からは、周囲を歩き回ると刻々と見え方が変化していく面白さがあるという指摘があった。確かにそうかもしれない。しかしぼくが感じている違和感は、そのような体験的な魅力とは別に、建築が外との関わり方についての提案＝ステートメントになり得ていないのではないかということだった。さらに言うと、建築とは、空間のみならず外観も含めてその存在全体が、ひとつの、あるいは複数の提案の統合にならざるを得ない存在であって、そこに関係するあらゆる条件や状況についての様々なレベルでの新しい発見的提案が折り重なったものなのではないかと考えているのだ。

それに対して、平田くんは、ミケランジェロのラウレンツィアーナ図書館を以て議論を継いできた。この意外性！　ぼく自身では到底辿り得ない道筋で議論を広げていく彼の思考こそが、ぼくが二〇代から三〇代の前半にかけて建築思考を飛躍させることができた対話の相手としての平田くんの存在だったのだ。

よく知られているように、ラウレンツィアーナ図書館はほぼ完全なインテリア空間である。それを外観の議論にぶつけてくる知性。その先に、彼がどのように「建築」を捉えているかの思考の広がりがあるはずだ。ぼく個人としては、大学時代に訪れた際の空間の異様な緊張感を今でも思い起こしながらも、未だにそれを「建築」全体へとつなげることができずにいる。その時の議論でも、それは単に内装なのか、それを超える何かなのか、結局平行線のままだったのだが、それは問題ではない。常に未知なる認識に開かれた深淵を垣間見せてくれることが重要なのだ。

太田では、あのような地方都市の駅前というコンテクストが曖昧にならざるを得ない状況では、内在的な方法によって外観までもがつくられる必要があったのかもしれない。そしてそれはミケランジェロが外の世界とのつながりが一切ない図書館の前室をつくるにあたって創造した内在的なる方法論や世界観に、どこか通じるものなのかもしれない。

そういえば、ミラノでの伊東さんは、講演会の中で「もし建築内部に自然に近しい空間をつくることができるならば、自分は必ずしも内部と外部の連続性を求めない」というような趣旨のことを語っていた。伊東さんの建築が、時に内外を四角いボックスとして明瞭に切断することは以前から気になっていて、内外の関係を伊東さんがどう考えているのかとても興味があったこともあり、そのステートメントは、一時間の講演の全てを言い表しているほどの力強さが感じられた。自然に近しい場所として、外界から半ば切り離された内部空間。それはある種のユートピアというような軽いものではないだろう。伊東さんの半世紀にわたる建築思考がたどり着いた最前線の言葉であるはずで、どこかミケランジェロの図書館を思い起こさせる。

本誌今号の特集のため、GA編集部の山口さんと行った対話もとても面白かった。山口さんも、平田くんと並んでその対話が自分の潜在意識を顕在化させてくれる得がたい友人である。

そのハイライトは「ミースのファンズワース邸は新しい外部空間の発見だったのではないか？」という啓示だった。それは内部空間の壁を透明にしたものなのではなく、今まで存在しなかった「内部空間としての外部空間」なのだ。その言葉は、確かにぼくの口から出たものだが、それはぼくの中にあったものではなく、むしろ山口さんとの長年の信頼関係とその時の何かを暗中模索するような対話のやりとりから、半ば偶然に、しかし必然を持って生まれた言葉だった。生み出した、発した、では

ファンズワース邸　設計：ミース・ファン・デル・ローエ

なく、そこに浮上してきた言葉だった。

そしてミースにおいては、内部空間と外部空間という対比を本質的に無効化するようなプリミティブな空間の再発明だったと言えるに違いない。初めてファンズワース邸を訪れた時、不意に「ローマのようだ」という言葉が浮かんできて、その意味するところに戸惑ったのだが、今思うと、その住宅の「内部」で行われるであろう生活が、いわゆる内部ではもはやなくて、古代遺跡の中庭のような豊かな生活環境を思わせる、しかし全く新しい何か、というそんなところがあったのかもしれない。それが内部ではなく新しい外部なのだとするなら、「ローマのような何か」というぼくの拙い最初の一言も、あながち間違ってはいなかったのかもしれない。

内部と外部といえば、パリのホテルでミンスクが、ヴェネツィア・ビエンナーレで展示された藤森照信さんのチャペルの写真を見せてくれた。木の素朴な構造体と十字架とが溶けあいながら、半ば独立して存在している。「構造に関心がない」と明言していた藤森さんが、構造をつくった。しかし次の瞬間、それは構造であり内部空間であるけれど、同時に外観でもあるのだ、と理解した。反転された外観、反転した構造としての内部空間。同時に、以前藤森さんが「内外の反転を初めて試みたのは伊東豊雄だ」と言っておられたのを思い出した。ヴェネツィアの藤森さんは、伊東さんとはまた異なる次元で、内部と外部を反転している。そしてこうも考え始めていた。ぼくたちの世代は、その反転の前提となる「内部と外部という分節」自体を、もはや持たないのではないか、と。その先には何があるのだろうか。

十字架教会　設計：藤森照信＋LignoAlp

2018.7.12　パリ

「聴く」ことの創造性と価値

パリ　チューリッヒ　セット　二〇一八年八月

この夏は、スイスの建築家と一緒にチューリッヒでのコンペに取り組んでいた。コラボレーションは、いつもある種の緊張をはらんでいる。今までぼくも、幸せな相乗効果から悲しい決裂まで、いろいろと経験してきた。今回は相手がぼくより圧倒的に経験豊かな年長者なので、しっかりとしたリスペクトを持ちながらも、お互い妥協なく協働する必要がある。

プログラムは様々な機能が複合した大学施設で、規模は六〜七万平米。ともかくもそれぞれのチームで検討を始める。最初の顔合わせはスカイプだった。お互いが案を持ち寄るこの最初の瞬間は、やはり緊張する。しかしスカイプで話し始めてみると、彼のオープンな姿勢がぼくをリラックスさせてくれた。それは例えて言うなら、大学の教授が、目の前に並べられた幾つもの学生の提案をフラットに眺めながら、各案の面白いところ、問題になりそうなところをこだわりなく自由にコメントしていくような感じだった。彼は自分たちチームの案かどうかなど気にするそぶりもなく、淡々と、建築的な視点で案を分析し、言葉にしていく。

これはうまく一緒にやれそうだ、そう感じた。なぜならその方法は、ぼく自身が自分の事務所の日常の設計プロセスで行なっていることそのものだったから。スタッフが持ち寄った様々な案、その中にはぼくの考えた案もあれば、彼らがディベロップしたものもある、それをフラットに見渡しながら、一つひとつにコメントしつつ、その全体の向こうに見えてくるであろう風景を模索する。誰が思いついたというのは、もはやどうでもよい。そうして複数の方向性を選びとって、またそこから各案がどのように育って行くのかを見るのである。

こうしてコラボレーションが始まった。翌月、彼らのチームがぼくたちのパリ事務所にやってきて、丸一日のワークショップを行った。直接会ってみると、スカイプの時に受けた穏やかで知的な印象はそのままだったが、やはり歴戦の建築家である、時に議論をわざとひっくり返すようなエキセントリックな問いかけを繰り出したりと、一筋縄ではいかない面白さを発揮してくれる。その問いかけは、いつもプロジェクトの本質を目指して投げかけられて、議論の軸を再確認させてくれるものだった。

ぼくはあらためて、建築をつくるとは「聴く」ことなのだと感じた。

「聴く」とは、単に人の話を「聞く」というだけではない。目の前に広がる様々なものたちを、面白がり、リスペクトし、色々に吟味し、そうして受け止める。自分の判断はまだ行われない。ともかくも受け止めるのである。それはまた、案を検討する段階に限らない。プロジェクトが始まる時、敷地の特徴や気候風土、文化や歴史、そして当然クライアントの求めるものを、調べるというよりも「聴く」。単なる知識として得るのではなく、受け止め、飲み込んでいく。自分が主張するのではなく、ひたすら聴くのである。

彼との議論では、それぞれ感覚的に異なる方向性が現れてきた時には、ぼくたちはその差異をことさらに戦わせるのではなく、むしろ差異が生まれる以前まで自分たちの思考を遡るように探っていった。そうしてこの段階ではお互いが方向性を共有している、というベースを確認して、その上で差異の意味を見極めて行くのだ。それは相手の意図を聴くと同時に、自分の思考の流れに耳を澄ますことでもある。そうして全てに耳を澄ましていくと、無数の雑音の群れにしか見えなかったものの只中に透明な秩序が見え始める。全ての音が響きあい始める。それが建築である。

そう書くと詩的に過ぎるかもしれない。しかしこの「聴く」ということは、議論の、そしておそらく民主主義の基本的な技術なのではないだろうか。異なる意見、異なる価値観が無数に集まった時に、それでもそこに何か共有できるものを模索する行為。小さな差異をあげつらって相手を攻撃したり、些細な違いでこちらとあちらを分けて反目したり、聞いているふりを大げさに装いながら実際には聞いていなかったり、という現代社会の愚かな風景を見ていると、この一見ささやかな「創造的に聴く」という行為をもってそこに抵抗していくことは、とても重要なのではないかと思えてくる。

コラボレーションを進めて行く中で、ぼくたちと彼らでは、良い意味で全く異なる建築的方法を持っていることが明らかになったのは面白かった。一言で言うと、彼らは建物のヴォリュームとマテリアルからスタディが始まり、ぼくたちは内部空間から検討が始まるのだ。

スイスの建築家なので、マテリアルに対する感覚は圧倒的に異なるだろうとある程度予想はしていたのだが、建築のヴォリュームに関しては、まさかここまでとは思わなかった。極端に言うと、ひたすら延々とヴォリュームのスタディをやっているのである。内部のプランや空間が一向に出てこない。プログラムが複雑だから、その関係を解き明かしながら空間をつくっていかないと成り立たないはずなのだが、それでもひたすらヴォリュームのスタディなのである。最初はその意味するところがよく理解できなかった。しかしパリで一緒に一日過ごしてみて、彼らの建築ヴォリュームに対する繊細な感覚は、ぼくたちの知っているヴォリューム・スタディなどではなく、むしろ都市というもののインテリアを丁寧に設計していくような、そんな作業なのではないかという気がしてきた。

都市という外部空間、つまりストリートや広場、そのほか無数の都市の構成要素の集まりは、いわば「都市という部屋」のようなものなのかもしれない。それは壮大な内部空間なのである。そしてひとつの建築的ヴォリュームをそこに置く行為は、単に周囲の壁面ラインに合わせるとか、高さを抑えるとか、そういう「配慮」などとは異なり、一つひとつの建築的手つきが、常に都市空間を創造的に更新していく。家具を配置したり内装の細かなディテールを検討するその繊細さで、建築ヴォリュームを捉えるということ。

それは同時に、関係性の中に、丁寧に、大胆に建築を差し込んでいくことでもある。内装といっても、これは「都市の内装」であり、周辺建物や文化的な背景など、無数の時間空間的な要素で成り立っている。その時空間を局所的に再構築し再発明することが、このヴォリューム・スタディなのである。そこでは建築の建ちかた、その姿そのものが、建築的な意味であり、意思の表明として、周囲の建築や街自体の意味を新たにする。

そこまで考えて、ぼくは「ランドマーク」という言葉を思い起こした。日本では、その言葉はもはや目印程度の意味しか持っていないかもしれない。ややもすると、変に目立っているとでもいうようなネガティブなニュアンスが付きまとう。一方、パリに事務所をつくりヨーロッパ圏でのプロジェクトを幾つもやっていると、ランドマークという意識が常にプロジェクトの中心にある。それは目立つものをつくるという単純な話ではなく、その地域の地勢的、文化的、歴史的背景を咀嚼した上で、ではこの建物がその都市の意味を、いかに濃縮し、純化し、再定義することができるのか、という問いなのだ。そして、それは形となって現れる。それゆえに、その形、ヴォリュームは慎重に、知的に、つくられるべきであり、建築家は耳を澄ましてプロジェクトに関係する全てを創造的に聴く。その先に真のランドマークが立ち現れるのである。

今回のコンペを協働した彼らがヴォリューム・スタディを延々と繰り返すことと、都市的な視点を持って建築をつくること、そして高い次元の意味を持ったランドマークという意識とは、地続きなのである。

南フランス、地中海に面したセット（Sète）という街に来ている。数年前から縁があって、この美しい街の旧市街に隣接するエリアの都市計画を行なっている。今回はそのプランをＡＢＦ（Architecte des Bâtiments de France）に説明するのだ。ＡＢＦとは歴史保存的都市環境の周辺で開発が行われる場合に、そのガイドラインとなって都市環境の質的な維持に努める部署で、各県にその責任を持つ担当者が配置される。ＡＢＦは、フランスでは建築家に恐れられていて、歴史地区に新しい建築を計画する場合に、厳しくチェックされるのである。今回もクライアントのディベロッパーは、朝からなんとなくそわそわしていた。ぼくたちは、小さな会議室でパワーポイントを使い二〇分くらい案のプレゼンをして、そのあと担当官の女性からのコメントがくる。ぼくたちの都市計画案は、当然ながら普通の案とは異なっている。普通に現代建築を建てるだけでも抵抗がありそうな場所に、さらに最先端の前衛を持ってくることは許されるのか？

果たして、彼女のコメントは、とても好意的なものだった。ぼくは、元医師だというその女性が、見かけの断新さに捉われずに、とてもオープンに案の背後にある意図と理由と思考に耳を傾けてくれたことに感銘を受けた。この美しいSèteという街とその周辺を守るという大きな責任を負いながらも、いやその責任ゆえに、新しい提案の持つ意味と価値を創造的に理解する気概を持っているのだ。その姿を見た時に、ここにも「聴く」ことを創造的に行う人々がいたのだと勇気づけられた。ぼくたちも、その旧市街の美しさゆえに、その全てに耳を澄まし、聴き、その先を見ようとして案をつくったのだった。彼女のコメントから、ぼくたちがこの場所から「聴いた」ことが、文化を超えて「聴かれ」えたことを実感した。

建築家にも、社会にも、「聴く」ことが価値となる時代が来るはずだ。

セット

2018.8.31　ザンクト・ガレン

建築を超える建築の問い掛け

アブダビ　パリ　二〇一八年一〇月

㉔

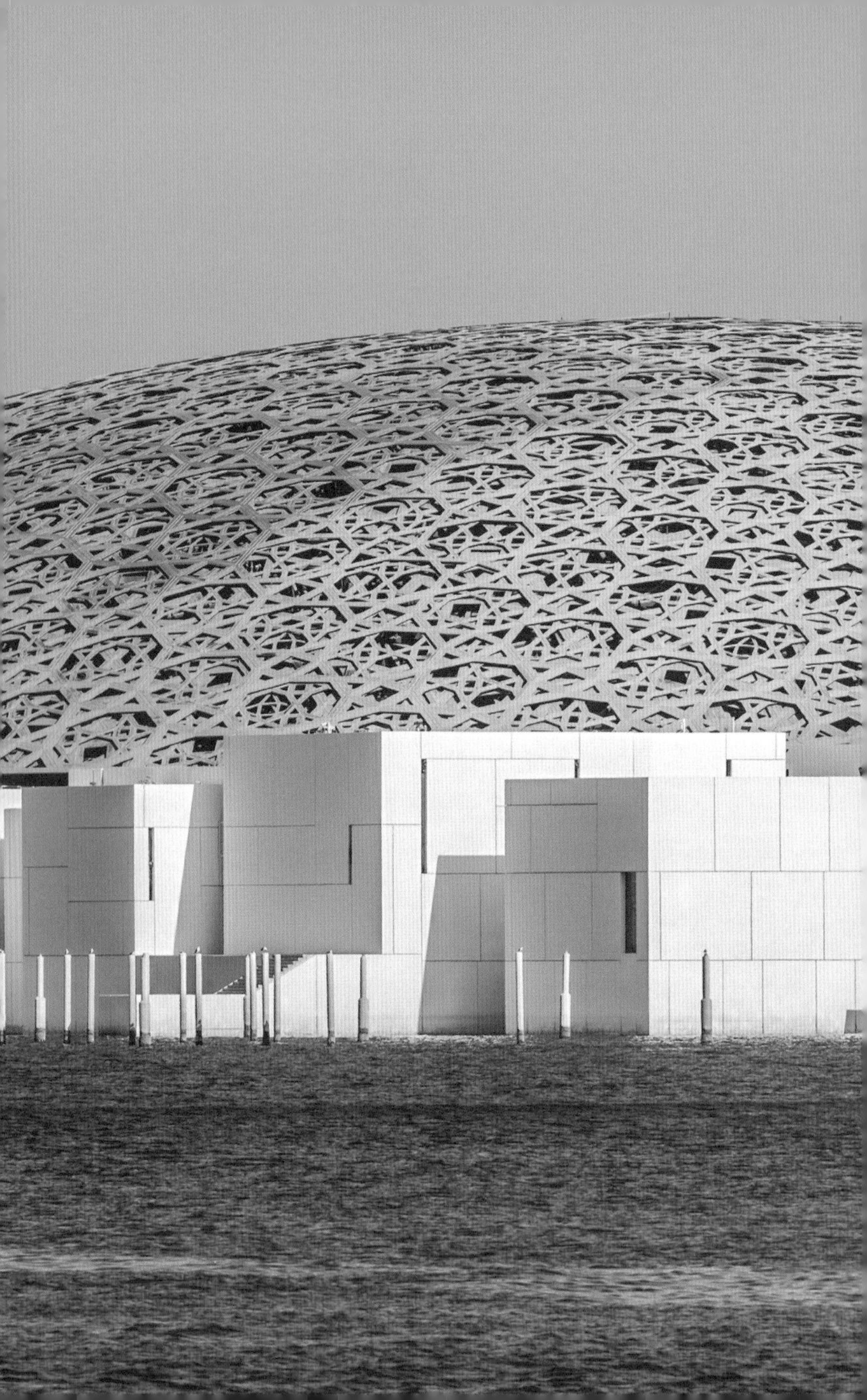

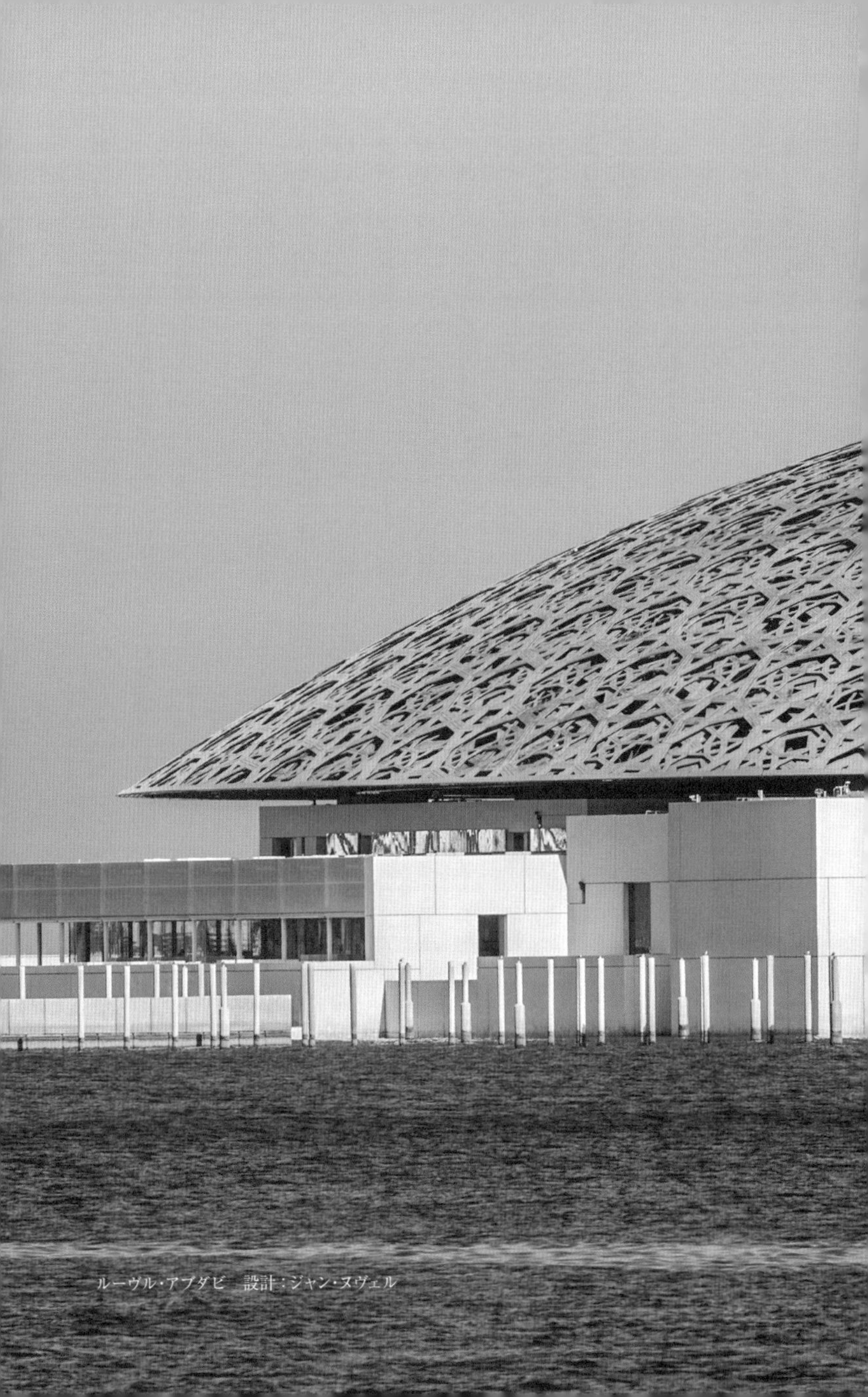

ルーヴル・アブダビ　設計：ジャン・ヌヴェル

アブダビに来ている。ジャン・ヌヴェルのルーヴル・アブダビを見るためである。

これはとても不思議な建築だ。この場所をただ建築として理解してしまうと、何かが抜け落ちてしまうような感覚がある。それは建築というよりも、異世界に迷い込んだような体験だと言えるだろうか。

大屋根の下の空間、とふと書いてみて、そもそものような記述自体が間違っているのではないかという気がしてくる。この建物では、大屋根（と仮に言っておこう）の境界をくぐる、という体験が、周到に避けられている。外観で美しい円盤状の屋根を見て、しかしエントランスは幾重にも重なるボックスの中を通過していくので、自分がいつこの大屋根の下に入ったのかがわからない。内部にいても、大屋根のエッジは常に視界に入っているが、そこを歩いて超える動線は用意されていない。

例えば、日本建築の屋根であれば、まず遠景として大きな屋根のヴォリュームが見えてくる。自分がそこに近づくにつれて、外観だと思われていた屋根は徐々にその下に繊細な軸組を表しながら、それが同時に空間であることを示唆し始める。ある程度の距離まで近づくと、もはや外観としての屋根面は視界から消え、ただ軸組による天井面が純粋な内部性をむき出しにして、その時空の歪みのような外部―内部空間を通過していく。屋根と空間には、そのような関係が常に存在している。空間性とは、外部が内部に反転する瞬間を持つのだとも言える。

それに対して、このルーヴル・アブダビでは、その反転する瞬間がどこまでも隠されている。唐突にある場所に迷い込んだことに気づき、その場所は全天を第二の空とでも言うべき不思議な天空によって覆われているので、それが建築の中という感覚がもはやない。むしろただ、ぼくたちが通常知っている空や世界とは異なる、異世界の異空の下に知らぬ間に佇んでいるのを発見するのである。

確かにこれは屋根ではない。空である。いや空でもない、世界の無限遠の境界が、すぐそばに見えている感覚である。世界の広がりそのものでもある。ぼくは以前から、この建物を写真で見ていた時に、この空間は「永遠に続く皆既日食」のような感覚なのではないか、と想像していた。実際に体感してみると、それはむしろ、無数の小さな太陽が空一面に複眼のように煌めいている異世界の風景だった。その無数の太陽は、同じ平面にあるのではなく、無数の距離にあるかのようだ。それは面的な広がりというよりも、メタリックな奥行きを持った世界の深度そのものの風景であった。どう見てもこの世のものとは思えない。

ではこの場所は、単なる内部空間なのだろうか？　それはインテリア・デザインで演出された異世界なのだろうか？　この疑問については、一見矛盾するようだが、やはりこれは建築なのだと答えるべきだろう。その異世界は「建築を通過したその先」に広がっている。この屋根は構造であるが、構造であることは巧妙に隠されている。屋根であるが、屋根であることも巧妙に隠されている。素材であるが、素材であることも隠されている。光を扱いながら、それすらも、隠されている。これらのことは隠されていながらも、明瞭に認識させられる。とてつもなく建築的につくられたものにおいて、同時にその建築性が全て消え去るようにつくられて、ただその向こうに異世界だけが現前する。

それでいてその異世界は、不思議と快適だ。確かに外気温がまだ四〇度近くになるので、屋根の下もかなり暑い。屋根によって生み出される風の流れもその暑さを和らげることはない。この暑さのみが、唯一現実世界とこの異空間をつなげるリアリティとなっていた気がする。ともかくも体感的には

ルーヴル・アブダビ　設計：ジャン・ヌヴェル

暑いのだが、脳の感覚として快適だ。それはおそらく、全体としてとても安定した世界が、無数の太陽の煌めきによって微かに揺らぎ変化し続けているからなのだろう。具体的に何が変化しているのかわからないまま、しかし確実に場の雰囲気は変化している。ぼくたちも気がついたら結局数時間滞在していたが、その時間の長さを感じさせない場所であった。

それにしても、この建築は、ジャン・ヌヴェルの建築人生全てが感動的に重なりあったものであると言えるだろう。ヌヴェルは、強烈なスタイルを持ちながらも、実に多様な建築を試みてきた建築家であると思う。初期のアラブ世界研究所はもちろんだが、例えばボルドーに建つホテル・サン・ジェームスの素朴な分棟形式や、その場所の歴史や文化をリスペクトした建築への真摯な姿勢は、このルーヴル・アブダビにもしっかりと引き継がれている。大屋根という意味では、ルツェルンやマドリードのプロジェクトが思い出されるが、グッゲンハイム・トーキョーの巨大な森の計画案も忘れがたい。ヌヴェルが試み続けてきた黒と映り込みのめくるめく世界は、この大屋根の幾重にも重なりあうメタリックな空の奥行きへと昇華している。

しかし何より感動的なのは、この建物が単にヌヴェルの集大成で終わることなく、もはや建築を超えてしまったのではないかという異世界を現前させて、新たな問いを未来へと投げ掛けているところだろう。ゴシック聖堂が初めて建ち現れた時に、もしかすると人々はこれに近い不思議な異世界を感じたのではないだろうか？　それは感動的な建築であることを超えて、なんとも形容のしがたい感覚をその後の数百年に渡って人々に問い続けるものであったはずだ。

パリのガルニエによるオペラ座で、ガラ・ディナーというものに参加した。いつもオペラ座の周りはタクシーで通過するのだが、中に足を踏み入れるのは初めてである。

正面のエントランスを抜けると、中央に華やかな階段が見えてくる。しかしそれはもはや階段ではなく、華やかな人の流れそのものであった。空間全体を包み込む装飾は、それ以上にきらびやかに着飾った人々が溢れる情景の中では、むしろ人とモノとが溶けあう空間全体としての有機的な一体性を生み出している。伸びやかな天井高さは、小さなスケールの集合である装飾と人々の装いの混ざりあった混沌に、高貴な秩序を与えている。ぼくたちが案内されたのは、舞台の正面近くのボックス席だった。そこから覗く客席と舞台の緞帳は全てが古色の中で輝いていて、鮮やかなシャガールの絵画が天井を丸く覆っている。

この日のプログラムはバレエであった。プログラムはフランス語で書かれているので、何が始まるのか全く見当がつかないまま、場内が暗くなる。と、視線のはるか先、舞台の奥のかなたから、何かが近づいてくるのが見えた。それは自分が理解しているオペラ座の建物の奥行きよりも、はるかに遠くへと突き抜けている。それは人であった。クラシックなバレエの衣装に身を包んだ無数のバレリーナが、バレエ特有の不自然とも言える形式ばった動きで、徐々にこちらに近づいてくる。そのはるかかなたは、ほとんど闇であり、その闇から、次々に、無数のバレリーナが現れて、行列をなして舞台の手前へと向かってくるのである。これはなんなのだろう？　クラシックのバレエの典型的な始まり方なのだろうか？　最初のバレリーナが舞台の最前列まで至ると、そこでポーズをとって、観客に挨拶する。歓声、そしてそのまま両端に捌けていく。しかしはるかかなたの奥の闇からは、ほとんど終わりがないかと思えるくらいに、次々とバレリーナが現れてくる。衣装が皆同じであるから、それは同じ人間が無数に現れるようでもあるし、しかし近づいてくると、それぞれに個性があるので、そのキャラクターの違いが見えてもくる。いつ終わるともしれないこの無限循環のシーンに圧倒された。建築の枠組みを超えるかという空間の超越と、無限を現前させる時間の超越によって、ここでは時空間が奇妙に揺らいでいる。このシンプルな形式性とその繰り返し。最後には皆が集まって美しいポーズをとって、この始まりの儀は終了し、このあと舞台はコンテンポラリーなダンスへと転換していった。それはそれで素晴らしいものだったが、なによりも、冒頭のはるかかなたからの登場と、無限に続くかのような時空の繰り返しに頭がクラクラしたままなのであった。

観劇の後のディナーも終わり、深夜一時過ぎにようやくオペラ座を後にする。正面から外に出た瞬間、目の前に伸びるパリの軸線がはるかかなたまで伸びているのを見た。それはバレエの冒頭に見た無限遠の軸線を反転させたものであった。舞台の中の虚の軸線に対して、それは現実のパリの街そのものとも言える軸線である。そして深夜一時には、ぼくたちが知っているパリはそこにはなく、虚実の入り混じった石造りの建物が、闇の異世界へと消えていくのだった。

2018.10.31　前橋

物質と透明な粒子が遷移する緊張と調和

岐阜　モスクワ　ロサンゼルス　二〇一八年十二月

みんなの森 ぎふメディアコスモス　設計：伊東豊雄

のだった。

伊東豊雄さん設計の、みんなの森 ぎふメディアコスモスに来ている。ぼく自身、この建物のコンペのファイナリストとして伊東さん、槇さんと戦ったこともあり、また竣工後のさまざまな写真が見せる表情に近年の建築では飛び抜けた雰囲気を感じていたこともあり、以前から訪れたいと思っていたのだった。

エスカレータで二階へと上がる。美しい木構造の天井が見えてくる。期待が高まる。そして二階のフロアに立って館内を見渡したときに、圧倒的な波打つ木構造の天井にもまして何よりも鮮烈に体感されたのは、そこに広がる空間の伸びやかさであった。ああ、これが伊東豊雄なのだ。視線のレベルで果てが見えないほどにどこまでも滑らかに伸びていく空間。波打つ木構造の肌理も、空間に浮遊する安東陽子さんによる美しいファブリックの「グローブ」も、藤江和子さんによる書架をはじめとした家具たちも、全てがあいまって、この「抜け」をつくり出している。それら全てが空間の密度と抑揚を生みだしながら、ぽっかりと視線のレベルだけが、何もないかのように抜けているのだ。そのかすかなコントラストによって、ぼくたちの視線や身体までもが、柔らかく奥へと引き寄せられていく。ぐるりと見回すと、その伸びやかな空間はどの方向にも、均質というよりも心地よい揺らぎをもって広がっており、それゆえにどの方向へも好奇心の赴くままに身体と脳が流れていくことを許している。

その伸びやかさは、オスカー・ニーマイヤーのような勢いを持ったものというよりも、もっと優しく人々を包み込みながら、静謐《せいひつ》でありながらおおらかであり、どんなかすかな感覚の揺らぎをも優しく受け止めて背中を押してくれるような、そんな伸びやかさだ。何かを押し付ける広がりではなく、受け止め、気づかせ、寄り添う伸びやかさなのである。そうすると、一階の空間の意味も見えてくる。

二階が図書館として、人々がそれぞれの好奇心や予感によって穏やかに動き回る空間であり、その行為を受け止めるような穏やかな伸びやかさがつくられているのに対して、一階の空間は、やはり伸びやかでありながら、もう少し動的で、もっと多様な人々の活動が混在してなお凛とした空間が維持できる強さを備えているのだ。人と共鳴し揺らぎながら、どこまでもおおらかにそこにある伸びやかさに深い感銘を受けたのだった。

モスクワにやって来た。初めてのロシアである。モスクワの街は美しい。華がある。ブダペストもそうだが、共産圏だった時代があることで、逆に帝国時代の華やかな都市景観が、冷凍保存されたように現代に蘇ってくるかのようだ。

プロジェクト関係での訪問だったのでゆっくりと街を見る時間がほとんど取れなかった中で、市の中心部、赤の広場に隣接する形で今年新しくオープンしたザリャジエ公園を訪れた。ハイラインをデザインしたディラー・スコフィディオ+レンフロの作品である。

同行者に連れられる形で、ほとんど予備知識もないまま訪れたのだが、歩き回るにつれてこの公園がとても面白いだけでなく、現代とこれからの都市空間を示唆する重要なプロジェクトであるという感覚を強く持った。

一言でいうなら、このプロジェクトは、建築―ランドスケープ―土木―都市インフラを統合的に扱うことで、新しい建築―都市環境をつくり出している。そしてこのような異なるカテゴリーの融合は、すでに様々な場所や形で試みられていたに違いないが、このザリャジエ公園のように、象徴的なロケー

モスクワ，ザリャジエ公園

ションで、明確に、鮮やかに、豊かに実現した例は初めてなのではないだろうか。

　ここでは、建築とランドスケープと土木と都市インフラが、それぞれの良さが他の要素によって引き立てられ、融合していることによって初めて生まれるスケールや体験の横断が随所に織り込まれているのである。

　敷地はもともと共産主義の四角い巨大建築が建っていたとのことで、そもそもそれを解体して公園を整備しようとしたヴィジョンが素晴らしい。それに対して国際コンペで選ばれた実現案は、敷地のゆるやかな起伏を引き受けながら、さらに敷地全体に様々な起伏を重ねあわせ、それらが時に内部に建築を内包し、また起伏を巡る回遊路がそのまま七〇メートルのキャンティレバーでモスクワ川に張り出し、橋と展望台と建築的ランドマークを融合した新しい存在をつくり出している。その下には六車線の道路が通過しているので、知らぬ間に都市の巨大インフラをまたいで、川と公園が高架によってつなぎあわされているのである。この展望ブリッジは、この公園の人工物の中では特別にアイコニックな存在だが、それはモノとしてのアイコンである以上に、そこから赤の広場やクレムリンに林立する無数の塔を望むことができる、つまり都市の外観をその只中において体感することができる場所なのである。

　もうひとつの特徴的な場所は、公園の東側に位置するフィルハーモニックとそのヴォリュームがつくり出す丘である。公園側から近づいていくと、それはゆるやかな緑の丘であり、その上にガラスの屋根がかかった建築的な丘である。その下に劇場が隠されているが、このガラス屋根に覆われた緑の丘は、それ自体が屋外劇場として、また人々が気ままに寝転がる緑のゆるやかな斜面として開かれている。それ以外にもレストランはもちろんのこと、メディアセンターや博物館など様々な機能が公園に溶け込むように配置され、結果的にその起伏はとても多様である。ダイナミックな岩山のような場所があるかと思えば、森の中を抜ける小道や緑の丘まで、多種多様な場所と植栽と素材と空間が重なりあっているのである。

公園というものが持つ、あるいはランドスケープというものが本来的に持っているこの多様性の共存のような概念が、これからの建築と都市に確実に影響を与えていくに違いない。それは演出としてのランドスケープなどではなく、真に開かれた多様な市民生活に耐える強度がある。そこでは内部と外部は様々なレイヤーによって常に入れ替わり（白樺の林に歩み入るのは、果たして内部だろうか、外部だろうか）、その入れ替わりの中に建築の内外も位置付けられていく。

ぼくには、ハイライン以上に重要なプロジェクトなのではないかと感じられた。清々しい新しさを感じたのだった。

ジャパンハウス・ロサンゼルスへ展覧会が巡回することになり、モスクワからロサンゼルスへと飛んだ。展覧会の準備もひと段落した午後、フランク・ロイド・ライトのホリホック・ハウス（バーンズドール邸）を訪れた。以前ミルウォーキーで体験した住宅もそうだったが、ライトの住宅を当時の家具や調度品など全て揃った状態で体験することは、本当に特別な何かだ。わずかに違えられた床レベルや、様々な彫刻やディテールなどが全てあいまって、そこにしかない光と空間がたゆたっている。それはひとつの完全な世界のように感じられた。時代を超えて、いつまでもそこにあり続けるかのようだ。

ありえないくらいに緻密に構成された内部空間は、無数の凹凸が空間と拮抗していて、それはまるで稠密な透明の粒子を無数に積み上げていく中で、その幾つかが物質として結晶化したような、その残りの粒子は空気でありながらもまさに結晶化しつつある直前の煌めきを永遠に残しているような、そんな空間なのである。物質の粒子は今まさに透明な結晶としての空気に変わろうとする直前であり、空気の粒子は今まさに物質存在へと転移する直前であり、その緊張関係と調和が、穏やかな午後のロサンゼルスの光の中に静止している。何も言うことはない。この空間と物質の原風景をただ記憶するのみである。

ロサンゼルス滞在の最後に、学生時代、大判のGAで二川さんの写真を見てからずっと体験したいと思っていたシーランチ・コンドミニアムを訪れることができた。LAから飛行機でサンフランシスコに移動し、そこからレンタカーで四時間、それはそこにあった。もはや何も特別ではないとさえ言えるくらいに、この場所とこの存在が、伝説的にそこにあるということ。世界というこの複雑で多様で扱いづらく、それゆえに素晴らしい総体が、ひとつの形を持つということ。

やはり建築は素晴らしい。

2019.1.7　東京

個人と社会の多様な関係性が凝縮される小空間

重慶　黄山　東神楽　二〇一九年二月

最近中国を訪れる機会が増えてきた。

この二ヶ月を見ても、日照、北京、上海、深圳、広州、杭州、青島、再び上海に深圳、重慶、成都、再び杭州、黄山とさまざまだ。プロジェクトの打ち合わせもあれば、現場の確認、講演会、新しい敷地を見たり、コンペの審査委員もあった。一都市を訪れて東京に戻ることもあれば、複数都市をまとめて廻ることもある。

改めて感銘を受けるのは、これら中国の都市の多様さである。各都市それぞれに凄まじい勢いで現代化しているはずなのだが、その現れ方にそれぞれ個性がある。もちろん気候風土が各エリアで大きく異なる上にそれぞれの歴史が深いので、都市の風景が独特の進化を遂げている。日本の各都市が、どことなく似ているのとは対照的だ。

今回初めて訪れた重慶は、川に面した急峻な立地と霧がかった風景によって、他にはない風情をつくり出している。霧が濃すぎて都市の全体像が全く把握できなかったほどだ。その霧に消えていくように林立する現代的な高層建築は、様々な高さで隣接しているように見えるが、現地の人によると建物自体の高さはどれもほぼ同じで、ただ建っている地形が異なるゆえなのだという。

同じく初めて訪れた青島は、着いた夜には気がつかなかったが、街の背後にむき出しの巨大な岩山が近接していて、その荒々しい自然と人工物としての都市のコントラストが美しい。ドイツ租界のエリアは、豊かな緑の街区の中に一〇〇年近く前のドイツ風の建築が多数残っていて、市としてそれらをどう改修し活かしていくのかを検討し始めているとのことだった。

街が多様であれば、食もまた多様である。

中国での打ち合わせは、とにかく食に始まり食に終わる。もちろん回転丸テーブルの上には、食べきれないほどの山盛りの料理が数え切れないほどの皿の数となって次から次へと運ばれてくる。そしてざっと思い出してみても、それらの無数の料理は、毎回ほとんどすべてが異なった食材と調理法であり、毎皿が新しい体験なのだ。地域によって野菜や肉や海産物の種類が異なり、また伝統的な調理法が異なる。それゆえにすべてが異なる料理となって目の前に現れてくる。ぼくは大食漢ではないが、それでも一口一口が新鮮な味わいでしかもとてつもなく美味しいので、とにかく全皿最低一口は食べていく。結果食事が終わった時には毎回満腹であり、それが数日のあいだ昼と夜とで続いていくと飽和の至福にいたって動けなくなるかのようだ。

先日も杭州から黄山へと敷地を見に行った時、地元の魚を発酵させて煮込んだ郷土料理が出てきた。発酵食品なのでやはり臭く、地元の人はぼくがそれを食べられるかと心配してくれた。一口食べる。美味い。とてつもなく美味い。さらに先ほど庭で採れたという地元の緑野菜のあっさりした炒め物が出てくる。美味い。野菜本来の甘さだ。シメに麺とご飯のどちらがいいかと聞かれる。答える前に、麺にしろと決められてしまう。先ほどの魚と麺の組み合わせが絶品だというのだ。当然それを試してみる。魚単体で食べたのとはまた違う風味と食感。美味い。魚をもう一切れ麺に足し、さらに緑野菜を添える。美味すぎる……。

そうやって中国の食事を楽しんでいてつくづく思うのは、この中華料理の丸い回転テーブルというも

中国、黄山市郊外にある数百年以上の歴史があるという小さな集落

のは、中国の人々のおおらかで、ポジティブでフラットで、闊達《かったつ》で、家族的な温かみもありながら、個人主義を尊重し、人生を楽しむ感覚をまさに体現した場のデザインであるということだ。

適度な大きさの円のテーブルは、皆の顔が等価に見え、声が聞こえる空間をつくり出す。皆でひとつの場を囲むので、自ずと家族としての、チームとしての一体感が生まれる。厳しいヒエラルキー社会である一方、とてもフラットな人間関係が生まれるのが中国的でもあり、円という形がそもそも始まりも終わりも特異点もないフラットな位置関係を生み出す（それでも実際には、四角い部屋の中に置かれた丸テーブルの、どこに一番偉い人が座るかは決まっているらしい）。両隣の人との親密な会話が起こり、丸に面した皆に向かった大きな声での楽しい会話が生まれる。料理はどんどん出てくるが、どの皿のどの料理をどれだけの分量で食べるかは、完全に各人に委ねられている。そこはとても個人主義である。だからそれぞれがマイペースで自分の好きなように食事をしながら、でも全体としては同じ料理をシェアし、同じ時間と空間を親密に共有する社会的な体験が生まれるのだ。

この丸テーブルというものは、現代社会の多様な人間関係を許容し、支え、増幅する場の、とてもシンプルで豊かな具現化の姿なのである。人々がそれぞれ自分の場所と時間をマイペースに確保しながら、同時にすべての人との会話が開かれ、親密な関係から社会的な大きな話まで自由自在に展開し、個と共同体が等しく尊重され、個が単なる部品ではなく、共同体は単なる枠組みではなく、個と共同体の動的な平衡状態がつくられる。それはクリエイティブなデザインチームの理想の姿のようにも思える。個々が多様でありながらフラットで、そこからチームとしての変化していく調和と動的な活力とが生成する。相矛盾するさまざまな状態が、ひとつの丸テーブルを囲んだ豊かな食事という、言ってみれば建築的な空間の提示によって、単なる食事を超えて個と共同体の多様な関係性の場へと変化するのである。

プロジェクトで中国の人々と接していると、ともかくもなんでもやってみようというポジティブな意識と、良いものをつくりたい、という純粋な思いにいつも感銘を受ける。同時に、みんながいつも楽しそうに何やら話している姿がとても印象的だ。その個々人レベルでの活力が、社会全体の勢いにつながっている。その根底には、皆が毎日のように囲んでいるこのシンプルな丸テーブルという空間形式が重要な役割を担っているのではないだろうか。それはひとつのテーブルでありながら、社会の形をもつくり出しているのである(その回転丸テーブルは、日本の中華街から本国に逆輸入されたという説もあるらしい。それはそれでとても興味深い文化の交流だ。しかし、少なくとも現代日本の個と共同体の関係は、この回転丸テーブルが生み出すかもしれない豊かさを持ち得ていないように感じられる。いかにも残念だ)。

ぼくの故郷である北海道上川郡東神楽町でプロジェクトが始まることになり、厳寒期の二月上旬に帰郷した。この時はちょうど最低気温がマイナス十五度くらいまで冷え込んだので、昔ぼくたちが盛んに言っていた「しばれる」という、空気の質が変化する独特の状態を久しぶりに体験することができた。

冬の北海道、東神楽町は、白い。最高気温がすでに氷点下であり、道路も雪が積もったまま踏み固められるので白い氷の道となる。周囲もすべて白い雪に覆われていて、わずかに点在する家屋や樹木がモノクロームの疎密となって風景をつくり出す。

たまに講演会などで、藤本建築が白いのは、北海道の雪の風景が原点にあるのか、という質問をされることがある。そもそも藤本建築が白を意図しているわけではないが、それでもいろいろな人にそう指摘されるということは、どこかに白い風景への無意識の思いがあるのかもしれない。しかしこの真っ白い風景の中で育った者として、「白は単に白ではない」ということは表明しておきたい。白は無限に変化する。それが白のもっとも豊かでつかみどころがなく、それゆえに常にそこに立ち返ってくる所以だ。かすかな光の様相によって、白はあらゆる色と質感に変化する。暖かい白もあれば、無限に終わりのないような白もある。きらめくような白もあれば、柔らかく包み込まれる白もある。白は対象でもあり背景でもあり、その間をつなぐ媒体でもある。

そもそも白は、色ではない。それは張り詰めた冷たい空気が鼻の奥につくり出す形容しがたい匂いの触覚と切り離すことはできず、また雪を踏みしめるギュというのか、キュというかギシというのか、なんともいえない音の触覚でもある。それは触覚と聴覚と嗅覚とで捉えられる確かな存在でありながら、同時にはるかに遠くということでもあり、距離も音もない世界の揺らめきのようでもある。永遠の他者のようでありながら、自分の一部のようでもある。

子どもの頃に無意識に感じていた白を、ぼくはたぶん永遠に思い出すことはできないだろう。ただ白に包まれていた時間。その原風景を静かに丁寧に紐解き続けることが、自分にとっての建築なのかもしれない。

北海道上川郡東神楽町の冬景色

2019.3.20　フォートワース

究極の建築は光なのか、人間なのか

サンパウロ　フォートワース　二〇一九年四月

㉗

メンデス・ダ・ローシャ・ハウス　設計：パウロ・メンデス・ダ・ローシャ

サンパウロに来ている。五度目である。今回は滞在が短いこともあり、いつも案内してくれている朋友のロドリゴ・オオタケさんの勧めで、パウロ・メンデス・ダ・ローシャの初期の住宅二軒に絞った。

最初に訪れたのはミラン／レミ邸。周囲にほとんど開口がなく、トップライトからの光だけがコンクリート打放しの吹抜け空間に柔らかく満ちている。部屋と階段と間仕切りと家具的な壁の組み合わせの妙によって、空間が立体的な抑揚を持ち、天井からの光がそこかしこに異なる明るさと密度で降り注ぐように設計されているので、閉じられた感覚は全くなく、むしろひとつの小さな世界そのものが、多様で豊かな空間と光と素材の間に立ち現れているかのようだ。

それは穏やかな光の中に現れた「人間のための精緻な洞窟」のような場所だった。洞窟のもつであろう多様さを保ちながらも、そこに優しさが溢れている。型枠の木のテクスチャーが豊かに現れた打放しのコンクリート躯体は、緻密でありながら、同時に人の触感のために開かれている。程よい凹凸と躯体の薄さゆえに、壁にしろ、手すりにしろ、空間の全てをつくり出しているコンクリートの表面が、人間の触覚のためのスケールなのだ。それは視覚で体験できる空間と光の素晴らしさと並んで、手で触れられるコンクリートであり、寄り添うことができる洞窟空間なのである。光はその柔らかさをコンクリートに与え、手を触れる躯体が暖かである。平面計画が適度な移動と迂回、回遊を意図していることも、人間の身体と空間と素材を感覚的に結びつけている。

室内には、施主の職業柄たくさんのアート作品や選び抜かれた家具たちが溢れている。そもそもこの住宅の空間は、空間それ自体というよりも、むしろその包容力をこそ意図されているかのように、人間の身体と、その延長としての人間の生にまつわるさまざまなものたちを、光に満ちた触覚の洞窟の中に柔らかく包み込んでいる。

続いて彼の自邸を訪れた。今は息子さん家族が住んでいるという。

周囲の地形の成り立ちからインスピレーションを得たという土手状のランドスケープの上に、むき出しのコンクリートの躯体が浮いている。その浮遊した躯体が大きなキャンティレバーとなって、左奥のアプローチ部分を形成している。緑と光と打放しコンクリートに包まれたこの導入部分は感動的である。薄いコンクリートのルーバーを通して降り注ぐ光に導かれるように階段を登り、エントランスドアを開ける。

内部は適切に暗い。その暗さの中に時折天窓からの光が差し込み、ソファや半透明の蚊帳に包まれたベッドやシャワールームの周囲を浮かび上がらせる。窓からは周囲のジャングルのような緑が垣間見えるが、そのグリーンは室内の暗さと調和している。それは形のない住宅と言えるかもしれない。外観のシンボリックな矩形とは対照的に、内部は豊かな暗さの中の光の抑揚の場であり、建築の形よりも生活の機微が緩やかに広がっている。ここでもコンクリートの躯体は木の型枠の質感をごつごつと残しながら薄く、手を触れると暖かい。この暗さの中では躯体は表現としての空間を誇示することはなく、むしろ生活のかすかな枠組みとして触覚と視覚が溶けあうような背景をつくり出している。それは家具とも違う、建築とも違う、空間と身体をつなぐ媒体としての洞窟のようである。

各個室の間仕切り壁は完全には閉じ切られておらず、天井と壁の間には常に隙間が空いている。この「緩やかに区切る」という方法によって、無数の部屋がありながら同時にひとつの空間であり、部屋と家というよりは、住むための居場所がそこかしこに点在し、空気と人がゆったりと流れるような、場と光の抑揚の空間となっているのである。

サンパウロからダラス・フォートワース空港へと移動。快晴。乗り継ぎの空き時間を利用して、四度目のキンベル美術館へ。

キンベル美術館のコンクリートは、何かをまとっているかのようだ。それは素材というよりは、存在であり、外観に現れる柱と屋根の出会うディテールは、石を超えた理想の素材が形づくる永遠の遺跡のようである。内部に足を踏み入れると、天井のコンクリートは光と溶けあって素材を超えたありようを見せている。光が反射しているというよりも、コンクリートが光を放っているというか、コンクリートと光が融合して新しい素材となっているかのようだ。この近寄りがたい素材の感覚はなんだろうか? サンパウロのパウロ・メンデス・ダ・ローシャのコンクリートの触感とは対極的に、ルイス・カーンのコンクリートは触れることを拒む潔癖さを持っているかのようだ。それは崇高さとも言えるかもしれないが、どこか冷ややかでもある。その奇妙な非現実感を打ち消そうとするかのように、キンベル美術館の内外装にはトラバーチンとナチュラルな木という自然素材が執拗に組み合わされている。そうやって触覚のバランスを取ろうとするかのようだ。パウロ・メンデス・ダ・ローシャの住宅は、ほとんど全て剥き出しのコンクリートでできているにもかかわらず、はるかに人に優しく感じられるのだ。

ルイス・カーンの建築は、理念の物質化なのだと言えるかもしれない。しかし物質は理念に追いつかない。身体は取り残され、頭脳の働きだけがなんとかこの建築を世界へと結びつけている。カーンがしきりに「光」に言及するのは、まさにこの理念の物質化の究極が、光だからだろう。光は物質を超えた存在なのである。そして光をどうにかして物質化しようという試みのひとつの到達点が、このキンベル美術館の天井なのだろう。

究極の建築は光なのか、人間なのか。それともその融合なのか。あるいは以前このエッセイでも触れたチャンディガールにおけるコルビュジエが成し得たような、人間と時間の層の中に存在し続ける建築なのだろうか。

隣接する安藤忠雄さんによるフォートワース現代美術館へ。

安藤さんの打放しコンクリートは「向こう側」を感じさせるコンクリートだ。

初期の住宅からこの美術館を経て現在まで、安藤さんの建築の大きな特徴は「こちらとあちら」が常に入れ替わり、無限に繰り返される中で生まれる多様さと豊かさである。そのこちらとあちらで、コンクリートの質感も、リアルでありながら抽象的で、ごつごつしながら滑らかで、人工素材でありながら自然であり、光をたたえながら静けさに浸る。そんな両義性を備えている。この素材の両義性ゆえに、壁を回り込んで「向こう側」の空間へと歩みを進めると、同じコンクリート壁が異なる表情を見せ始め、また元の場所である「向こうの向こう」へと戻った時には、同じ場所がすでに同じではなくなっているのである。

だからルイス・カーンとは違って、安藤さんのコンクリートは常に人の知覚と身体的な動きとに寄り添い、その意味を更新していく。カーンのコンクリートが永遠に人の手の届かないものであるとす

フォートワース現代美術館　設計：安藤忠雄

るなら、安藤さんのコンクリートは人の存在によって永遠に変化し意味を深めていく。

このフォートワース現代美術館においても、その豊かさが遺憾なく発揮されている。まずは圧倒的なプロポーションの確かさである。どの場所に立ってどの方向を見ても、空間が全て整っている。そして光と空間の抑揚の赴くままに散策し始めると、こちらからあちらへ、また戻ってきたこちらはすでに別の世界へと変転し、めくるめく絵巻物のような体験が生まれるのだ。平面構成はいたってシンプルである。安藤建築の感動は、そのシンプルな平面を、こちらとあちら、行ったり来たり、裏が表になりさらに反転し、いろいろに動き回ることによって、終わりのない体験の深みが生まれてくることにある。

安藤さんの建築が、住宅や美術館など、人が自由に動き回る建築によってその力を発揮するのはそのためである。あるいはまた、安藤建築の導入のシークエンスが感動を生み出すのもそのためである。人の動きがコンクリートのテクスチャーと壁の配置によって建築と溶けあい、その結果として、物質をも理念をも身体をも超えた空間体験が立ち現れるのだ。

2019.4.18　アルジェ

書物、人間、建築がつながり永遠性を感じさせる

アルジェ　ティパサ　ダブリン

二〇一九年六月

㉘

初めてのアルジェリアに来ている。

プロジェクトの視察のために、アルジェとその近郊に四日間滞在する。

深夜に着いて海辺のホテルに泊まり、翌朝目覚めると、日差し、海の青さ、植生などの雰囲気が、驚くほどぼくが知っている南フランスの風景に似ている。そしてローマ時代には北アフリカと南フランスは、いわば地中海という中庭に面した同じ文化圏だったのだということを改めて実感させられた。

アルジェから西へ車で一時間ほどの、地中海に面したティパサというローマ遺跡を訪れた。青い海へと一直線に向かっていく列柱に縁取られた街道、その両側に緩やかに広がる丘の斜面には無数の柱や石壁が残っている。もはや自然の木々に半ば埋もれながらも、この街が地中海とその気候を存分に楽しむようにつくられていたことが感じられる。遺跡ゆえに、建物そのものは失われ、その痕跡のみが地形と共に現れていることで、かえってこの都市計画の根幹となるヴィジョンが明確に感じられる。

それは大きな「構え」のようなものだ。ローマ人は、この「構え」にとてつもなく秀でていたのではないだろうか。都市という複雑で巨大な仕組みをつくる時、その場所の地形や風景、気候や風向き、植生や地質などを勘案した上で、さらに都市自体の機能的な関係なども考慮して、さて最初の一手をどう弾くか。そこから大きな「構え」として、どういう枠組みを配置するのか。それはひとつの建築を設計する時にさえ、もっとも重要な視点であろう。それはなにも、大枠から考える、ということではない。ときにはそれは、人が腰掛けるひとつのベンチとその姿勢から始まることもあるかもしれない。スケールの大小ではなく、そのプロジェクトの方向性を示唆するような「視点」を周辺の状況全体との関係の中で明確にあぶり出すことができるかどうか。とりわけ都市という複雑なものを複雑な状況に配置する場合において、その視点の重要さは際立つ。そして幾つもの都市を地中海世界を始めとする様々な場所に計画し続けたローマ人であれば、その「構え」の技法に習熟していたに違いない。大学を卒業してすぐに訪れたエフェソスやミレトス、ベルガモンなども、古代のギリシャ・ローマ人たちが、いかに豊かに地勢と都市とを融合させていたかを物語っていた。それは遺構がほとんど土と草に埋もれて消えかかっていたとしても、かすかに残る痕跡によってすら感じられる知性の現れなのだ。

近代建築でこのギリシャ・ローマ人的な大きな建築的知性を持って「構え」を構築してきた建築家は、やはり、というか、意外にも、というかル・コルビュジエであると思う。以前にもこのエッセイに書いたインド、チャンディガールの都市計画などは、巨大都市を繊細な感性でその土地に根付かせていたし、パリの街に差し込まれた調和と対比のヴィジョンであるラ・ロッシュ＝ジャンヌレ邸では、小さな住宅建築さえもが、都市と歴史と未来と渡りあえるという美しい実例である。現代ではフランク・O・ゲーリーがその正統な後継者であろう。ビルバオ・グッゲンハイムが驚きを持って示したのは、全く異質に思えるゲーリー建築とビルバオの街が、誰も想像しなかった魅力的な調和をつくり出した点である。そうであるなら、ゲーリーが行う都市計画とはどのようなものだろうか、という期待が俄然高まってくる。ぼくが億万長者なら、ぜひひとつの街の設計をゲーリーに依頼したい。

ダブリンに来ている。初めてのアイルランドである。

ぼくにとっては、ダブリンは、ずっと昔にその写真を見て以来、トリニティ・カレッジ図書館の街

ティパサ，古代ローマ遺跡群

である。その美しくシンプルな空間構成によって、ただ本と配列と崇高によってのみつくられたかのように見える究極の図書館。一〇年以上前に武蔵野美術大学の図書館のプロジェクトが始まってからは様々な図書館を見て歩いたが、縁がなくてこの場所にはたどり着けていなかったのだ。

トリニティ・カレッジはダブリンの街のど真ん中に広がるキャンパスで、その中心にこの図書館がある。すでに図書館としてではなく観光名所として一般に開放されているため、館内は人で溢れている。それでも空間の大きさと高さゆえに、その厳かで格調高い空気感を体感することができた。

それでもやはり、図書館というのは図書館として使われている時にこそ、本当のオーラを纏《まと》うものなのかもしれない。大勢の観光客の中の一人としてこの素晴らしい空間を何度も行き来して、夢にまで見た究極の図書館をまさに体験しているのだと自分に言い聞かせても、どこか冷めた感覚が残ってしまう。しかたがないとはいえ、やはり残念である。

最近はわざと演出的に印象的な本棚を使った内装の図書スペースが増えてきているようだが、やはり本物の図書館と比べた時に、それらは何か薄っぺらい存在に見えてしまう。「構え」がないのだ。あのトリニティ・カレッジ図書館でさえ、そこが観光地となった瞬間に、何かが抜け落ちてしまうのだ。ましてや最初からインスタ映えを狙った図書スペースなどは、偽物感のみの気持ち悪いものになってしまうに違いない。

そうして過去に自分が訪れた素晴らしい図書館を思い返してみる。

何よりもまず遠い記憶に美しく残っているのは、大学四年の夏にパリで訪れた、アンリ・ラブルーストによる当時のフランス国立図書館だ。初めての海外旅行でフランス語は全くわからず、なんとか事情を説明して、エントランスのゲートのところに立って内部を見ることを許された。幾つもの浅いドームと細い柱たちが空間として広がり、柔らかく満ち溢れる自然光に包まれた場所。最近改修されて再びオープンしたとのことだが、ぼくの中ではそれは一度失われたもののような、それゆえにいつまでも消えない、はるかかなたの記憶となっている。

数年前からプロジェクトでパリに通うようになって、同じラブルーストによるパリのサント・ジュヌヴィエーヴ図書館も訪れた。こちらは二列の繊細な鉄製のヴォールトが連なる軽やかな空間で、途轍もなく美しい。この二つはぼくにとっての本当に美しい図書館のリストのトップにいつまでも位置しているだろう。

ハンス・シャロウンによるベルリンの国立図書館も忘れがたい。十二月の美しい紅葉の中、ミースのナショナルギャラリーに異様な衝撃を受けたその足で訪れた図書館は、ミースとは対極的に、柔らかで、立体的で、様々な場所がどこまでも広がっていく夢のような場所だった。十五年以上前の当時、この図書館について全く予備知識を持っていなかったことは、ある意味で幸運だったかもしれない。あのような空間を、写真や文章で知ることもなく、突然に、その内部に佇むという形で初めて体験することは、かけがえのない瞬間だったに違いない。

講演会で訪れた大学の図書館にも忘れがたいものが多い。コーネル大学の図書館は本棚が細い鉄骨で組み上がっており、まるで優美なジャングルジムの中を彷徨うような図書館だった。四月に訪れたミシガン大学では、カテドラルかと見紛うゆったりとした格調高い大空間に光が溢れ、その下で学生たちが静かに勉強をしている風景を通り抜けた。続けて訪れたイェール大学では、かの有名なガラス

張りの稀覯本《きこうぼん》図書館を再訪した。

ＯＭＡによるシアトルの中央図書館は、個人的にはあまりしっくりこなかった。ぼくにとっては、人間スケールの乱雑さが少なすぎたようだ。ぼくが図書館に求めているものは、もしかすると、身体スケールのある種の雑然さと建築スケールを超えた永遠性の両立なのかもしれない。書物それ自体がもつ独特のスケール感が、人間の身体スケールを経ながら建築的な永遠性へとつながっていくこと。シアトルにはその感覚が感じられなかった。それがあの建築の新しさなのかもしれないが。

メキシコシティのアルベルト・カラチによるアクロバティックで近未来的な市立バスコンセロス図書館も突き抜けていた。リオ・デ・ジャネイロの幻想図書館。アアルトやシザのおおらかな図書館も忘れがたい。先日このエッセイでも取り上げた伊東さんの岐阜の図書館。もちろんアスプルンドのストックホルム市立図書館も唯一無二である。

こうした無数の素晴らしい図書館の記憶の中でも、ひときわ特別な存在であり続けている場所がひとつある。ブエノスアイレスに残る、旧国立図書館である。厳密には、この場所はすでに図書館ではない。はるか昔に図書館機能は移転してしまっている。内部はがらんどうで、ただ空間そのものと、壁に残る本棚の痕跡、そしてはるか高窓から柔らかく差し込む光のみが、かつてホルヘ・ルイス・ボルヘスの訪れたであろう図書館の幻影を伝えている。その不在ゆえに、それがもはや図書館ではないゆえに、そこには永遠の図書館があった。ボルヘスの短編『バベルの図書館』が記述した無限にも思える究極の図書館と対をなすように、この場所は、ひとつの空間と終わりのない時間の中に静止したまま永続する図書館の影なのである。

2019.6.28　京都

想像力と丁寧な思考で未来を形づくる

美瑛　二〇一九年八月

美瑛，青い池

この『GA JAPAN』のエッセイは、雑誌という、時代の最新の情報が掲載されるメディアの只中にあって、時代とも、最新とも関係なく、古今東西の建築世界を自由気ままに行き来しながら、建築というものの本質を通して世界の素晴らしさを描き出していくことができれば、それはそれで価値のあることなのではないかと考えて、あえて世界の喧騒の薄皮の奥に目を向けてきたといっていい。

しかしながら、ここ最近起きている、様々な、大きな、あるいは些細な、無数の出来事を見るにつけ、自分が生まれ、育ち、その文化のただ中で大きな影響を受け、それどころかその全てが自分を形づくっているとさえ言える場所、仮にそれを「日本」と呼ぶとしよう、その場所が、あらゆる面において大きな危機に瀕しているのを日に日に強く感じるようになってきている。

いかに楽観的なぼくでも、この状況に気づかないふりをすることができないほどに、その危機は大きく、差し迫っていて、そして根が深そうだ。特定の誰かや何かを非難したり、抗議したりすることもできるだろう。しかし本当の危機は、それらすべての背後において、徐々にこの国を覆いつつある、何とも言えない何かなのに違いない。それは人々の心や思考の内に知らぬ間に広がっているかもしれない不安であり、余裕のなさであり、嫉妬であり、不寛容であり、不誠実であり、醜い攻撃性であり、保身であり、怠惰な追従であり、排外性であり、無関心であり、そしてそれら全てが混ざりあった末に生み出すであろう、喩えようのない重苦しい何かなのだ。

この国は、この危機から脱することができるのだろうか？

ぼくにはまだうまく想像ができない。この時代の空気を、どうやって反転させることができるのか。おそらく、とても本質的な意味での教育が、最後の希望となるだろう。しかしそれとて、今から始めても社会の流れに影響を与え始めるまでに二〇～三〇年はかかるだろうし、そもそも、こんな危機的状況で、社会が希望に満ちた教育に向かうとも思えない。

せめてぼく自身ができることは何かと考えたとき、自分が二五年近くにも渡って関わってきたこの建築というものを通して、つまり建築の背後に流れる思考そのものによって、世界というものを、他者の言葉を、丁寧に、謙虚に聴き、また想像力によって、こちらとあちらを行き来し、少しでもこの世界を良きものとしていくその意思と希望を、このエッセイの読者であるはずの建築を志す若者たちに伝えてみたいと思う。

建築とは、まず歴史の前において謙虚である。

そこでは、都合の悪い歴史の傲慢《ごうまん》な否定もないし、気に入らない歴史を改竄《かいざん》するなどという愚かな行為もない。どれが良い歴史で、どの歴史からは目を背けるなどということもない。ただぼくたちは、ひたすらに歴史を聴き、歴史から学ぶ。その歴史は、決して一面的なものではない。様々な視点から描き出された歴史があり、その立体性によって、歴史はより生き生きとした姿を見せる。様々な歴史のその全てを受け入れ、他者への想像力を持って膨らませ、異なる時間軸をつなぎ、結びあわせ、その先の未来を創造する。建築を学ぶ者は、歴史について誠実であるべきだ。誠実であるゆえに、勇気を持ってその先の未来をつくり上げる。

また建築とは、他者へのリスペクトである。

ぼくたちは、建築を、世界中のあらゆる場所でつくるであろう。それぞれの場所には、その場所ならではの気候風土があり、文化と伝統があり、異なる言語があり、異なる料理があり、異なるライフスタイルがある。空気の匂いが違うとき、ぼくたちは他者へのリスペクトとともに未知という無限の可能性の只中にいる。その場所場所に、発見がある。異なることは、インスピレーションであり、自分が知らないことは、驚きをもって自分自身を新たにしてくれる原動力である。自分と異なる意見は、自分を批判するものであってさえも、自分の視点を複層化し、立体化し、自分に不足していたものに気づかせてくれる。そしてその先の新しいアイディアに道を開いてくれる。

リスペクトとは想像力でもある。

自分と異なる状況や立場をいかに想像することができるか。施主のこと、自分の設計する建物を使うであろう人々。子どもの視点、高齢者の視点、様々な少数者の視点、言語の異なる人の視点、思想の異なる人の視点、部屋の中、部屋の外、こちら側、あちら側。建築家は常に想像力を持って、どちらの側にも自分を置くことをしなければならない。そうしてそのどちら側にもリアリティを持って、感情と論理とを配置しなくてはならない。相手は人間だけではない。自然や、地球や、草花、動物たち、澄んだ空気、淀んだ、でも愛すべき空気。いくら想像しても仕切れないということを認めるということ。大きな寛容さ。地球の反対側で失われる何か。自分たちのすぐそばで迫害されている何か。それらに思いを馳せることが、大きな枠組みとしての建築を生み出す基礎となるのである。

建築とはまた、丁寧に思考することである。

建築は複雑である。そして世界も複雑だ。そんな複雑な世界を丁寧に読み解きながら、人のための場所としての建築をつくっていくには、しっかりした思考が必要だ。それは表層的に優劣や善悪を決めつけて投げ散らかすような方法とは正反対の作業である。多くの人の尻馬に乗って自分は安全な場所にいながら見せかけの正義を振りかざすような醜悪な行為とは対極の営みである。それは常に、自分を疑い、しかし同時に自分を信じ、試み、失敗し、検証し、再び試み、また失敗し、また真摯に検証し、人の意見を好奇心を持って聴き、世界をオープンな心で聴き、思考し、再び試みる。困難に挑戦せず、うまくいきそうなことだけやって、困難に挑戦するものを嗤《わら》うような安直なプロセスからは、建築は生まれない。また失敗を隠し、都合の悪いことを隠蔽し、自分自身の目も塞いで不遜に振る舞うような行為からは、建築は生まれない。建築家は、いつも真摯に思考する存在であるべきだ。

丁寧に思考する人は、決して多数派に安住したりはしない。

皆がそう言うからそちら側にいる、とは思考停止である。思考停止からは何も生まれないばかりか、むしろ害悪が垂れ流される。自分が多くの人の側にいることで安心するばかりか、そうではない人を笑い、蔑むような低劣な行為は、全て思考停止から生まれるのだ。

多数派か少数派かなどという皮相的な価値判断でなく、常に本質を問うこと。いま当たり前と思われているものは、かつては誰も理解できなかった斬新な、無謀な試みから始まったものなのだ。そうだとするなら、未来を形づくるのは、丁寧な思考の迷宮の先に開けるであろう突飛な、奇妙な、それでいて本質的な何かなのである。建築家は、それを謙虚に、真摯に、追い求める存在であるべきだ。それは個に固執することでもなく、群に頼ることでもなく、個も公も群も超えて、人間存在の本質に寄り添うことである。

そして何より建築家は、未来を形づくる人である。そのためには、建築家は希望を持たなくてはならない。世界をより良い場所にするために働かなくてはならない。つまらないエゴの争いや、自分の不安や不満に振り回されてはいけない。そして建築家という職能は、そんな希望を取り戻すための手がかりを、すでに思考の方法として備えているはずだ。

考えてみれば、ぼくがいま日本で関わっているプロジェクトは、どれも希望に満ちている。こんなにも危機に瀕したこの国で、それでもまだ多くの人々が、素晴らしいヴィジョンと思いを持って未来をつくり上げようとしている。前橋でも、小湊鐵道でも、石巻でも、十和田でも、白河でも、岡山でも、津田塾大学でも、ぼくの故郷である北海道の東神楽町でも、プロジェクトの関係者と話をしている時、日本は希望に満ちていると感じられる。では同じ日本にぼくが感じる危機感は単なる思い過ごしだろうか？　恐らくそうではない。それは確実に近づいてきている。そこから目を背けずに、それでも希望に満ちた未来を少しずつでも築いていきたいと思うのだ。そのために建築家は、ぼくたちは、人間として、建築に誠実に、それゆえに世界に誠実に、生きていかなくてはならない。その誠実さが、少しでもこの重苦しい空気を押し返すことができると信じている。

八月上旬、故郷の東神楽町に帰省したおり、車で三〇分ほどの隣町の美瑛町を訪れた。有名な青い池や美しい丘の風景を巡った。これらの風景は、自然の風景であり、同時に人工の風景でもある。青い池も、治水の目的でつくられた人工の堰堤《えんてい》の影響で付近の森が水没することになって偶然生まれた風景だ。丘の風景も、農業という人工的な営みと元々の地形が出会った時に、半ば偶発的に、それゆえに本質的な必然性を持って生まれた風景なのである。自然は美しい。そこに人工的なものが、偶然と必然を伴って出会うとき、つくられたものではなく、ただそこにあるものでもなく、自然の摂理も人間の意図をも超えて生まれたものの尊さがある。

人間は、あとどれだけすれば、自分自身の意図を超えたものを受け入れられるようになるのだろうか。あとどれだけすれば、許すことができるようになるのだろうか。

2019.9.1　東京

連続性と断絶性の調和。強いられることのない多様性

メゾン・カレ　二〇一九年一〇月

㉚

パリから車で一時間ほどの美しい田園の中に、アルヴァ・アアルトの傑作住宅、メゾン・カレはある。パリに通い出してもう何年にもなるのに、なかなか時間を見つけられずにいて、今回ようやく訪れることができた。

カレ邸には、学生時代の思い出がある。

ぼくが建築を学んだ東京大学工学部建築学科では、学科に入ってすぐに、水彩画で建築パースを描く授業があった。平面図と断面図、そして立面図から寸法をとって、敷地の中に視点とその高さを設定し、三角定規やコンパスを駆使して図学的に正確に透視図《パース》を描き起こすのである。さらにその透視図に、水彩絵の具で彩色をして、本格的な建築パースを作成する。

作図の技法や彩色など、テクニカルな部分を学ぶ意味はもちろんあったのだが、それ以上に、名作住宅の図面を注意深く読み取って、図としてだけではなく、空間として理解することを学ぶ課題でもあった。パースを立ち上げるとなると、かなり詳細な部分までしっかりと把握する必要があり、与えられた図面だけではなく、図書館で関連資料などを調べて、素材や建築ディテール、設計者の意図や周辺との関係など、まさに建築を総体として理解するための課題だったはずだ。

この授業は今でもあるのだろうか？　今ならコンピュータで三次元パースを立ち上げて、インターネットの情報を駆使して美しくレンダリングするということになるのかもしれないが、一九九〇年代の初頭の東京大学には、古き良きT定規や鉛筆、ロットリングが現役であった。そして何より、パースを描き上げる過程で手と目と脳が行き来する回路を切り開き、建築の基本的な素養を身につける、ということの課題の意味は少なくなかったように思う。もちろん当時は、そんな課題の意図など理解できるはずもなく、言われるがままになんとか描き上げていたのだが。そしてその課題の歴史を物語るかのように、当時の教官は「伊東豊雄くんは抜群に上手かったなあ」などと思い出話のように語ってくれたりしたのだ。

建築を学び始めたばかりの学生であったぼくにとって、カレ邸の良さを理解するのは、まだ早すぎたようだ。ぼくの建築体験は、大学で最初に魅せられたミース建築との出会いから始まっていた。まったくもって建築らしからぬ建築、壁とガラスがひらひらと暗号のように配置された平面図に驚愕し、自分がそれまでの人生で理解していた「たてもの（建物）」とは全く異なる世界がここにあるのか、と興奮を覚え、一気に建築にのめりこんで行ったのだ。

中学生時代に二川幸夫さんの写真で見たアントニオ・ガウディは、また違った特別さを持って脳の別の引き出しに格納されていた。そして建築学科に入学するにあたって、なぜ予習的に建築というものの一般を調べていなかったのか、自分でも不思議である。多分生来の怠惰がそうさせたのだろう。結果的に、ミースもコルビュジエも知らなかったことが、その衝撃の大きさとなって自分の人生を決めたのだから、良かったのかもしれないが。

ミースとコルビュジエの過激な建築たちに比べると、アアルトのカレ邸は、当時のぼくにとっては、どちらかというと普通の住宅という印象だった。勾配屋根、木が多用されていて、窓もある、普通の建築だ、と。ものごとを理解していないというのは恐ろしいことである。それでも課題に出されるくらいだから、何かすごい建築に違いないと思って、二川さんの写真を大判のＧＡで見ながら、なんとかパースを描き上げた。しかし最後まで、理解できた気はしなかった。

あれから二五年以上が経った。

門のところで車を降り、曲がりくねった道を登る。道の脇には立派な木々が林立する。その道がまっすぐに伸びたその先に、カレ邸が見えた。

ああ、この建ち方だ。この時点で圧倒的に名作である。そしてこの建ち姿を一目見て、これを名作建築だと理解できるくらいには、自分は建築家として成長したのだろう。

緩やかな丘を一直線に伸びる路、その先に、少し斜めに構えるように、その家は建っている。丘の斜面に呼応する片流屋根で切り取られた美しい白いレンガ壁の斜めのラインが、軽やかに、品格をもって自然の風景の中に際立っている。しかしその白い斜めは、ことさらにその意匠を強調するわけではなく、濃いブラウンの木のテクスチャによって程よく分節されることで、逆にこの建物が、設計者の意図を超えてそこにある必然性を感じさせてくれる。

木立の間を進むと、徐々に建物の全景が見えてくる。

この家は面積的にはかなり大きな家のはずだが、外から見るとむしろ控えめな印象である。穏やかな自然の中で、家全体の輪郭はあえて強い形を避けているが、要所要所に水平や垂直の鮮やかな幾何学が散りばめられていて、それが品格と知性を建物に与えている。アアルト特有の、直線がずれながら雁行するような幾何学の扱いは「デザイン」という嫌らしさはまったくなく、むしろ直線が直線であることの不自然さと不自由さを軽やかに切り替えていくような自然性をはらんでいる。アアルトの建築は、ある種の有機性として語られることが多いように思うし、実際豊かな曲線が随所に現れるのだが、こうして実物の建物を丁寧に見ていくと、その有機性とは、直線か曲線かという単純な話ではなく、直線の中にも有機性を見出し、直線の暴力性を丁寧に解きほぐし、小さな段差や雁行で継いでいくことで、結果として直線幾何学と自然の有機性を両立しながらつないでいくような作業に思えてくる。それは同時に、人間の身体スケールと建築と雄大な風景をつなぐ手がかりでもあるだろう。

カレ邸の白い壁は、その鮮やかさにおいてコルビュジエのパリのラ＝ロッシュ・ジャンヌレ邸のファサードにも比較しうるが、しかしその両者は決定的に異なるようにも見える。レンガを白く塗装したアアルトの壁は、少し離れて見るときには、周囲の自然だけではなく、その建物自体の他の部位の素材たちとの対比としても、鮮やかな幾何学として立ち現れる。木や濃いブラウンの銅、シャルトルの大聖堂と同じという腰壁の石などの建築素材が、幾何学的な白と併置されることで建築よりもむしろ周囲の自然と同じ仲間として意識される。白の対比と調和によって、この建物は、建物としての鮮やかさと品格を伝えながらも、同時に周囲に溶け込み消えていくような建ち方を実現するのである。

さらに近づいていくと、この白く鮮やかな壁は、実は揺らぎのあるレンガであることが明らかとなる。程よく「綺麗すぎない」やり方で積まれているレンガたちは、ここでは白と他素材の対比ではなく、むしろ素材表面の肌理によって他の素材と親和性を持ってつながっていくように見える。対比と連続の同居。

この白い壁は、抽象と具象という単純な区分を超えた複雑で多様な存在を肯定しているのではないだろうか。対してパリのラ・ロッシュ邸は、これも大学時代の思い出の場所である。表の通りから細

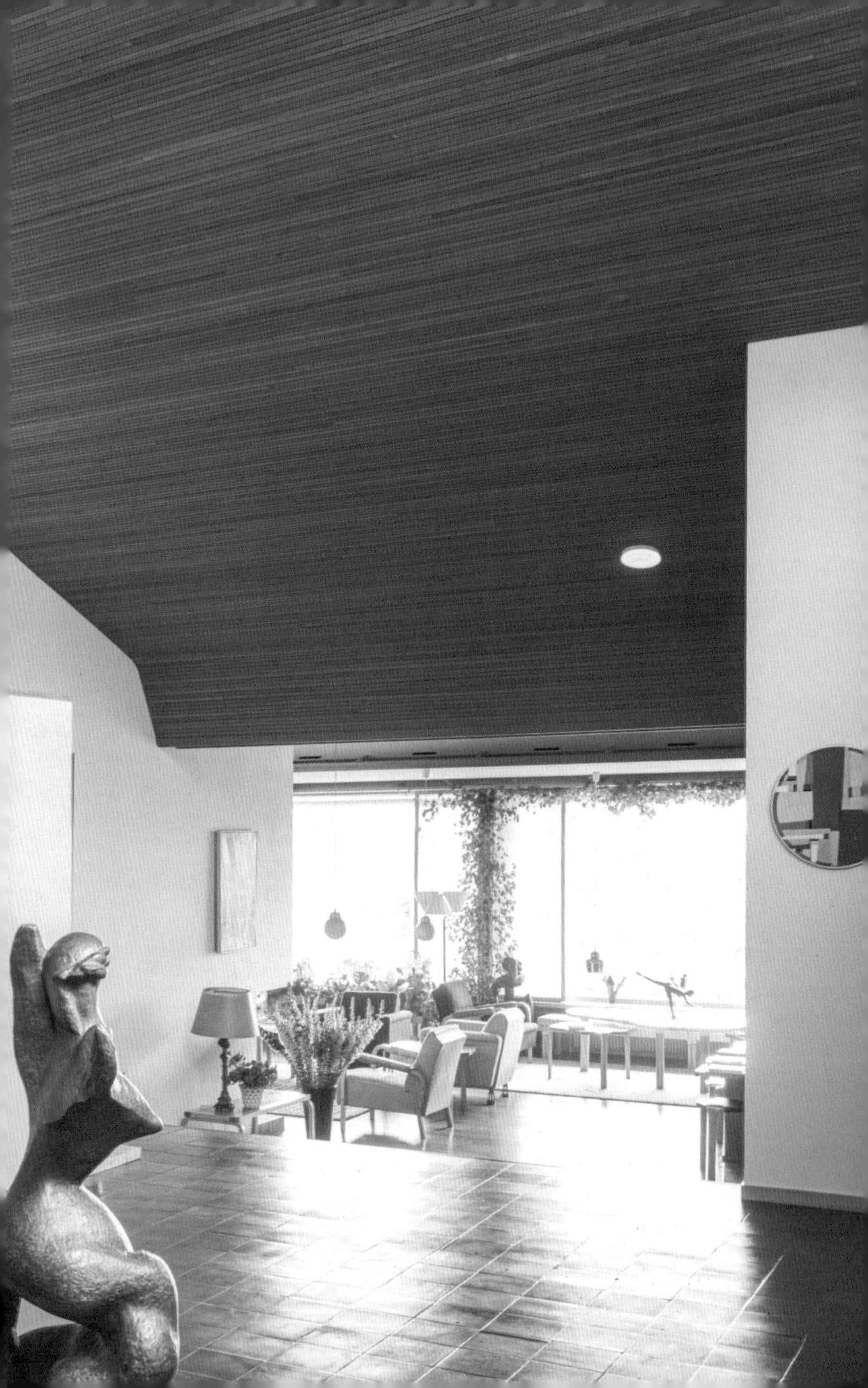

メゾン・カレ　設計：アルヴァ・アアルト

い私道を下っていくと「その面」はあった。建物というよりも、白い一枚の面、はるか昔からそこにあって、この先も永遠にそこにあるかのような、重さのない、色のない、概念のない、ひたすらに純粋な白い面。休館日で内部を見ることができなかっただけに、より一層その一枚の面が強烈に記憶に焼きついた。そのことはまた別の機会に描いてみたいと思う。

アアルトのカレ邸に戻る。

エントランスに向かって歩き出す。低く水平に伸びた庇を支えるように、特徴的な柱が迎えてくれる。これも学生時代のパース作成でなぜかとても印象に残っている部分だ。そして実物を目の前にすると、これはなんとも奇妙な柱である。機能的には、おそらくあまり意味がないものであろう。もしかすると座屈を止めるためにこのリブが付いているのかもしれないが。それでもこの濃いブラウンの金属製の柱と、下に行くに従って細くなっていく角の丸い木製のリブの組み合わせは、それが支える庇を含めて、もうこの場所にはこれしかありえないのではないか、というくらいに見事に調和している。柱の太さはむしろ太いくらいだが、この形状と素材によって、それは柱であることよりも、世界に点在するユニークな形の幾つかが奇跡的に今この瞬間この位置で静止しているかのような。動的でありながら同時に静謐な、穏やかでありながら同時に緊張感のある調和を見せている。近代建築でこんな柱をつくることができるのは、アアルトだけであろう。ミースの柱でさえ無骨に感じられてしまうほどだ。

そうしていいよいよ、かの有名なエントランスホールへと足を踏み入れる。

そう、この空間である。「アアルトの曲線」によって持ち上げられた天井が断続的に軽やかに舞い降りてきて、同時に緩やかな段差が下って視線を右手のリビングルームからさらにその向こうへと広がる緑へ、流れ出すように導いていく。ゆったりとして自然である。とてつもなく精緻でありながら、それを強いることがない。なにものも主張しないが、この場所だけの独自性を持っている。外部同様に、曲線と直線は、ときに伸びやかに、しかしその伸びやかさを強いられることなく、適度に分節され、ずれながらも相互に意識しあって連なっていく。連続性と断絶性の調和。その分節の呼吸によって、壁や天井などの建築要素が、ドアや、窓枠や、アアルトによってデザインされた家具たちや、暖房器具などとつながっていき、ひいては建築と人間そのものの存在を調和させるのである。

全てが奇妙に独特でありながら、その全てが必然としてそこに在ること。何ものをも押し付けずに、おおらかな多様性を礼賛すること。

2019.10.20　大阪

現代において意味のある「リアリティ」とは何か？

アムステルダム　二〇一九年十二月

アムステルダムに来ている。イギリスの建築雑誌『Architectural Review』が毎年行なっている「AR Awards」の一部門「AR Emerging Architecture（AREA）」の審査委員として、ショートリストに選ばれた十六組の建築家たちのプレゼンテーションを聞くためである。

AREAは、ぼく自身も一〇年以上前に選ばれた賞で、それが海外での自分の建築の認知を大いに広げるきっかけのひとつになった、思い出深い賞である。ぼくたちの頃は、応募のプレゼンパネルを送って、そのパネルを元に審査が行われ、結果が突然送られてくる、というスタイルだったはずだ。その後十二月初旬にロンドンで受賞パーティーがあり、確か初めてロンドンを訪れたのが、その授賞式のためだった。

何年前からか、その一方向の審査スタイルが改められ、こうしてショートリストに選ばれた建築家たちが審査委員の前でプレゼンをし、さらに対話をすることで、最終的なWinnerが選ばれることになったという。

プレゼンは小さな会議室のような場所で行われたので、プレゼンと審査というよりも、世界中から集まった魅力的なプロジェクトについて、親密に時間をかけて話を聞き、状況をしっかり理解する、という有意義な時間となった。それらのプロジェクトは実に多様で、今の世界の様々な問題に根ざしていて、それゆえに現代という時代が抱える建築のあり方を深く問うことになった。

現代という時代について、とても本質的な問いが多く含まれていたこともあり、このエッセイの場を借りて、そこで繰り広げられた議論や思考を、ぼくの解釈も含めて記録しておきたいと思う。この賞自体は、他誌の主催するものであり、ショートリストは『Architectural Review』のエディターが

◁審査は霧のかかったアムステルダムで行われた

840
Heineken
LAVAZZA
MX

選んだものだから、『GA JAPAN』でそれを取り上げるのはどうなのだろうかとも思ったが、建築の未来を真摯に思考し、それを若い世代と共有することが建築界全体を豊かにしていくはずだと信じているので、両誌ともに、その思いには共感してくれるに違いない。

まず印象的だったのは、十六組が世界の様々な場所から来ているということだった。そして、彼らが自身の言葉で直接語るプロジェクトの背景や意図は、それぞれに異なる状況の一つひとつについて、写真を見ていたのでは理解できなかったリアリティを持って共有することができた。まるで一日のうちに自分が世界中を移動しながら、世界の様々な問題や現実を見聞きし、その背景から生まれてきた建築たちを追体験しているような感覚だ。これは、このこじんまりした会議室での親密なプレゼンと議論なしには、決して生まれなかった感覚にちがいない。そしてそれぞれの状況が、本当に、実に様々なのである。それぞれが異なり、それぞれがリアリティを持って現代を照らし出している。

コロンビアから来たCAUCE Arquitectura del paisajeは、メデジン市の中央を流れる河川に沿ったランドスケープの提案を持って来ていた。それは単なる河岸の整備ではなく、現地の治安、都市文化、遥か以前につくられた高速道路が河川と街を分断し、両岸の都市を切り離して放置していた歴史、貧困、格差など、様々な現実を引き受けた上で、その高速道路を地下化して、再び街を結びあわせ、人と自然と河をつなぎあわせるという提案だった。それはメデジン市そのものを全く新しい形で生まれ変わらせる可能性を秘めた野心的な計画であり、それを担っているのが、コンペで勝利したこの若い建築家なのである。

六年前に始まったこの計画は、最近ようやくほんの一区画が完成したところだ。それによって人々の意識がまさに変わりつつあるという。そしてこの先三〇〜四〇年の歳月をかけながら、計画は進行していくそうだ。ぼくはその時間の感覚の長大さと、この計画が起こしつつある人々の生活の変化のリアリティの対比に、めまいがする思いがした。彼自身は、半ば達観しているのか、「自分がこのプロジェクトを全てデザインすることはできない。多くの建築家が関わってくるだろう。そこに自分も関わり続けたい。おそらく一生をかけたプロジェクトになるし、それでも完成しないかもしれない」と言っている。彼は自らの意図を超えて、近代的な意味での建築家を超えた存在になっているかのようだった。社会と歴史の中で建築することの本質のひとつを垣間見た気がした。

トルコから来たSO? architecure & ideasも印象的だった。夫婦でプレゼンした彼らは、小さな鶏小屋から海に浮かぶ仮設災害住居（イスタンブールの周辺も地震への備えがリアルな問題なのだ）、そして旧市庁舎を図書館に変貌させるプロジェクトまで、実に様々なことを試みている。一見行き当たりばったりに活動しているようにも見えるが、その背後には、どんな状況にも建築的な介入が可能なのだという彼らの楽観的でポジティブでパワフルな姿勢が感じられる。これは実際にプレゼンをしているその様子から強く感じられたことだからこそ、トルコの容易ならざる政治経済状況の中で、新しい建築の領域を本能的に、楽しげに開拓していく姿には共感を持つことができた。

メキシコからは対照的な二組が選ばれていた。COMUNALは、伝統的な素材や建築が失われつつある小さなコミュニティに深く関わって、その伝統が地域の人々の手によって現代的に持続していく方法を模索していく。その深く徹底した関わりにぼくを含めた審査員全員が感銘を受けた。新しい建

EUROPABOULEVARD

nhow Amsterdam RAI Hotel　設計：OMA

築法規によって主構造材が現代的な素材にならざるを得ない時に、鉄骨と竹と伝統的ブリックの共存が模索された結果生まれた住宅プロジェクトには、その不断の試行錯誤からしか生まれないであろう不思議な新しさがあった。

もう一方のメキシコの建築家Estudio MMXは、住宅建築などでしっかりと実績を積んでいる一方で、都市的なスケールに対して、仮設足場やレンガアーチなど、ヒューマンスケールなテクトニックを新しい感性で展開することで、人間と都市空間をつなげるような試みが面白かった。

チリのBeals Lyon Arquitectosは、チリらしい正統的な建築的操作によって、都市広場と役場と公園を融合した場所をつくり上げていて、それは周辺の都市空間の確かな読み取りと公共空間に対する安定した意識が共有されていることを感じさせてくれた。

ウガンダと日本を行き来しながら活動するTERRAIN architectsもとても印象的だった。母国の日本から遠く離れた地で、その気候と文化に大いに刺激を受けながら、日本的なる建築的感性が変容し、まさに現在進行形で新しい何かが生まれてくる様をリアルタイムで見ているような、そんな感動があった。

ブラジルからはEstúdio Gustavo Utraboが、アマゾン地方でのプロジェクトを持ってきてくれた。メキシコのCOMUNALと似て、状況そのものの困難さが、彼の建築を鍛え上げていることが感じられる。大屋根のドミトリーのプロジェクトは圧巻だった。

こうして書いていくと、世界の容易ならざる状況の中で、もがきながらもなんとか「建築」を成り立たせようという案にやはり目がいってしまうことに改めて気づく。実際、賞の行方も、最優秀賞と優秀賞二点にはメキシコの二組とブラジルがそれぞれ選ばれた。その現実は翻って、「では、そのような困難が表面的には見当たらない地域での建築は、どのように可能なのか？」という問題をあぶり出す（そこにはヨーロッパやアメリカ、そして日本もそのうちに入るであろうか。実際には困難は見当たらないと思われているだけなのだが）。いかにして建築の本質的な問いを立てることができるのか。どのような問いがリアリティを持って共有され得るのか。

実際、フランスから来ていたRAUMは、建物として質の高いプロジェクトだったが、それがその方法でそこに建つ必然性という意味で、決定打に欠けている。SO-ILはSANAA出身だけに現代的な表現は秀逸だが、上記のような抜き差しならないコンテクストから生まれる建築たちと比べると、どこかふわふわとしていて迫ってくるものがない。スペインのFRPOにいたっては、それぞれの状況にスタイリッシュに応答することを無意識的に繰り返しているようにしか見えなかった。

中国からの二組は、それぞれ対照的な現代の難しさを体現していた。

OfficeOffCourseはまさに中国という状況の苦悩といったらいいだろうか、造形センスも良く、適度に場所の意味を取り込んでいるが、そこには「思いついたものがそのまま建ち上がってしまう」ことの困難さがありありと見て取れた。批評的に建築が鍛え上げられることなく建ち上がってしまう時、そこにもはや必然性は現れない。

もう一組のLUO Studioは、意識的か無意識的か、中国的な状況に抵抗するかのように、仮設性や、地域に根ざした小さな建築たちを試みていたが、自分が批評しようとしている状況自体に目移りしてしまっているかのように焦点が定まらず、やはり思いついては手当たり次第に建ち上げているという風に見えてしまう。

デンマークから参戦していたlenschow & pihlmannは、なんとか建築の必然性に根差そうとするかのように、古い民家を手掛かりにしていたし、イギリスのO'DonnellBrownやアイルランドのClancy Moore ArchitectsとTAKA Architectsも既存建物との関係や、伝統的な屋根の形などを手掛かりに模索している。大きなコンテクストが不在の彼らヨーロッパの建築家は、既存建物という歴史性になんとか望みを託しているのかもしれない。それは現代日本で、リノベーションが共感を得ているのと近い感覚なのだろう。

こうして振り返ってみると、改めて、ぼくたちは今、建築のリアリティの危機に瀕しているのではないだろうか。新しい建築言語が様々に試みられ、忘れ去られていく中で、それでも意味のある「リアリティ」とはなんだろうか？　日本やヨーロッパに差し迫ったリアルなコンテクストがない、などというのは、状況の表層しか見ていないぼくたちの単なる錯覚にちがいない。歴史的建築や既存建物を手掛かりにするばかりがリアリティではないはずだ。このような時代だからこその建築のリアリティを模索すること。今回の審査を通して、社会と建築の関係が少しずつ再定義されているのを感じ取ることができた。そこに新しいリアリティを見出していくことができないだろうか。

ぼくたちは悲観する必要はない。この危機は、必ずや何かを生み出すだろう。

2020.2.6　カラチ

現在の分断から未来の統合への希望

カラチ　仙台　二〇二〇年二月

カラチ

パキスタンのカラチに来ている。昨年の春にコンタクトがあったプロジェクトの契約・送金などがようやくクリアされて、敷地調査とクライアントとの最初の打ち合わせである。

パキスタンを訪れるのは初めてだ。パリで諸々の仕事をしたのち、ドバイまで飛ぶ。ドバイからは日中のフライトなので左の窓側席からペルシア湾が狭く蛇行するホルムズ海峡が見えてくる。その先はイランだ。まだ訪れたことのないその国は、美しい青い海の向こうに明るく輝く砂漠色の明瞭なコントラストで見えている。イランの東隣がパキスタンだ。国際情勢の中でさまざまなことが起こっているこのエリアだが、ただ青と黄褐色のみの世界がどこまでも続く感覚が美しく記憶に焼きついた。

飛行機が徐々に高度を下げていくと、アラビア海に面したカラチの街が見えてくる。周囲と同じ砂漠色の中にレリーフが刻まれたかのように、幾何学的な街路やピクセルのような建物の陰影が見えてきて、ようやくそれが都市だと認識できる。さらに近づくと、現代的な高層ビルも幾つか建っている。ぼくたちのプロジェクトも、事前に聞いている情報によると一〇〇〜二〇〇メートルの高さの複合建築となるはずで、そうするとこの街の風景にとって重要な存在になるはずだ。そんなことをあれこれと考えているうちに到着した。

パキスタンの市街地は、上空から見ていた砂の立体彫刻のような雰囲気とは違って、意外なほど普通に現代的であった。ただ、ホテルやある程度の規模の施設では、テロ対策のセキュリティチェックのために建物全体が塀で囲まれていることが多い。小規模な小売店などは道に面して建っているが、規模が大きくなると難しいという。現にぼくたちのプロジェクトも、地上階は商業施設が入る予定なのだが、日本やヨーロッパなどで普通に提案される「街路に開いた魅力的な商業空間」というものが、そもそも不可能なのである。現地の人たちと話をすると、それでも以前はそういう都市生活があったという。そして彼らはいつの日か再びそのような安全な日常が戻ってくることを願っているのだ。だから竣工時には壁で閉ざされなくてはならない地上階部分も、その未来の希望のために、開かれた魅力的な街路空間へと生まれ変わることができるように設計してほしいということだった。そこには建築的な枠組みを超えて、治安や統治機構、周辺街区への影響、建築と街路の関係など、さまざまなレベルの問題が複雑に絡みあった本質的な「人間のための場所」への問いが垣間見える。

敷地はカラチの中心部にある一〇〇メートル四方ほどのエリアで、ほぼ四周が道路に囲まれている。周辺の道路はラッシュアワーには大渋滞だという。その立地でオフィスやホテル、集合住宅と商業施設が複合した建物を計画するのだから大変である。行政側も、クライアントに渋滞シミュレーションを課して対策を検討させているらしい。打ち合わせの途中に交通エンジニアが合流して、詳しく説明してくれる。コンピュータによる渋滞のシミュレーション動画も見せてくれる。そうして最終的に、この計画自体が車の量を飛躍的に増加させるので、敷地を周回する道路のうち二つの交差点にバイパスを設置しなくてはならないという。交差点に進入する道路の一方を地下に潜り込ませ、信号なしでスムーズに通過させるあのバイパスだ。念のため施主に、そのバイパスは誰が設置するのか、と聞いてみると、当然自分たちだという。確かにこれができれば先ほど見た慢性的な渋滞は解消されそうだ。とはいえ敷地外の道路の立体交差も含めて施主が計画するのか。この地では、都市インフラの改善と建築の計画が切り離すことのできないものであり、魅力的な居住環境をつくるには、周辺の街路や交通も含めた総体としての都市・建築計画が必要なのである。

この総体としての建築という感覚はとても重要な気がする。ぼくたちも、ここ最近はフランスや中東で、都市のマスタープランと建築の提案がセットになったプロジェクトに関わる機会が増えてきた。ただそのような場合はたいてい、ある大きさのエリアがほぼまっさらな敷地として設定されていて、その中に車や歩行者の道を通して街区を設定し、さらにその街区に個々の建物を設計する、ということになる場合が多く、ある意味ではこちらが全てコントロールできる状況である。一方で今回のカラチの場合は、なんというか、既存の街が持つ現実の圧倒的な力を周囲に感じながら、そこから切り離して建築のみを考えるのではなく、その力強い周辺を引きずりながら共に前へと進むような、そんな感覚がある。建築とは常に、その断絶と連続の両方を含み込んだ存在なのだろう。

先ほど書いたように、建物が高層になることもあり、このエリアのアイデンティティを書き換えるものにならざるを得ない。施主からは、現代的でありながら、同時にパキスタンの歴史に接続するものであってほしい、という要望を受けている。そこには面的な広がりだけではなく時間軸をも包含する総体という感覚が浮かび上がってくる。よりリアルな分断と統合性が幾つも重なりあって生まれる総体。

仙台に来ている。ここ数年講師として続けている東北大学の修士設計の最終講評会である。東北大学の修士設計は、論文と設計を組み合わせた形で一年間かけて行われる。論文的な要素があるので、思考力を鍛えることができる一方で、設計が論文的な方法に引っ張られてしまい、苦労する例も毎年ある一定数見かけることになる。そこに現前するのは「優れた建築はさまざまに分析することができるが、ひとつの分析からは、たとえそれが優れた考察だとしても、それのみからは建築をつくり上げることはできない」という問題である。それは建築の持つ総体性、統合性と関係している。

修士設計を発表した学生の一人は、ヨーン・ウッツォンのバウスヴェア教会の空間を分析することから始めた。自ら訪れて感動し、その良さを分析を通じて深く知りたいという思いからだ。建築の分析が面白いのは、ひとつの建築が、無数の異なる興味深い視点と分析を可能とする点だ。より多様な分析を可能にする建築は、より豊かな建築と言えるかもしれない。そしてそのような分析は、いつも自分自身で新しい建築を思考する時のインスピレーションとなってくれる。優れた分析は、影響力を持って多くの建築家を導いてくれるものだ。ぼく自身も大いに感銘を受けたコーリン・ロウの「透明性」の分析などは、まさにその最たる例のひとつだろう。

しかしここで大きな問題がある。たとえそれが優れた分析だったとしても、その分析を逆回しにしていけば優れた建築に到達できるかというと、それは全く不可能なのである。コーリン・ロウの「透明性」をもってしても、それは不可能なのだ。

なぜなのか。それは優れた建築とは、無数の異なる項目の、さまざまな相互関係の奇跡的な調和の総体として成り立っているからである。それはスーパーコンピュータをもってしても解くことができないような複雑な連立方程式以上に、さらに複雑な総体としての思考が必要な何かなのだ。そしてある建築を分析するということは、この複雑な総体としての建築を、仮にひとつの視点で解き明かしてみる、という試みである。その試みが鮮やかに決まったとしても、その元の建築自体には、そのような鮮やかな視点があと数百も眠っているかもしれない。それが建築の総体というものの多様性と統合

なのだ。だからと言って、ぼくは建築を分析するのは意味がない、などとは思わないし、建築を言語で解き明かすことが不可能だとも思わない。むしろそのような試み、建築という不可思議な存在を言語と仮説を用いてさまざまに解き明かすことは、建築の理解を豊かにしてくれるし、自分自身の思考の力を高めてくれる。

その上で、その先に挑むのが建築である。そしてその先には、真に「建築的な統合」でしか太刀打ちできない世界の複雑さが待ち構えている。そして面白いことに、こんな複雑で多様な世界が、ある時、ごく稀に、建築によって、鮮やかに、シンプルに、統合されることがあるのである。だからぼくたちは、建築を信頼していい。そこに身を任せてよい。それは可能なのである。

東北大学の修士発表では「陶芸と建築」というタイトルの発表もあった。陶芸的に建築を考えられないか、という発想から、一年間陶土を捏ねながら思考した作品だ。ここには別の可能性が開かれていた。手で直接陶土を捏ねてつくられる形や存在は、建築とは異なる意味ではあるが、すでにそれ自体がある種の複雑な統合体であり総体である。そして手と素材の間の複雑な相互関係は、単純化された思考の邪念が入り込む余地がないほどの圧倒的な他者として目の前にシンプルに現れる。最終的に、それが建築になったのかどうか、ぼくにはわからない。おそらく作者の中でもそこまでは至っていないのかもしれない。それでも、ぼくには、この複雑さと単純さの同居した陶芸という存在が、案外、本質的な意味での建築の総体に近接してきているのではないか、と感じられて期待が高まるのを感じたのだった。

ぼくが初めて訪れる場所で受ける圧倒される感覚は、そういう建築の総体としての大きさを改めて実感させてくれる。だからさまざまな状況でのさまざまなプロジェクトに関わるのはとても刺激的だ。同時に、ある学生の提案が、建築の難しさや意外な可能性を教えてくれるのもまた、刺激的だ。そのどちらもが、その先のどこかで「建築」というものの本質に触れているに違いない。

2020.2.27　パリ

固有と普遍に同時に存在するもの

光の教会　二〇二〇年四月

世の中がざわついている。

コロナウイルスである。これを執筆しているのは四月の第二週。数日のうちに緊急事態宣言が発令されるのではないかと言われている。すでに三週間前にパリが外出禁止となり、ぼくたちのパリ事務所は完全リモートへと移行している。東京事務所も先週からリモートワークとした。普段から各地を移動しながらメールでやりとりしている生活だったため、リモートでも設計業務はそれほど変わらない印象だ。ただ模型やサンプルを確認するためには、やはり現物を見なくてはならず、幾つかの現場も変わらず進行している。建築というものはどこまでも概念と実物の間を、思想と生活の間を行き来するものなのだ。

こうして世の中がざわついてくると、自分の心持ちや思考もざわざわしてくる。単にコロナの影響が、仕事や普段の生活の上に靄《もや》のように停滞しているだけではなく、それによって社会全体がなんとも言えない警戒感と停滞と、どこへ向かうでもない不毛な高揚によってざわついてくるこの状態が、個々の心持ちを揺さぶるのであろう。

この感覚は、二〇一一年の東日本大震災の後を思わせるようでもあるし、全く異なるようでもある。すでにポストコロナの時代がどうなるのかという議論が現れ、社会は決定的に変わってしまうと言われたりする。働き方や人と人との関係性が確実に変わるなどという話もある。しかしぼくは、それらの話には今の所は与しないでおきたいと思う。これらの「何かが終わり、何かが始まる」というような議論に対して「そうだろうか?」という疑問を投げかけることすらせずに（その疑問自体がすでに当の議論の土俵を肯定していることになりはしないか?）、ただこの奇妙な世界にじっと耳を澄ましていたいと思う。

それは社会から身を引いて、自分だけが冷静であるなどと主張することとは異なる。自分をリスクの外側に逃がす行為などでもない。なぜなら建築とは、社会の只中にいて社会に耳を澄まし、その本質を見極める作業だからだ。今はこの動揺の中に飛び込みながらも、その動揺に振り回されることなく、動揺の反動に揺り動かされることなく、じっとその状況を見据えることが求められている。

このように社会が慌ただしい時、それは社会が慌ただしいのか、その慌ただしい社会に揺さぶられている自分自身が慌ただしいのか、それともその両方が慌ただしくて定点が失われているのか、見極めるのは難しい。だからこそここは静かに、じっと目を凝らし、耳を澄ましていたいのだ（そもそもその社会とはなんだろうか？）。

このような危機に瀕して改めて、建築というものの残酷さ、非情さ、それゆえにこそ人間社会の根底たり得ている図々しさを感じる。建築とは、ある意味ではとても社会的でありながら、同時に軽々と社会を超えていってしまう存在だ。もっとも現実的な自分たちの日常生活の場でありながら、同時に奇妙なほど現実を超えて一〇〇年後の世界にその存在を晒してしまうのがこの建築というものなのだ。それは現世の人間に寄り添いながら、同時に現世などというちっぽけなものを超えてしまう。そんな残酷さを持ち合わせている。

こんなふうに社会全体がざわめく時、平時には様々なものの陰に隠されていた物事の本質が露わになるものだ。そして今回の騒動は全世界的な広がりを見せているがゆえに、その暴かれた本質は、他の文化、社会、風土、歴史などとの比較によって、より残酷に浮かび上がってくる。醜いものはより醜く、目も当てられないものはより目も当てられなく、恥はより恥となり、美しいものはより美しく、勇敢なものはより勇敢に、気高いものはより気高く現れる。それはまるでボルヘスが語ったかのように、この一瞬に、その人間の、社会の、歴史の本質の全てがありありと現れるかのようだ。

なにより驚いたのは、この日本という国は、ほぼ世界で唯一と言っていいほどに、国としての、つまり大きな組織としての仕組みが「仕組み化されていない」ことが露わになったことだ。組織としての意思の決定手続きが、どこまでも先延ばしにされていき、意思決定の合理的な理由はどこまでも曖昧にされ、いつ、誰が、なぜ、どのように、何を決めるのかの全てが霧の中なのである。これは誰か特定の個人の問題であるというよりも、むしろ仕組みの問題だ。そして仕組みが問題であるということ自体が問題視されないという、さらに奥深い問題がある。永遠に問題が問題として浮上してこないまま、世の中が動いていく。

ぼくは驚いた。自分が生まれ育ったこの国、自分の感性や思考を大きな枠組みで形づくってきたであろうこの国が、本質的な部分で、仕組みのないまま、ふわふわと色々なことに気を使いながらなんとなく物事が決まっていくという方法で、近代以降の、あるいは戦後の社会を曲がりなりにも乗り切ってきたということに。確かに、日常生活の中でも、薄々、そういう雰囲気を感じることはあった。しかし、物事には大抵理由があり、問題がある時にはその解決を探り、なんとか世界の秩序を維持していく、という合理的な思考とは対極のやり方で、この一億人以上の国家（そもそも国家と言っていいのだろうか）が維持されてきたことに心底驚いた。

良い、悪いの問題はひとまず置いておきたい。今後このコロナ問題が現実のますますの被害によってさらなる悲劇を生み出す時、その点において良し悪しは決定的に議論されるべきである。しかしそもそも、これほど巨大な機構が、仕組みなしに維持され得るものだろうか？　そしてその問いはそのまま、ぼくたちが属していて、言及し、そのために建築をつくっている相手である「社会」とは何者なのか、という問いにつながっていく。

すでにこのエッセイでも、ぼくは何度も「社会」という言葉を使ってきた。ぼく自身が属し、ぼく自身の思考や価値観の全ての根底が拠り所としているであろうこの社会。もしその社会というものが、そんなにもふわふわとして、仕組みのないものだとした時に、そして明らかに西洋文明のつくり上げてきた社会というものと明確に異なるとした時に、ぼくたちの依って立つ社会とはどの社会を指しているのだろうか？

ここ一〇年ほど、建築と社会の関係ということが事あるごとに言及されてきた。特に東日本大震災以降、日本においてそれは大きなテーマのひとつだった。しかしその社会がもし、かくも不明確なものとして立ち現れた時、それでも建築はその社会との関係を模索すべきなのだろうか？　東日本大震災のあと、伊東豊雄さんと陸前高田で「みんなの家」を模索した時、そこには確かに、原初の共同体が再び立ち現れるような力強さがあった。それは確かに社会の始まりであった。それゆえにぼくたちは、その社会に全幅の信頼を置いて人々の言葉に耳を澄まし、眼に映るもの全てに目を見開き、その先の建築を思考した。

みんなの家　設計：伊東豊雄+乾久美子+藤本壮介+平田晃久

今、ぼくたちの言う社会は、どこに根ざしているのか。どこまで遡ればそれは社会と呼べるものに行き着くのか。そもそもすでに数十年もそのような社会の中で活動を続けてきたぼくたち自身が、その危うい社会による危うい産物なのではないだろうか？　ロラン・バルトが想像力豊かに見出したこのはるか東の架空の国の文化は、その豊かさと同時にその危うさを共に抱えながら、今まさにこの社会のゆっくりとした凋落と共にただ歩むしかないのだろうか。

あまり希望に満ちたことは言えない。しかしそれでも、その危うい両立ゆえに日本の建築と文化が評価されてきたのも事実である。ぼく自身が海外で仕事を依頼される理由でもあるだろう。建築が人間社会の基盤をつくるものであるのなら、曖昧さにひたすら逃げ込むのではなく、そこに曖昧さと明断さの両立するような、新しい文明の形をかすかにでも提示することができるのではないかと思いたい。

安藤忠雄さんの光の教会を初めて訪れた。

もっと早く訪れるべきだったたと悔やむと同時に、今この時に訪れたことが大きな救いでもあったと思えた。

それは本当に稀有な、時間を超えた建築だった。近隣の信徒の方々と共に礼拝に参加した。それは今この瞬間の人々のための場所であり、同時に時間を超えた永遠へとつながる場所だった。光の十字架は、足を踏み入れた瞬間は無限遠の光かと思える抽象性と永遠性を持っていながら、一歩一歩と木製の床をふみ鳴らしながら近づいていくと、その光のにじみが目を覆いながら次第に向こうの日常の風景が差し込んできて、街と日々の活動をつなぐ架け橋となっていく。そして何より、圧倒的なプロポーションである。この空間の凛としたプロポーションが、安藤さんの建築を特別な世界へと引き入れていく。昔、水の教会を訪れた時にも思ったが、単なる四角い空間が、なぜこれほど特別な感覚を呼び起こすのだろうかと不思議なくらいだ。そこに光が差し込む。その光が求める精緻なプロポーションが、ここにはある。光と空間。どこまでも本質的で単純なゆえに、固有の時間に属しながら同時に全ての時間へと属しているような、そんな建築の永遠性を感じることができる。

このざわざわした不安定な時代にあって、それでも特別な建築はそこにあり得るのだ。それは社会に根ざしながら社会を超え、不確かな我々を包み込みながら確かな光に開いている。

光の教会　設計：安藤忠雄

2020.6.1　東京

㉞

偶然性の重なりがつくる多様性／意図がつくるもの、意図を超えて手がつくるもの

二〇二〇年六月

この二ヶ月、ほぼ家と近所の仮の仕事場とにこもっている。仕事は問題なく進んでいる。家族と過ごす時間が格段に増えて、先日五歳になったばかりの息子といろいろ遊んでいる。

幼稚園もしばらく休園だったので、家にこもって遊ぶことができるものとして、まず二人でハマったのが恐竜のペーパークラフトだ。動物や乗り物など幾つものシリーズがあって以前から楽しんでいたのだが、この休みに恐竜への熱量が増してきた。実はぼく自身も、息子と同じくらいの歳の頃に、恐竜に熱中していた。当時のぼくは、油粘土でたくさんの恐竜をつくってリビングに並べて飾っていた微かな記憶があるのだが、今思うと、油粘土の強烈な匂いを親はよく許してくれたと思う。そしてその恐竜たちが、ぼくにとっての「手を動かして」「ものをつくること」の最初の原風景なのである。幸い、息子はペーパークラフトなので、家は臭くならない。このペーパークラフトのシリーズはとてもよくできていて、二次元の紙が、切り抜きと曲げ、差し込みだけで、豊かな曲面を持った恐竜たちに変化するさまは、建築家のぼくにとってもとても面白い。息子も徐々に上達していって、今ではほとんど一人で組み立てられるようになっている。面白いのは、一度組み上げた恐竜や動物たちを、しばらくするとバラバラに分解して元の平らな状態に戻して、また組み立て直したりしている。平面と空間と時間の間を、自分の手を使って行き来する楽しみがあるのだろうか。

それにしても、改めて恐竜というのは実にいろいろな姿形をしている。ステゴサウルスとトリケラトプスとティラノサウルスとブラキオサウルスは一見して全く異なりながら、しかもそれぞれが強いアイデンティティを放っている。一方で、ケントロサウルスとステゴサウルス、トリケラトプスとスティ

レゴによる造形

ラコサウルスは仲間であることが明確で、しかし程よい差異を持ってそれぞれの主張をしている。そしてこんなに違った個性的な形をしていながら、それでも全ての恐竜はやはり似ている。統一性と多様性の両方を獲得しているのだ。そして何よりもこれらの恐竜が生きていた時代というのは、三畳紀の始まりがほぼ二億五千万年前であり、その後ジュラ紀を経て白亜紀末の有名な絶滅が六五〇〇万年前であるから、ほぼ二億年にわたって、いわゆる恐竜たちが様々に進化し生き続けていたわけだ。それに比べてその後の哺乳類の多様化はいまだ六五〇〇万年ほどであり、もちろん人間の文明などは五〇〇〇年前後であろうから、この時間スパンの違いにくらくらする思いだ。恐竜が生きた期間は、人類文明のざっと四万倍の長さなのである。そしてその背後には、さらなる生物の多様性が広がっている。三八億年前とも四〇億年前とも言われる生命の発祥から、カンブリア紀などを経て進化していく植物や昆虫などを含めた全生物のこの多様な世界を想像する時、改めて、ダーウィンの進化論のヴィジョンの奥深さに震える思いがする。

ぼくはもともと中学高校時代から自然科学や数学への興味と憧れを抱いて今に至るが、その自然科学の理論の中でも、アインシュタインの相対性理論、ハイゼンベルグの不確定性原理、ゲーデルの不完全性定理などと並んで、圧倒的な力と魅力を備えたものとして、ダーウィンの進化論に感銘を受けてきた。その最も驚くべき点は、精緻な理論の中核に「偶然性」といういかにも頼りなげなものが、明確に位置付けられている点だ。とてもシンプルな理論が、この目眩のするような生物種の多様性をつくり出していく、その核にあるのは「偶然の変異」である。「たまたまそうなった」ことの無数の繰り返しのみが、この驚くべき多様性を生み出していく。生物の多様性が環境の多様性を生み、その環境の多様性ゆえにさらに生物が多様化していく。二〇年以上前、まだ建築家としての仕事がそれほどなかった時期に、リチャード・ドーキンスやスティーヴン・ジェイ・グールドの著作を好んで読んでいた。建築とは直接関係ないが、その背後にある、ダーウィンの思想、シンプルさと多様性が偶然性という鍵によって驚く形で統合される様に魅了されていた。

さらに思い返してみると、建築家としてのキャリアの初期には、この自然科学理論的な「シンプルな方法で多様な場所をつくる」ということに憧れていたと思う。それを文字通りつくることが面白い建築だと思っていた節もある。その思いによってこそ生まれたものもあるはずだし、それを経ての今の自分があるのも確かなのだが、ある時期からダーウィンの理論をそういうシンプルさと多様さの閉じた理論として捉えるのではなく、むしろ「この世界の豊かさは、いろいろな〈たまたま〉が重なりあってできているもので、自分のつくるものも、そのたまたまのひとつである」という認識に変わってきたように思う。それは別に諦めということではなく、むしろ、だからこそ、そのたまたまの一回限りの尊い連鎖としての歴史や場所性に耳を澄まして、そこにたまたま関わっている自分というものの小ささと尊さを同時に見るという意識なのである。閉じた世界でのみ完璧に機能する理論ではなく、世界の冗長性に開かれた理論ゆえの豊かさというものに、より親近感を抱くようになったのだ。そして現実の都市や社会の持つ多様性というものが、無数の偶然の重なりによってより奥深く味わいのある豊かさをつくり出していることに魅力を感じて、そんな建築をつくりたいという思いが増してきている。終わりのない「たまたま」の連鎖の中に「たまたま」の、しかし驚くべき小さな一歩をしっかりと踏み締めたいと思っているのかもしれない。恐竜が鳥に進化した最初の一歩、水生生物が最初に

レゴによる造形

陸に上がった時、またカンブリア紀の笑ってしまうような多様性の爆発でもいい。そんな一歩をいつも踏み出したいと思っている。

息子との話に戻ろう。恐竜と並んで以前からのスタンダードはレゴである。数年前から、息子はレゴのDUPLOという幼児向けのシリーズで遊んでいた。これは一つひとつのピースが通常のレゴよりもかなり大きくつくられており、小さな子どもでも簡単に付けはずしをすることができる。そして先月五歳になった息子は、今や通常サイズのレゴブロックと、それからLEGO TECHNICというやつで遊び始めている。ぼくも一緒になってつくったり遊んだりするのだが、これら三種類のレゴは、それぞれがそれぞれの特徴を持っていて面白い。DUPLOは解像度が荒い。そして荒いゆえの抽象的な魅力がある。ブロックを適当に幾つか積むと柱のようになるが、解像度が荒いゆえに、それは柱でなくてもいい、むしろこれから壁になるのだ、乗り物の奇妙に背の高いボディになるのだ、恐竜の首になるのだ、という冗長性と意味の解放性を常に持っている。それゆえに、考える前に手がどんどん動いていって、そのあとで意味を見つけ出していくという面白さがある。

対してレギュラーサイズのレゴは、精緻である。それは引き続き創造的な抽象性を持っているが、DUPLOほどの他者性はない。むしろ意思を持って何かをつくっていくという感じである。ピースが小さいゆえに、その自由度は格段に高い。しかし逆にいうと全てこちらがつくらなくてはならないというジレンマもある。DUPLOであれば「できてしまった」何か、というものがあるのだが、レギュラーサイズのレゴは、小さなスケールでは「できてしまう」アクシデントに満ちているが、大きなスケールではやはり意志を必要とする。

では TECHNIC はというと、それは「仕組み」である。可動部分や車軸なども含めてかなり複雑な機構を組み上げることができるがゆえに、その仕組みをしっかり考えてつくらないと機能しない。建築に例えるなら、TECHNIC は鉄骨や木造の柱梁構造で接合部の仕口や仕上げの下地などをしっかり理解していないと成立しないのに対して、レギュラーサイズのレゴは文字通り組積造か、あるいはより適切には粘土であろう。仕組みを気にすることなく脳内のイメージを現実に移し替えることができる。では DUPLO は何かというと、それはまだ空間と素材が分かれる以前の、いい意味でもっと曖昧なマテリアルである。それは脳内にさえ存在しない何かを探し当てるような感覚で、自分が意図を持ってつくることと何かが意図を超えてできてしまうこととの間を常に行き来するような感覚である。

レゴのカテゴリーとしては、大まかには DUPLO が幼児向け、少し成長してくるとレギュラーレゴ、さらにレベルの高い LEGO TECHNIC、となっているのかもしれないが、ぼくはそのようなレベルアップのカテゴリーと見るよりも、それぞれに異なる思考の相があり、人間が手を動かして何かを創造する時には、常にこの三つの間を行き来しているのではないかと思う。

建築を構想する時にも、まさにこの三つの相を行き来するのではないだろうか。それは基本構想―基本設計―実施設計という線形での移行のことではなく、どのフェーズにおいても、DUPLO 的な手探りの相と、具体的に形と意図の間で格闘する相、そして仕組みを含めた総体を見ながら思考する相が、同時並行で入り混じっているはずだ。逆にこれらのどれかだけに偏っているなら、それは本当の意味での建築的思考とは言えないだろう。

確かに息子も、もう五歳になるが、ときおりDUPLOのブロックを引っ張り出して何かをつくっている。そして数ヶ月前にはつくらなかったような斬新なものを、おそらくレギュラーレゴやLEGO TECHNICとの行き来や、そのほか全ての彼の経験から獲得されたであろう新しい思考と感性によって無意識のうちにつくり上げているのだ。ぼく自身は、なるべく息子には何かを意図的にやらせたりしないようにしているつもりだが、そうは言ってもやはり無意識の中で自分の価値観や面白いと思うことが表出してしまっているかもしれない。そんなぼくの狭い世界など気にせずに広々と育ってほしいと願っている。

2020.7.20　旭川

人間が一生を懸けるに値する仕事

パリ　シャルトル　バルセロナ　マルセイユ　二〇二〇年八月

今号に収録されている、日埜直彦さん、成瀬友梨さんとの対談の中で、日埜さんが「今の学生はCOVID-19で海外に建築を見に行くことができない、それは大きな損失なのではないか」というようなことを発言されていて、それを聞いた瞬間に、もはや普段あまり回想することもない学生時代のヨーロッパ旅行のことを思い出していた。あの時、あの旅行に行っていなかったなら、自分の建築家としての人生は変わっていたであろうか？　そうかもしれない。良し悪しではなく、何か別の思考をし、別のものをつくっていたかもしれないと思う。もしかすると、今よりももっとすごいものをつくっているかもしれないし、あるいは建築家になっていなかったかもしれない。ひとつの旅行に行くことが、あるいは行かないことが、または行けないことが（そして人生の選択の全てが）その後の人生を意図を超えたものにしていく。

あれは一九九三年、大学四年の夏休みだった。今からもう二八年も前である。どうしてその旅行に行こうと思ったのか。大学四年の夏には、ぼくは大学院には行かないだろうなと考えていた。だから夏休みに院試のための勉強をする必要はなかった。またその前年にヨーロッパ旅行をした友人がいて、とても素晴らしかったと熱心に語っていた。すでに二年ほど建築を学んでいたが、まだ自分の中に確たる建築の芯のようなものがあるわけではないことは自覚していて、それはかすかな不安となって自分の思考にまとわりついていた。そして当時作品集や雑誌などで夢中になっていたコルビュジエやミースの建築を、実際に見てみたいという思い、見れば何かが開けるのではないかという期待のようなものもあったかもしれない。

インターネットのない時代である。それまで国内でも一人で長期間旅行などしたこともなく、今でもそうだが当時はもっとビビり屋であったぼくが、それでも準備をして旅程を立てて、自分を鼓舞して、初めての海外旅行に出掛けたことは、今から思うと少し不思議である。何事もなしえない自分をなんとか超えたいと思ったのか。そんなに深く考えずに、若さゆえの勢いでなんとなく進めていったのか。ともかくも、一ヶ月をかけて、一人でバックパックとも言えない小さなリュックを背負って、フランス—スペイン—イタリア—フランスに戻る、という旅行に出発した。

何しろ二八年も前のことなので、記憶がだいぶ曖昧である。途切れとぎれの間がすっぽりと抜け落ちてもいたりする。それでも幾つかの情景は、不思議なほど鮮やかに目に浮かぶ。

格安航空券で、確か香港経由だったと思うが、早朝にパリに降りた。飛行機の窓から見下ろした香港の夜景と、すでに海外に出てしまったことへの漠然とした不安が記憶の奥に微かに残っている。

早朝のパリ、柔らかい朝日が差している。ノートルダム大聖堂の前のセーヌ河にかかる橋の上にいる。そこで見たパリの街の美しさは、生涯忘れることはないだろう。ヨーロッパの街とは、パリとは、こんなに美しいものだったのか。その一枚の情景だけが前後の時間と切り離されて記憶の中に浮いている。

そのままシャルトルへと向かった。大雑把な旅程は、パリに入り、すぐにシャルトルの大聖堂を見に行き、そこで一泊。そのまま鉄道で西へ移動しボルドーを経由してバルセロナまで至る。バルセロナで数日滞在したのち、再び鉄道で地中海に沿って南フランスを通りイタリアへ。ローマを始めイタリアの街を巡って再びフランスへと向かう。最後はパリに数日滞在して帰国、という予定であった。

シャルトル。昼頃に着いたのであろう。大聖堂横の食堂へ入った。フランス語もわからないし、当時は英語もあまり喋れない。見回すと隣の席に赤身の肉が山のように盛られた料理が運ばれてきた。これならヴォリュームもありそうだし美味しそうだと思い、同じものを、と注文した。真夏の昼に、観光客向けのレストランで、生肉のビーフ・タルタルを頼む、という、絶対に避けなければならない組み合わせを、ヨーロッパ初日からやらかしてしまっていた。これが翌日からの地獄を呼び込むことになるとは知る由もない。

シャルトルの大聖堂を旅程に加えたのは、確かフィリップ・ジョンソンが何かのインタヴューで、彼のもっとも好きな建築のひとつとして挙げていたからだ。しかし大聖堂の内部の記憶があまりない。有名な青いステンドグラスもあまり感銘を受けなかったようだ。ゴシックの大聖堂の素晴らしさを実感するのは、それから一〇年以上たってイギリスのカンタベリー大聖堂を訪れる時まで待たねばならなかった。

かすかに記憶に残っているのは、大聖堂の大きな柱の足元で、しばし眠ってしまったことだ。時差ボケだったのだろう、ひんやりした石の床に直接座り、柱にもたれているうちに、うとうとしてしまった。そこで夢に何かが出てきたりしたわけではない。建築の神様が舞い降りたりしたわけでもない。ただぼくのシャルトル大聖堂の空間体験は、そのわずかな時間のみが記憶の中に漂っている。

一ヶ月の旅で、なぜか宿泊はすべてユースホステルに泊まることにしていた。なぜだろう? なんとなくバックパックで旅行をする以上はそうしなくてはならないとでも思っていたのか。結果的にそれは結構キツかった。旅慣れない上に人見知りのぼくである。落ち着かない上に友達ができるわけでもなく、宿泊自体が苦行のようであった。それもあって、その一年半後に行ったトルコーギリシャの一人旅では、安いホテルを渡り歩いた。それはそれでまた大変だったが。

丘の上に建つシャルトル大聖堂を、遠く背後から見上げている情景も、一枚の絵のように覚えている。ユースホステルがそちらの方角にあったのだろうか。

翌日、鉄道でボルドーへ向かう。しかし乗車後程なくして、悪寒、吐き気、腹痛、発熱が押し寄せ、汽車の座席とトイレを往復する。この時点で、前日のお昼に食べたあの山盛りの生肉を後悔した。しかし進むしかない。ボルドーでは当時大好きだったジャン・ヌヴェルのホテル・ル・サン・ジェームスを見たいと思っていたが、建築を見るどころの状態ではない。そのまま南下してダクスという小さな街までたどり着いた。ダクスには、同じくヌヴェルが設計したホテルがあるのだ。それほど有名な作品ではないかもしれないが、外観が全て木製の鎧戸で覆われているヌヴェルらしい良作だ。ホテルにたどり着いて宿泊できるか聞いてみると、空いているという。七月末か八月頭だったと思うが、宿泊客が一人も見当たらない閑散とした空気感を記憶している。体調は相変わらず最悪なので、ともかくもチェックインし、そのまま眠ってしまった。どのくらい寝たのだろうか。目が覚めたのはもう夜中だった。木製の鎧戸は閉められたまま、窓が開いていて、ホテルの前を流れる河の音が聞こえる。外の街灯か何かの光が、鎧戸越しに部屋の中に差し込んでいる。そのままた眠りに落ちた。

翌朝、一階に降りていくと、やはり人がいない。食堂で朝ごはんがないかと聞いたら、オレンジ・ジュースならあるという。そのオレンジ・ジュースがとてつもなく美味しかったことが鮮明に記憶に残っている。

その日は、おそらくそのまま汽車に乗って、バルセロナを目指したはずだ。フランスとスペインの国境を超えるときに、もう暗くなった断崖の左下に地中海の海がかすかに感じられたのを覚えている。バルセロナに着いたのは深夜だった。

バルセロナを旅程に加えたのには、幾つかの理由がある。まず何よりも、ぼくが中学二年の時に、初めて建築というものを「建物」ではないものとして、クリエイティブなものとして理解するきっかけとなったアントニオ・ガウディの建築たちを見たいと思ったからだ。そしてミースのバルセロナ・パヴィリオン。さらに当時ぼくが好きだったエンリック・ミラージェスも見たいと思っていた。

数日の滞在でガウディはいろいろ巡ったが、カサ・ミラとグエル公園が印象に残っている。カサ・ミラの屋上の、写真ではわからなかった、建築を超えた地形のような街のような感覚に深く驚いた記憶がある。しかし本当にその屋上に行くことができたのかどうか、記憶が定かではない。その後何度か訪れた印象が混ざってしまっているかもしれない。ミースのバルセロナ・パヴィリオンは、正直に言うと、あまり感銘を受けなかった。それ以前の、図面で見ていた時には一番好きな建築のひとつだったはずなのだが、期待が大きすぎたか、実物を前に少し戸惑ってしまった。ミースを真の意味で理解するのは、二〇〇二年に訪れたベルリンで、黄金色に紅葉した木々に囲まれた新国立ギャラリーの圧倒的な空間に打ちのめされるまで待たねばならなかった。ミラージェスのプロジェクトはバルセロナ・オリンピック関係のものを幾つか訪れたはずだ。どれも半外部的というか、完成し切っていない感じがとても好きだった。

バルセロナの中で、なぜかとても記憶に残っている場所がひとつある。名前はもはや忘れてしまったが、正方形の街区が整然と並ぶバルセロナの旧市街の中で、その街区の中にふと足を踏み入れると、その中にまるで別世界のような華やかな広場が開けていたのだ。あの場所はどこだったのだろう。その後バルセロナには何度も訪れているが、再訪した記憶もない。奇妙なアナザーワールドのような場所だった。その四角い中庭の風景は、ぼくの卒業設計の中に、マルセイユのユニテとラ・トゥーレット修道院の印象とともに埋め込まれている。

バルセロナに滞在している数日の間に体調は回復し、再び鉄道で地中海に沿ってフランスへと移動した。目的地はコルビュジエが設計したマルセイユのユニテ・ダビタシオンである。

マルセイユに着いたのは早朝だった。駅から歩いてユニテへと向かう。けっこう遠かった記憶がある。そもそも、マルセイユのユニテは、例えばロンシャンやラ・トゥーレット、サヴォア邸などと比べると、空間性ではあまり特別な扱いを受けていないのではないだろうか。ぼく自身も訪れる前はそれほど注目していたわけではない。たまたま南仏を通過するということもあって、では見ておこうか、という程度の興味であった。しかしこの建物を目の前にして、確か建物の東側から全体を見渡していたと思うが、完全に圧倒されてしまった。何に圧倒されているのか、しばらくよくわからないまま、ただただ圧倒されていた。そうして「ああ、建築でここまで到達した人間がいたのか」、「建築というものは、人間が一生を懸けるに値する仕事なのだな」と素直に思った。

あの感覚が、今でも建築家としてのぼくを支えていると思う。建築という長い営みの歴史の中にあって、その歴史の全体を引き受けながら、それを少しだけでも未来へと進めていく。そのような大きな

カサ・ミラ　設計：アントニオ・ガウディ

視点とでもいうのだろうか。そこには、全てがあるような気がした。真面目さとおかしみ、重さと重さがないこと。具体と抽象。社会と個、生活と概念。空間と非空間。光と影。小ささと大きさ、過去と未来。たまたま旅程の関係で、このユニテがぼくにとってのル・コルビュジエの実物を見る最初の建物となった、そのことは幸運だった。

まだ旅程は半分も行っていない。この続きはまた次号へ。

ユニテ・ダビタシオンのスケッチ。この旅では写真を撮らなかった

2020.9.6　奈良

藤本建築を決定づけた「屋根のない建築」

ローマ　ラヴェンナ　ヴェネツィア　二〇二〇年一〇月

㊱

前号から引き続いて、大学四年の時のヨーロッパ旅行を回想する。

マルセイユでコルビュジエに感動した後、ニームへと向かった。ジャン・ヌヴェル設計の集合住宅ネモジュス1を見たいと思ったのだ。ソーシャルハウジングに近いローコストの建築だが、バルコニーの手すりを外側に傾けることによって、南仏の気候を楽しむ開放感を、シンプルながらも新しい形式として発明したプロジェクトだ。夏の晴れた日、子どもたちが楽しそうに遊んでいた。この時の記憶は、二〇一六年に同じ南仏のモンペリエで集合住宅のコンペを始めるにあたって真っ先に思い浮かべたものだった。バルコニーだけで新しい建築形式と人々の豊かな生活をつくることができる。それがぼくたちのフランスでのデヴュー作となるL'arbre Blancにつながっている。

そのまま電車でイタリアへと向かった。一路ローマへ。この時、プロヴァンスやニースを素通りしてしまったのは無知ゆえだが、後年、プロヴァンスだけを数日かけて車で廻り、ル・トロネ修道院に十二月の美しい日差しの下で出会えたことを考えると、人にはそれぞれの建築に出会うべき時というものがあるに違いない。

ローマで何より印象に残っているのはコロッセオだ。今までいろいろな建築を見てきたが、いまだに、もっとも好きな建築と言っていいかもしれない。そもそもこれは建築なのだろうか。まずはその巨大さに圧倒された。その大きさは都市スケールであり、立体的な広場とも言える。内部の階段状のつくりは大きな地形のようでもあり、しかしこの半円アーチの精緻な繰り返しは確かに建築である。それは幾何学でありながら、それを超えたダイナミズムを醸し出し、集中的な場でありながら開放的である。自分がそれまで経験してきたどの場所とも異なり、圧倒的な力を持っているように思われた。

今から思い返してみると、この旅で見た幾つかの場所、とりわけこのコロッセオの空間性が、ぼくのその後の建築観に知らず知らず大きな影響を与えていたようにも思う。コロッセオとは、いわば「屋根のない建築」だ。それは建築を超えた「場」であり、地形であり、都市であり、広場である。この大きな意味での「場」という感覚。屋根がなくても、それどころか屋根がないことによって、建築は建築を超えて「場」となり得る。前回書いたバルセロナの都市広場も屋根のない建築だった。そして対照的に、同じローマで見たパンテオンに、ぼく自身はその時はあまり感動できなかったのである。その純粋さ、閉じたひとつの完結した空間、一筋の光、そのような全てが、ある意味でコロッセオと対極にある。どちらも素晴らしい建築に違いない。しかし大学四年のぼくを魅了したのはコロッセオだった。それがぼくの建築家としての何かを決定づけたに違いない。そうして例えば、サーペンタイン・ギャラリー・パヴィリオンも、モンペリエのバルコニーそのものが建築であるという考え方も、ペゼナスのホテルで試みている屋根空間も、セットの都市計画も、UNIQLO PARKの大階段や、故郷の東神楽の葬斎場における前庭の緩やかな丘も、そして先日発表されたトーチタワーの上空三〇〇メートルに浮かぶ巨大な丘のような半屋外空間も、全てがつながっている気がしてくる。

ヴァチカンの美術館で見たレオナルド・ダ・ヴィンチの聖ヒエロニムスの絵（《荒野の聖ヒエロニムス》）については、以前にこのエッセイで触れた。それは無時間の中に永遠に生き続けるかのような、不気味なほどの衝撃があった。

ヴァチカンの大聖堂も、その圧倒的な大きさに打たれた。ローマとは、全てが巨大である。その中で、大きくないことゆえに、深く印象に残っているのが、ボッロミーニによるサン・カルロ・アッレ・クアットロ・フォンターネ教会だ。教科書に出ているファサードが有名だが、中に入ってその対比に驚いた。歪んだ造形のファサードとは打って変わって、内部は光に満ちた柔らかい空間が静かに佇んでいる。半透明の光が柔らかく軽やかに満ち溢れている。大きすぎず、小さすぎず、様々な形が組み合わされていながら個々の形は消え、光が建築と溶けあってそこにあるかのような風景だった。

ローマの後、順番はもはや記憶のかなたに消えてしまったが、イタリアのいろいろな街を巡った。南下してパエストゥムにあるギリシャ遺跡を見た。その時には草原の只中にある鉄道の駅に下されたのだった。シエナのすり鉢状の広場を歩いた。フィレンツェの大聖堂は、内部よりもむしろ外観に共鳴した。フィレンツェの街の中において、あの大聖堂の外観は反転した内部空間だった。ミケランジェロの未完成の奴隷の彫刻たちに衝撃を受けた。その未完成性は、コロッセオの持つ外観と内観が分かれる以前の状態に似ていた。あるいは、フィレンツェの大聖堂が街の中に建ちながら街の内観をつくっている様に似ていた。ヴァチカンの聖ヒエロニムスに似て、未完ゆえに時間がいつまでも終わらないかのように、無時間の中を彷徨っているかのようにも見えた。それに比べると、同じミケランジェロのラウレンツィアーナ図書館前室は、時間が凍りついたかのようで自分には共鳴できなかった。無時間とは、時間が凍りつくことではなく、真空の中空にいつまでも持続していることなのかもしれない。

フィレンツェから東へ向かい、ラヴェンナを訪れた。そこにあるビザンチン建築のサン・ヴィターレ教会を見たいと思ったのだ。その内部空間は驚くべきものだった。他の教会や他の建築形式では見たことのない、なんとも形容しがたい「向こうの向こうの向こう」の感覚で建物全体ができていた。

内部は金色のモザイクが暗く光を放って、空間全体が琥珀色の液体の中のような感覚だ。八角形の幾何学に沿って並べられた柱が林立しているはずなのだが、柱やアーチの表面が複雑に重なりあってフラクタルのようにひとつのアーチがまた別のアーチを生む奇妙な重層の感覚がどこまでも繰り返されている。これを見た時に、同じビザンチン建築の最高峰、イスタンブールのアヤ・ソフィア聖堂を訪れなくてはならないと決意した。そして二年後に、そのギリシャ―イスタンブールをめぐる旅を実現したのだった。

そこからヴェネツィアへと向かった。街や運河の様子は、当時の記憶はほとんど消えてしまった。何年も後になってビエンナーレで何度も訪れ、路地や運河を歩き回った記憶に置き換えられてしまっている。それでも当時の記憶が微かに残っているのは、サン・マルコの広場と聖堂である。ここでも空に開かれた屋根のない建築と、ビザンチンのどこまでも続いていくかのような空間が現れる。

ミラノではスフォルツァ城博物館にあるミケランジェロのロンダニーニのピエタが記憶に残っている。再び、これは未完の作であり、物理的に未完であるのみならず概念としても未完なのに違いない。

こうしてイタリアを巡ったのち、再びフランスへと戻ってきた。向かったのはル・コルビュジエのロンシャンの礼拝堂だ。どんな天気だったのだろう、晴れてはいなかった。内部の印象が定かではない。それよりも印象に残っているのは、東側の外壁につくられている外部の礼拝のための空間だった。庇や壁、壁柱の具合によって、外部でありながら半ば部屋のようにつくられている場所。壁に設えられた幾つかの凹凸が、風景へ開かれた破れた箱のような空間を、人間と建築につなぎとめる。廃墟のよ

サン・ヴィターレ教会

うでもあり、巨石によってつくられた古代の遺跡のようでもある。ローマのコロッセオで見た、建築の枠を超えた何かである。

ロンシャンの礼拝堂は、コルビュジエの建築の中でも際立って奇妙な形をしている。しかし現地で感じたのは、この形の背後に、マルセイユのユニテ・ダビタシオンと同じ純粋で透明な幾何学が確かに貫かれていることだった。これはぼくの錯覚だろうか？　幾何学と言うと語弊があるかもしれない。むしろ太さのないものとしての線、領域を持たないものとしての点という、ユークリッド幾何学の始まりに根差すような透明な何かによって中空に描かれた透明な座標系と言うべきだろうか。この体験は、ぼくの中のコルビュジエ像を明確にした。厳然たる、永遠に揺らぐことのない「空のはるか高いところに浮かんでいる精巧なガラス細工のような」（確かそんな感じのことを、芥川龍之介が師の夏目漱石の作品を評して言っていた気がする）そういう建築家なのである。

そしてその理解は、翌日訪れた同じくコルビュジエ後期の代表作ラ・トゥーレットの修道院において、不穏なまでに鮮やかに打ち砕かれる。その後、何度か訪れたが、ぼくはいまだにこの修道院の建築のことがよくわからない。そこにはコルビュジエの建築にいつも寄り添っている透明な幾何学はない。いや、あるのだが、それだけではないという感覚がある。いろいろなものが共存しているが、それらがまとまりや関係とは無縁であるといった感じで自由である。一日中歩き回って、自分が興味を持てそうな場所が二つ見つかった。地下の小さな礼拝堂のうねる壁と段々の床、大きな筒状の天窓でできた奇妙な空間と、謎に満ちた中庭である。この建物があまりにもわからなすぎて、それゆえにいつまでも気になり続けて、結局その半年後の卒業設計において、正方形の枠が銀座の街の上に浮いているような、つまりラ・トゥーレットの中庭を銀座の都市と重ねあわせるような提案をつくったのだった。今思うと、この中庭への思いはコロッセオとつながっているし、うねる壁の小さな聖堂は、ビザンチンやボッロミーニの、閉ざされながら閉じていない空間というものへとつながっているのかもしれない。しかし同時に、このラ・トゥーレットという建築をそういう「思考」によって理解してはいけないのではないか、という思いもどこかにあるのである。

この旅もようやく終わりに近づいてきた。

パリにあるコルビュジエの初期の住宅ラ・ロッシュ＝ジャンヌレ邸は、夏休みの休館で、外観しか見ることができなかった。しかしそれゆえに、つまりただ白い壁だけが目の前に立ち現れたがゆえに、その白さに眼を洗われるような、永遠に網膜に滲み入り続けるような新鮮な驚きを感じたのだった。それはただ一枚の壁だった。しかしその白は、ぼくがいまだかつて見たことのない白だった。それは純粋な、概念を越えた白だった。同時にそれは、美しいパリの街のクリーム色や石の柔らかい光の中にあって、あまりに厳然とそこに「新しさ」として存在していた。ぼくはあの白を決して忘れないだろう。そのときぼくは、コルビュジエの新しさというものをようやく理解した気がした。それは衝撃だっただろう。そのギリギリの切実さを持って、彼が新しい建築を打ち立てた瞬間が、七〇年近くが経ったその時も、今ならもう一〇〇年近く経っているこの今でも、こうして瑞々しくそこにあり続けているのだ。

2020.11.3　和歌山

循環する物と自然と時間、それを眼差す「建築」

奈良　高野山　太宰府　二〇二〇年十二月

東大寺に来ている。

二〇二五年の大阪・関西万博のテーマプロデューサーかつシニアアドバイザーでもある映画監督の河瀬直美さんにお誘いいただいて、同じく万博のテーマプロデューサーの一人である宮田裕章さんと三人で訪れた。河瀬さんは奈良出身・在住である。その河瀬さんが「大仏さんは万博やで」というので、三人で訪れることになったのだ。

大仏がなぜ万博なのか。

創建時の東大寺は、シルクロードとつながるとても国際的な交流の場所であったのだという。日本の文化の骨格が育まれたのは、そのような国際交流の多様さの中からであったのだ。一方で、よく知られているように、大仏建立にあたっては、各地に流行していた疫病や地震などを鎮めるという意味合いだけではなく、それを超えて人々の心をひとつに結びあわせるという意図があった。聖武天皇が残した詔《みことのり》に残されている言葉は、時の最高権力者が人々に命じてつくらせるのではなく（それは簡単なことだ〈それゆえ意味がない〉と記している）すべての人々が、それぞれにできること、持ち寄れるものをなんでも良いので持ち寄りあうことで、この未知の巨大事業は人々の心を紡ぎあわせるものとなる、そのために大仏をつくるというヴィジョンなのであった。このような話を、東大寺の僧侶の方からまさに大仏様の足元で聞かせていただくと、河瀬さんの言う「大仏は万博である」という思いがすっと染み込んでくる。国際交流が盛んに行われ多様性が称賛される一方で、疫病や地震が起こり人々の心が分断されているという意味では、一三〇〇年前の当時と現代は驚くほど似ている。この世界に何か希望を抱くことができるとするなら、それは当時の人々が大仏を通して心を結びあわせていったように、この万博という、世界の百数十カ国がひとつの場所に集まり六ヶ月にわたって共存する稀有な瞬間に、多様な世界がひとつにつながりあうことを、人々が身体的実感として体験することなのではないだろうか。

多様でありながら同時につながっている。無数のものが同時に何かを共有している。ひとつでありながら同時に多である。つながっていることで意味と価値が生まれる。それは万博のテーマである「いのち」そのもののことでもあり、またこれからの時代の大きな世界観でもあるだろう。

そんなことを三人で話しながら、これまでの一三〇〇年とこの先の遥か未来への時間に思いを馳せたのだった。

河瀬さんは、直感と情念の人である。その言葉は深く、慈愛に満ちている。その感性は世界の奥底に触れている。それに対して宮田さんは理性と言語の人である。その言葉は明晰で、すべての謎を解き明かそうとするかのようだ。この二人と話していると、その煌《きら》めくような才能が両極から世界を照らすかのようだ。ぼくは二人の言葉に耳を澄ませて、その二つが出会う場所に生まれる世界の形を見出そうとする。

ところで今回は、高校の卒業旅行以来ではないかというくらいに久しぶりに東大寺を訪れたのだった。そんな久しぶりの東大寺で一番印象に残ったのは、境内が思いのほか起伏に富んでいるということだった。修二会《しゅにえ》が行われる二月堂の辺りは相当な急斜面を登った先にあり、また河瀬さんに連れて行ったもらった背後の山は原生林のような森に急峻な川や滝が地面を削っている。その静けさは、ぼ

若草山からの奈良の眺め

くの育った北海道の森とはまた異なる、美しく深い森だった。東大寺は巨大な寺院コンプレックスであるが、その配置を設定した時点で相当ダイナミックな状況を取り込んでいたことになる。建築が始まる以前に、そこには場の声を聴く行為があったはずだ。

その日の夕方、三人で近くの若草山に登って奈良盆地を見渡した。それは深く印象的な風景だった。夕暮れの霞《かすみ》が柔らかく盆地にかかり、背後の山々が層状に薄れていく。その空をまさに沈まんとする夕日の茜《あかね》色が染み渡るように満たしていく。現代の人工物は霞の背後に隠れ、ただ一三〇〇年の昔から変わらずにある山々とそこにゆったりと囲いとられた「場」のみが見えている。その先は遠く西方へとシルクロードがつながっていたはずである。すべてが、何も変わらずにそこにある。ここに都を定めた一三〇〇年前の人々は、柔らかな山並みに囲まれたこの場所に、都市と建築とランドスケープが分かれる以前の「人々のための場」の存在を感じとっていたに違いない。あるいはそれは、人々のためのみならず、すべての存在と非存在のための「場」として捉えられていたのかもしれない。

高野山に来ている。

高野山は、山であると同時にその宗教的な総体が盆地を形づくっている。という言い方は少し奇妙だろうか。盆地に場所を定めて、そこに時間をかけてこのような宗教的な総体がつくられていったのだが、しかしその物事の順序が場の存在の仕方を逆転してしまっているようなところがあって、この人々の活動が盆地という地形と共鳴して双方が双方をつくり上げているような感覚がある。奈良盆地とは異なり、ここで山に囲まれている感覚は、もっと緊迫感がある。山の峰が急である。空が遠くあるようでいて、同時に空の中にいるかのようだ。

金剛三昧院という高野山の中でも最も古い建物が残るお寺を訪れた。門を抜けると境内は静かな谷の底である。周囲を山に囲まれて、場が静かに決まっている。その中に点在するように、本堂や経堂、客殿や多宝塔などが配置され、体験に焦点と定点を与えている。さらによく見ると、左の朽ちた階段を登った先に幾つかの祠《ほこら》と、右手遠方には白い鳥居が見える。ここでは神仏が、そしてその概念に留まらないさまざまなものたちが静かに共存しているのだ。

真言密教の本堂は、ある意味ではとても概念的だ。物理空間体験的な興奮をあえて削ぎ落としながら、その宇宙観の概念的な空間化がなされている。それは曼陀羅をモデルにしながら曼陀羅を超える。まるで視覚による空間体験に甘んじることなく、音（それは音ではなく空気の震えである）と息（それは息ではなく身体を通過する空気の脈動である）と身体的な宙吊りと嗅覚（それは匂いではなく空気の中の流れである）とによって、それらを超えた世界を提示しようとするかのようだ。観念的でありながら、空気が媒体となっていることは興味深い。それゆえにこの体験は、やはり「空間」体験なのだ。

客殿の奥の台所を見せてもらった。それはこの概念的で時間を超えた小宇宙にあって、現実の生き物と生活が鮮やかに浮かび上がってくる場所だった。境内という抽象空間の只中に隠されたその生の生々しさは、感動的なほどに艶《なまめ》かしく、残酷なほどに美しかった。

宿坊で一泊し、翌日、奥の院を訪れた。

ここは本当に異次元の場所だ。太古からそこにあるのではないかと思えるような木々、いつの時代のものかもわからない墓石が木々の間を埋め尽くしている。その風景が果てしなく続いている。歴史

金剛三昧院本堂

の教科書で見た人物の名前が刻まれた墓石たち。もはや名前も判別できなくらいに苔むした石たち。日が射し込む。木々が揺れている。時間が逆転しているかのようだ。ここでは概念はすでに超えられてしまっている。それはもう一度、物と自然と時間に戻っていく。それらをつなぎとめる概念など存在しない世界へと戻っていく。

太宰府の政庁跡という場所を訪れた。

周囲の穏やかな山に囲まれたこの場所には、往時の建物の礎石の跡以外は何もない。そして何もないがゆえに「場」そのものが感じられる。一三〇〇年前に人々がここに「遠の朝廷」の場を見出した時のそのヴィジョンが感じられる。建築や都市造成が行われるその前に、場の言葉に耳を傾け、そこにすでに空間を見出し、場の抑揚の中に人々の居場所と活動を想像し、この場所は選ばれた。それは建築ではないが、とても本質的な意味で建築である。奈良盆地の山々に大きな人々のための場を感じ取り、高野山の切羽詰まった山間に修行の場を見出したその眼差しが、ここでは、何も残されていないがゆえに、その眼差しのまま風景に転写されている。

人と場を結びあわせる眼差しこそが、建築である。つくり出すという以上に、見い出すということ。耳を澄ますということ。それは現代のぼくたちを逆に照らし出している。建築とは何かという問いに光を投げかけている。

2021.1.7　京都

「つながりあう世界」の複雑な相互依存の系としての「建築」

二〇二一年二月

前号でも触れた映画監督の河瀬直美さんと、早速この号で対談することができた。ぼくは河瀬さんの映画の背後にある世界観は、今の時代の建築を考える上でとても大切なものだと感じているので、ぜひ多くの建築関係者にこの対談を読んでもらいたい。それは人と人、人ともの、人と場所、人と歴史、人と時間、人と光が、様々なかたちでつながり影響を与えあいながら共存する場である。すべてが肯定的に許容され、それぞれのかけがえのない一瞬一瞬を生きていく。そのような場全体、世界全体を描き出すのが河瀬さんの映画だ。もしそんな場所を現実の世界につくることができれば、夢のような建築に違いない。

同じく前号で触れたもう一人の万博テーマプロデューサー宮田裕章さんの思考が、そこに共鳴しながら重なってくる。宮田さんは「Better Co-Being」という考え方を提唱している。これからの個人と社会の幸福を考える時、すでに使われることの多くなった「Well-being」という言葉では表しきれないその先のあり方を模索する中で生まれてきた概念なのだという。それを簡潔に説明するなら、いくら個人がそれぞれの Well-being を実現したとしても、一人だけ快適にしていてももはや意味がなく、むしろ人と人とのつながりの中で皆の Being がより高まっていくことこそを目指すべきだし、そのようなつながりの中でしか個々人も豊かに存在することはできない、というものだ。人と人とのつながりによって生まれる Co-being のあり方こそが、総体としての豊かさにつながるのである。それは冒頭に述べた河瀬さんの世界観と共鳴する。世界のトータリティの中に多様な存在が生き生きと蠢《うごめ》き、その響きあう多様性が総体としての世界を刻々と更新していく。

この Better Co-Being の考え方は、人と人との関係だけにとどまらず、例えばこれからの建築のあり方をも指し示していないだろうか？　建築を構想し、また体験する時、その建築なり空間なりを単体で構想したり体験したりというのは、もはやあまり意味がないであろう。どんなに面白い空間をつくったとしても、それが周囲の状況や歴史や気候風土、利用する人々などの多様な他者と豊かに関係づけられていないのなら、テーマパークがそうであるような「興味深いつくり物」で終わってしまうのではないだろうか（もちろんテーマパークそのものの世界を真に徹底することで、ディズニーのような突き抜け方をすることも事実であるが）。建築の真の力というのは、建物それ自体に留まらない空間的、時間的な広がりを包含して、周辺環境や歴史や気候風土などのあらゆる状況を統合した総体を未来へと向かって提示することではないだろうか。それはある意味では、当たり前のことである。しかしそれは、当たり前すぎるゆえに、しっかり省みられないまま放置されてきたのではないだろうか。「周辺環境を考慮して」とか「土地の記憶を」といったありきたりな言葉を安易に使うことで、それ以上の思考の深さに至らないままにされてきたのではないだろうか。

河瀬さんや宮田さんと話をしていると、彼らが建築の専門家ではないゆえに、かえって自分が当たり前と思ってそのままにしていた建築の本質の意味を気づかせてくれるのだ。

二五年来の友人である建築家の平田晃久さんと久しぶりに建築の話をした。信頼できる友人と忌憚《きたん》のない議論ができるのは素晴らしいことだ。その中で「モダニズム」についても議論になった。それはとても懐かしい響きだった。ぼくたちが出会った二五年前の一九九〇年代の半ば、モダニズムをいかに超えることができるか、という青臭いと言われてしまうような議論を、真剣に交わしていたのだった。当時はせんだいメディアテークや横浜港大さん橋国際客船ターミナルのコンペ案が発表され、何か新しい動きが起こりつつあるのを皆が感じていた。時代の脈動のようなものが確かにあった。ポストモダンの表層的な新しさが収束してしばらく経っていたこともあり、今度こそ、大きな変革が起こるに違いない、自分たちがその最前線を切り開くのだ、という若々しい意気込みがあった。

そもそもぼく自身が、建築を学び始めてすぐにその面白さにのめり込んでいったのは、大学で最初に教わったモダニズムの「栄光の革命」に魅了されたからだった。コルビュジエやミースが二〇世紀初頭に、まるでアインシュタインが物理学を書き換えたのと同じ鮮やかさでもって建築の歴史を書き換えた。若かりしぼくは、そのように近代建築を理解し、誤解し、その鮮やかな革命を自分も再び起こすことができるのではないかという空想に夢中になった。それが正しかったのか、間違っていたのか、という議論にはあまり意味がないだろう。その時の情熱が確かにぼくを支え前へと押し進めていった。九〇年代に平田さんと議論を戦わせていた時にも、そのパッションは生き続け、それどころか志を同じくするものを得てより高揚すらしていた。その時考え議論してきたことは、確実に今のぼくたちの根底を支えているはずだ。

その一方で、少しずつだが自分自身のプロジェクトが増え、また何よりモダニズムに限らず世界の様々な素晴らしい建築を訪れる機会が増えてくると、ぼくの中のモダニズムの位置づけも変化してきた。近代建築とはかつてぼくが誤解していたような栄光の革命などではなく、むしろこの「多様なる素晴らしい世界」の中で、人間がその様々な気候風土や歴史文化の蓄積、新しい技術やライフスタイルの変遷などを真摯に受け止めながら人間のための場所を模索していくという数千年来受け継がれてきた建築という営みの歴史の誠実な一ページなのだと理解するようになってきた。それはひとつの時間軸で進むリニアな歴史とは違い、無数の方角へ無数の一歩が試みられる豊かな継承の営みなのだ。

とはいえ、このコロナの状況の只中にあって、大きな意味での近代の枠組みが、つまり建築における近代というよりも、人間の思考の枠組みとしての大きな近代というものが、すでにだいぶ前から崩れかかっていたはずだが、いよいよ本格的に問い直される気配を感じるのも事実である。

近代とは、つまり西洋近代とは、すごく大雑把にいうと、分析し整理整頓することでこの複雑な世界を理解することができ、整理したものを論理的に組み上げると、世界を構築できる、という意識のことではないだろうか。近代建築における機能主義というものも、大元はこの近代的な世界観に依っている。つまり人間の生活というものを分析し、寝る、食事をする、くつろぐ、などと切り分け整理整頓し、それを論理的に（まさに機械のように）組み合わせると、良い住環境ができる、という考え方なのである。これは特に、産業革命以降の工業社会が人口の急増によって加速した二〇世紀の社会にとって大きな成果をもたらした。効率的に人を動かし、大量の人とモノを空間的に処理する社会的な場所として、機能主義建築は必然だったのだ。一方で、それは人間というものが本来持っていた、より複雑で曖昧な営みを切り捨ててしまった。それでも人間は柔軟な生き物だから、近代的な空間の枠組みの中で、なんとか生きていくことができたのだが、そのズレは時代を追うごとに顕著になってくる。

コロナの状況で、今まで場所と機能、部屋と使い方が一致してきたはずのものが、ことごとくズレ始めたことに人は気付き始める。家は仕事の場所として本格的に稼働し始め、集まるための場所が集まることを許さず、全ての場所が今までの機能的な使われ方がなされなくなる。そうして初めてぼくたちは、機能主義によって用意された機能はとても硬直的で、それ以外の用途に柔軟に転用したり多様な使われ方を許容するものではなかったということに気づいたのだ。それは翻って、ではいかに多様な使われ方を許容する場所をつくることができるか、という問いにつながっていく。建築家は以前から、多様な使われ方の場所をつくる、という提案をしてきていたではないか。それがいよいよリアリティを持って広く社会的に受け止められる時代になったのだ。ぼくたち建築家の提案力が真に試される。

また、コロナの状況では、都心のオフィスは意味を持たなくなる、とか、住むことと働くことが融合して皆が郊外に住み始める、といった言説も見られる。しかしAがダメならBである、という思考は、これもまた近代の切り分けられた部品としての思考の枠組みに囚われているのではないだろうか。AからBへ、というステートメントは、わかりやすいかもしれないが、そのような単純化こそ、近代的思考の落とし穴なのである。

このように言ってみることはできないだろうか。AからBではなく、Aであり、同時にBである。さらにCであり、Dでもある。都心のオフィスは引き続きあり続け、しかし同時に郊外の家で働くという選択肢が加わる。さらに都心に温泉の湧く空中公園の森が生まれ、そこから空中自動車が飛び立つ。AからBではなく、AからZまでの様々なものたちが、重なりあい、相互に関係を持ちながら有機的に共存する。これこそが、ポジティブな複雑さを持った多様な場を生み出す最初の一歩となるだろう。

機能主義的な硬直を超えた多様な場所というものの決定的な予兆は、二〇世紀半ば以降に現れた二つの「本質的な複雑さ」に現れていたのではないかと思う。環境問題とコンピュータである。自然環境は、建築単体の問題だけでは捉えきれず、その周囲、さらには地球全体にまで広がる複雑な相互依存の系として建築と世界を理解することを求め始めた。今飲んでいるこのコーヒーが、地球のどこかを痛めつけているかもしれないし、豊かにしているかもしれない。その連鎖の意識は二〇世紀の機械的な複雑さを圧倒的に超えていく新しいトータリティの意識であろう。コンピュータとその先のインターネットも、同じくすべてがつながって相互に関係しあうことで生まれる新しい複雑さだった。情報空間が生み出すつながりの多様さと複雑さは、ぼくたちの場所への意識を決定的に変容させただろう。そしてつながりと言った時に、それは何も単純なつながりのみを指すのではなく、つながっていないことも含めて、様々なつながり方を内包しているのである。

この「つながりあうことで生まれる多様さ」としての世界像、「何ものも単体で存在することでは意味をなさず、相互依存の系として初めて意義と豊かさが生まれる」という建築観は、冒頭で述べた河瀬さんと宮田さんの見ている風景とつながる。「多様さ」への意識が人々の生活に浸透するにつれて、数百年続いた西洋近代はようやく新しい思考と認知の枠組みを模索し始めている。それを受けて建築空間も変容していくだろう。まずは建築単体という意識から解放されるべきではないだろうか。建築、都市、道、家具、ランドスケープ、自然といったものたちを、別々に切り分けて扱う近代的な作法は、もはや通用しないはずである。これらがその差異を際立たせながらもつながりあい、切り分けていた時には見えなかったそれぞれの間の領域に新しい場所を見出していくこと。建築であり、都市であり、道であり、家具であり、ランドスケープであり、自然であり、それぞれでありながらそのどれとも異なる様々な場所が見出されるはずだ。

「……であり……でもあり、また……でもあること」。これからの時代を記述するひとつの方法ではないだろうか。

2021.3.31　東京

地球上で最も素晴らしい建築空間とは

⑲

イスタンブール　二〇二一年四月

昨年の三月頭にパリから帰国して以来、ついに丸一年間、海外に出ずに過ごすことになった。パリ事務所とのやりとりや世界各地の仕事は、それでも問題なく動いている。ブダペストの現場とはオンラインでやりとりし、時にサンプルを送ってもらうなどしながらも工事は着々と進んでいる。スイスやフランスの現場も同様だ。中国からはコミッションやコンペの依頼が以前よりも増えているくらいだ。フィリピンのプロジェクトも起工したという。さいわい日本国内は移動することができるので、万博の大阪を始めとして、北海道、石巻、前橋、大分などオンラインを併用しながら行き来している。それでも実際に建築を見に行くことができない、ということは、特に学生や若い建築家にとって大変な状況だろうと思う。ぼくにとってもそうだ。そこで今月と来月は、昨年の秋に続いて、若い頃の海外への建築の旅について書くこととしたい。近い将来再び素晴らしい建築を巡り歩くことができる日々のために。

一九九三年、大学四年の夏に初めての海外旅行として、フランス―スペイン―イタリアを一ヶ月かけて一人で巡った話は、二〇二〇年の『GA JAPAN 166, 167』のこのエッセイに書いた。それはぼくにとって、大袈裟でなく人生を決するような旅だった。それでもたかだか大学四年生である。建築に対する情熱は高まったが、それで何かをつくれるわけでもない。翌年一九九四年の春に大学を卒業しても、その先をどうしていいのかわからず、かといって有名な建築家のところにポートフォリオを持っていく勇気もなく、海外に留学するのもなんだか怖くて、そして何より、少し静かに、自分が一生をかけてつくっていくことになるであろう建築というものについて、じっくりと考える時間が欲しかったのだ。

ともかくも、何もせずにただ建築のことを考えながら過ごす日々が始まった。

一九九五年の頭には、故郷の北海道の実家へと戻った。ぼくの状況を親が見かねて、親父の病院のための小さな増築のプロジェクトを依頼してくれたのだ。故郷の東神楽に戻っていたのは一年半ほどだったが、人工物に溢れた東京と自然豊かな北海道の両方を対比させながら建築的な視点で時間をかけて思考することができたこの時期が、図らずもぼくの建築思想の根幹をつくったと言っても過言ではない。もちろん当時はそんなことは知らずに、ただ建築のことを考えるのが楽しいという日々を送っていたのだが。そして実家に戻って一年ほどが経って、再び海外を旅したいと思ったのだろう。どこへ行くか？　前回の旅の直後から、すでに次に訪れたい場所は決まっていた。イスタンブールのアヤ・ソフィアとアテネのパルテノン神殿である。

前回の旅でラヴェンナのサン・ヴィターレ聖堂を訪れ、それまで全く意識したことのなかったビザンチン様式の、空間が重なりあいながら連続していく体験に感銘を受けた。ヴェネツィアのサン・マルコ寺院も同様だ。それならば、ビザンチン様式の最高峰であるアヤ・ソフィアを訪れなくてはならないだろう。また前回の旅では、コルビュジエの建築に圧倒的な感銘を受けていた。それならば、彼がその思考の根元とでも言えるくらいに挙げているパルテノン神殿を見ないわけにはいかない。その思いが強すぎて、コルビュジエがパルテノンについて書いている文章は、自分の眼で実物を見るまでは読んではいけない、とさえ考えていた。コルビュジエがどうもパルテノンに関して何かすごいことを

第2庭。

ギャラリーへかこまれた庭も良い。

ひろすぎる…。

ハレム

セル 小さな部屋が 細胞のように
連続している。
その小さな空間が 光の単位となり、
流れの単位となり。

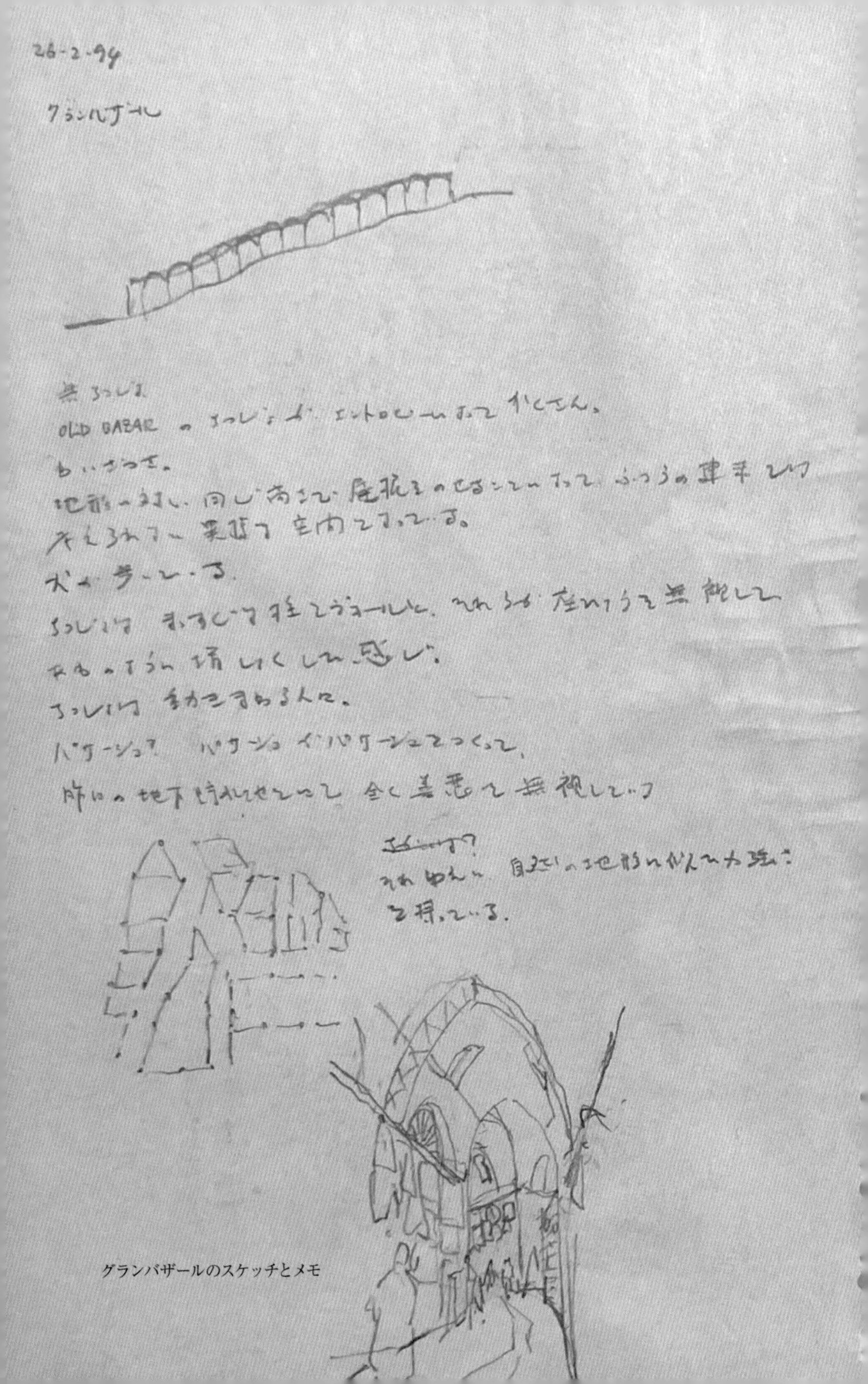

グランバザールのスケッチとメモ

書いているらしい、ということまでは知っても、それ以上は、この眼で見たいと思ったのだ。こういう気負いや思い込みは、たいていはあまり良い筋道ではないはずだが、その時に限っては、それは正解だったと思う。この地球上に現存する二つの最高峰の建築を、自分の眼で見て、自分の言葉で思考することができ、その記憶を抱きながら一生涯をかけて建築を続けることができることは、いま考えてもとても尊いことだから。

だから行き先はトルコとギリシャである。しかもこの二国は隣接している。今回は、それ以上は旅程を広げずに、一ヶ月の旅をこの二カ国に絞った。最初の一週間をトルコへ。その後ギリシャを二週間巡って、再びトルコに戻って一週間。出発は二月末。

この時のスケッチブックが今でも残っている。二五年前のものである。一ヶ月の旅と思考が、ただ一冊のスケッチブックに日記のように記されて、モノとして目の前に存在し、手に取ることができるというのは、このデジタル時代において、奇妙な神秘性を感じさせる。まるでボルヘスの『砂の本』のように、その物理的な存在を遥かに凌駕するものたちが、このスケッチブックの中に広がっているのだ。ぼくの記憶の中ではもはや細かい旅程は完全に忘れてしまっているので、スケッチブックをめくっていくことにしよう。

出発は二月二四日のようだ。今回はどこを経由して行ったか記憶がない。二五日早朝にイスタンブール空港着。朝日の中をイスタンブール旧市街へ。

旅というのは奇妙なものだ。スケッチブックには描かれていない何気ない情景が、なぜか記憶の中に鮮明に残っていたりする。イスタンブールでは、何よりもまず最初にホテルを探した。前回のヨーロッパ旅行ではユースホステルを渡り歩いて疲れてしまったので、今回はホテルに宿泊しようと思っていたのだが、インターネットもない時代である、現地についてから歩いてホテルを探し始めた。半ば勘で入ったホテルは、いきなり殺風景なカウンターに無愛想な男性だったか女性だったかがいて、泊まりたいというと部屋に案内してくれた。シャワーは廊下の端にあるから、などと聞かされて、これはヤバいホテルかもしれないとびくびくしながらついていくと、ドアの鍵を開けてくれて、さあ室内に入ろう、というところで、ドアノブがボロっと外れて床に転がった。これは本格的にヤバいホテルだ……。そこに一泊したのか、そのまま逃げ出したのか、記憶が曖昧だ。少なくとも翌日には、安いながらもまともな、つまりドアノブが取れたりしないホテルに落ち着いた。

一日のうち何度も町中に響き渡るコーランもまた微かな、しかし確かな記憶として残っている。早朝、暗いうちから詠われるそれは、どこかとても空間的で、この街を柔らかく包んでくれるような存在に感じられた。それぞれの街が、それぞれの場所特有の音の響きの空間性を持っていて、それが街並みや人々の暮らしとしっくりと溶けあっている時、その街は魅力的なのだろう。旅の後半で訪れたトルコ中部のカッパドキアのある村でも、日差しの強い午後に突然コーランが詠われ始めると、どこか懐かしいような、自分の場所であるような感覚を覚えたのを記憶している。トルコにはたった数週間の滞在ではあったが、そのコーランの抑揚の中に日々身を置いていると、だんだんとそれは自分の感性と響きあい溶けあって、知らず知らずのうちに、自分が根ざす日常の情景の欠くことのできない一部となっていたのかもしれない。

全く予期していなかったという意味で衝撃的な体験だったのはグランバザールだ。調べてみると、このエッセイの第二回目、二〇一五年の『GA JAPAN 133』（もう六年前だ）で、そのころ講演会か何かでイスタンブールを再訪した時のことを書いていて、グランバザールについても触れている。北海道の真っ直ぐな道に対して、東京の曲がりくねった道により人間的な、あるいは森的な何かを感じ取っていたぼくにとっても、この都市でもあり建築でもあり道でもあり地形でもあり、商業という人間の活動の集積でもありという、様々なものが見事に溶けあってひとつの場所として立ち現れている様に圧倒された。二月のイスタンブールは観光客も少なく、グランバザールの中もいい意味での気怠い空気感が漂っていて、それがまた一層この場所のリアルさを引き出していたと思う。ぼくは昨年から意識的に「建築と都市と道とランドスケープが溶けあう場所」ということを話しているのだが、その最初の萌芽はこのグランバザールでの体験にあるのかもしれない。

アヤ・ソフィア。今のところ、地球上で最も素晴らしい建築空間だと思う。冒頭にビザンチン建築の最高峰として訪れてみたいと思った、と書いたが、現実に足を踏み入れたその空間は、もはや様式や時代などを遥かに超えて、建築物において実現することができる全てを注ぎ込んでつくられた至高の空間だった。高さ方向へ空間が引き延ばされると同時に、周囲に泡のように広がる空間、その中に様々な大きさの光の粒子が降り注ぐ。構造体や床の圧倒的な物量感と重さ、それに対して空間の広がりは重さのない世界でたゆたっている。音の響き。モザイクの金色が鈍く輝き、それが空間に溶け出して琥珀色の重さのないエーテルのように堂内に満ちている。二階側廊からの風景は、遙か眼下に小さな人々がうごめき、遙か上方には静謐な光が揺らぎ、その空間の広大さにめまいがする。軸はある

アヤ・ソフィア

ようでないので、どこまでも視線が回遊しながら巡り続ける。ひとつの空間でありながら、無数の空間が揺らいでいる。ただひたすらに一五〇〇年もの長きにわたってこの建物が建ち続け、現代の我々の前に存在することに感謝する。

ローマのパンテオンが、球がそのまま入る空間をつくるという、高度に抽象的で理念的なひとつの空間の建築なのに対して、アヤ・ソフィアはそれを高さ方向に拡張しながら幾つもの空間を連鎖させて、多様性に満ち溢れた体験的な空間をつくり出す。パンテオンが一元性の空間であるなら、アヤ・ソフィアは多元性と一元性が共存し、多であり一である、とでも言えるような複層性を持っている。それはイスタンブールという場所の持つ複層性、多義性から無意識的な必然として生まれたものなのかもしれない。それは同時に、現代という時代が持つ複層性に対して、時代などを超越した遥か遠方から、かすかな示唆と大いなる勇気を与えてくれるものなのかもしれない。旅は次号に続く。

アヤ・ソフィア

2021.5.10　飛騨

空間ですらない存在そのものの秘密とは

アテネ　エピダウロス　二〇二一年六月

トルコ—ギリシャの旅の続きである。

アテネへと飛ぶ前に、イスタンブールで記憶に残っている光景を書いておきたい。街中には無数のモスクがある。有名なものから街角の小さなモスクまで、街を歩きながら手当たり次第に入ってみた。それぞれのモスクで雰囲気が随分と違うのが面白い。その中でもひときわ記憶に残っているモスクがある。足を踏み入れた瞬間に目の前に広がっていたのは、壁という壁がおびただしい数の振り子時計で埋め尽くされた空間だった。全ての柱時計が動いており、その振り子の動く音が重奏的にモスクの中に静かに響いている。管理人と思しき老人以外誰もいない。光が美しいわけでもなく、タイルの装飾があるわけでもない。ただ薄汚れた白い壁を埋め尽くす振り子時計たちが、その夢のような時空間をつくり上げていた。あの場所はなんだったのだろう。二五年以上たった今でも、奇妙に鮮明に思い出される。イスラム教のモスクは、具体的な事象を描くことを避けているという話を読んだことがある。それゆえに幾何学的なタイルの装飾が発展したのだという。それを突き詰めていった時、もはや形あるもの全てを超えて、ただ「時」のみによって空間をつくるべきだと考えたのだろうか。究極の抽象性によってつくられたモスク。それが怪しいノスタルジーとともに、無数の柱時計に満ちた奇妙な実空間をつくってしまったのかもしれない。あるいは幾重にも響き渡るその音のみによって神聖なる場所をつくろうとしたのか。イスラム教にとって時間はとても大切なもののはずだ。礼拝の時間が常に厳密に規定されている。それゆえに、究極的に、物質を超えた「時」の場としてのモスク、「音」の場としてのモスク、という美しい想念が、リアリティを持つのかもしれない。

イスタンブールの旧市街は、マルマラ海と金角湾に挟まれた半島の突端に位置している。北—東—

南を海に囲まれた上で、テオドシウスの城壁と呼ばれる壁が、街の西側を閉じることで、四方を強固に守られたコンスタンティノープルの街が成立しているのである。そしてこのテオドシウスの城壁は、今でも残っているのだ。滞在中のある日、確か小雨の日だったと思うが、ぼくはこの城壁の上をずっと歩いてみた。北端の金角湾から南のマルマラ海まで、途中崩れていたところもあったかもしれないし、城壁の下に降りて城壁そのものが壁沿いの家屋として使われていたりする様子を見たりしながら、数時間かけて縦断したのである。

ぼくは城壁が好きだ。それは建築の要素でありながら同時にランドスケープ的であり、また都市的でもある。領域を囲い取りながら空には開いていて、緩やかな「場」をつくっている。城壁の中を洞窟のように掘り込んで空間をつくることもできるし、城壁の上にさらに構築物を建てたりもできる。城壁はたいてい地形に沿ってつくられるので、リニアな壁が地形そのものを明瞭に視覚化するのも面白いし、その上を歩くことで、立体的な地形図の上を歩いているような体験ができるのも良い。城壁はある程度の高さにつくられるので、それが囲む街を見下ろすことができるのも良い。イスタンブールの城壁の上に立ってみると、壁の外側には、見渡す限り墓地が広がっていた。その風景が、かすかに、しかし明瞭に記憶に残っている。

アテネに飛んだ。

アクロポリスの丘に建つ、パルテノン神殿を見るためである。ぼくはその時のことを一生忘れないだろう。アクロポリスの丘を登り切ったところにある、プロピライアと呼ばれる門のような構築物を通り抜けた瞬間、斜め右方向に、パルテノンは存在していた。それを正視できたのかどうか、記憶が定かではない。それは見るというよりも引きずり込まれるとでもいうのだろうか、あるいは吹き飛ばされるようだとでもいうのだろうか、その姿はそれほどまでに強烈な力を持っていた。ぼくはしばらく動けなかったと思う。建築を見て訳もわからずにあれほど感動したことは、それ以前もそれ以後も、ない。何がそんなに凄いのかすらよくわからない。ただその存在そのものが、とてつもない力を放っているのである。

その時に描いたスケッチが何枚も残っている。それは建物を描き写すという行為ではなく、その存在の秘密を明らかにしたいという一心不乱な試みであった。それはもちろんプロポーションである。しかしそれだけでわかったつもりになれるはずもない。それはただの石なのである。なぜただの石が、物質を超えた存在になり得るのか。それは空間ですらない。存在そのものなのである。それは身体化された精緻な幾何学によって、ある文明が、その最高峰の知性と感性とを持って、存在そのものをつくり上げたと言っていい。

パルテノンといえばコルビュジエのはずなのだが、実際に見たパルテノンは、あまりに強烈な光を放っていて、もはや何にもつながらない何かであったように思う。光が強すぎる時、それ自体がもはや存在であると同時に背景でもあるような、ただ世界に満ちているものそのものになってしまうのかもしれない。

オシオス・ルカス修道院を訪れた。アテネからバスに乗って最寄りの村へと移動する。ギリシャの移

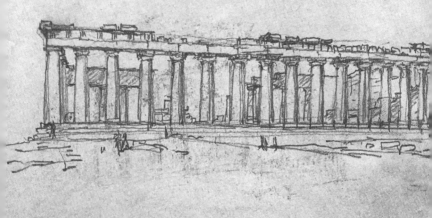

正直、どうすればいいのかわからない。ただ、物としてここにある。物は建築とはどういう何か。これを目の前にして、どうすることもできない、と知った。

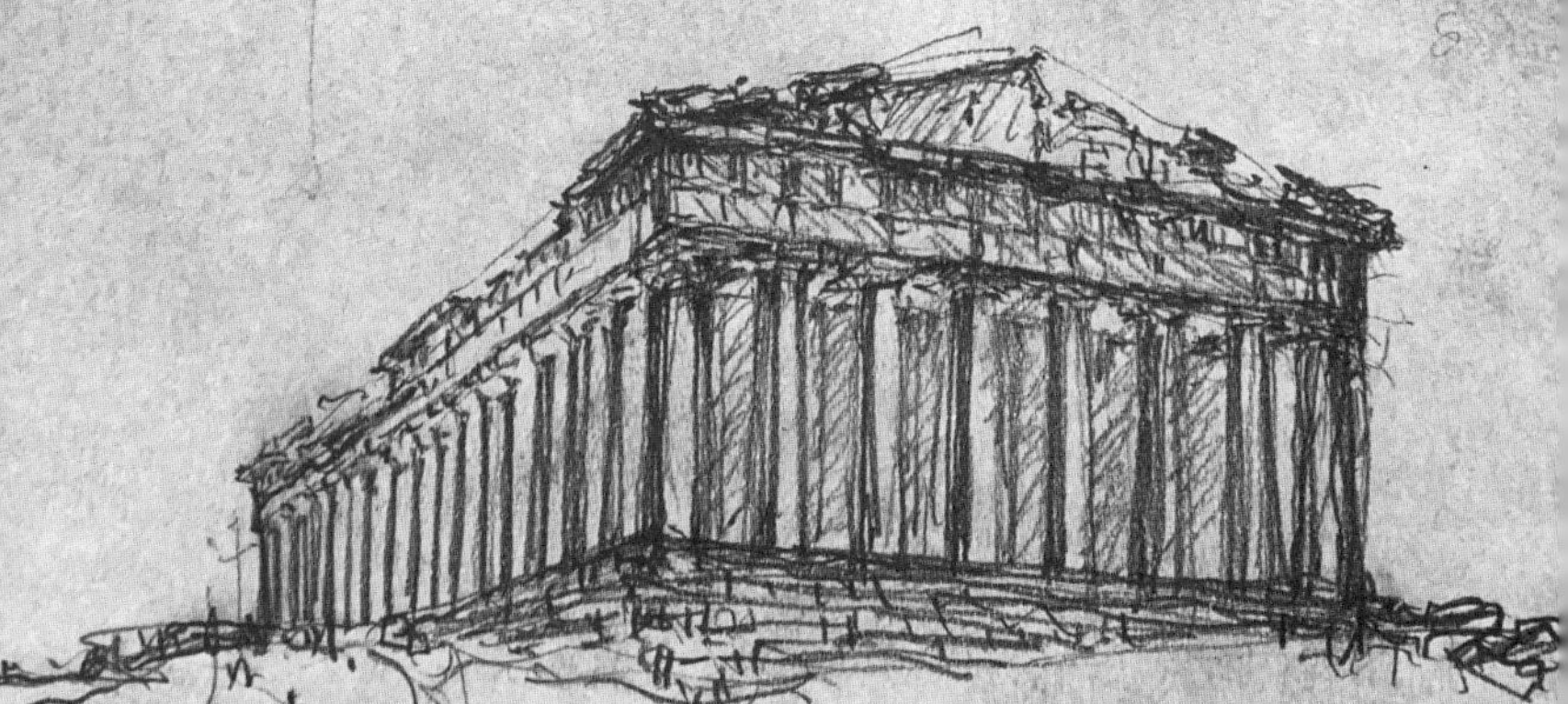

動はいつも長距離バスなのだ。二月のギリシャの内陸部は曇りがちで、霧が立ち込めていた。バスの窓から霧の中に消えていく色のない美しい風景を眺めていた。村からさらにタクシーに乗る。山あいの村なので、雪が降り始めた。しばらく行くと道路が真っ白になってくる。タクシーは、これ以上は進めないという。あとどのくらいなのだろうか、ともかくも歩くことにした。

雪の降りしきる山道、通る車もないし、家もない。曲がりくねるその道をひたすら歩いて行った。時々、道端に小さなキリスト像がある。日本で言う御地蔵さんのようなものだろうか。それらのキリスト像が、唯一この道が聖なる何かにつながっていることを示唆しているのだ。どのくらい歩いただろうか。ついにたどり着いた。

雪の中、黒々とした木々に囲まれて、二つの聖堂が肩を寄せあうように建っている。開いているだろうか。程なく管理人が現れて、雪なのでもう帰ると言う。せめて聖堂の内部を見せてほしいとお願いして、入れてもらった。二つある聖堂のうち、まずは中央聖堂へ。外の雪模様に幾何学と緊張感を加えたような、垂直性のある空間が感動的である。壁は濃い緑色の石で覆われていたように思う。堂内にはただ厳かな光が凍てついていた。

続いて隣接するテオトコス聖堂（生神女聖堂と呼ばれるらしい）へ。足を踏み入れた瞬間、暖かい光が満ちている。降りしきる雪の風景が嘘のように、この場所だけは時間が止まった穏やかな春のようである。内部は明るい褐色の自然石が積まれた構造がそのまま剥き出しであり、その石の壁が柔らかくアーチとドームを形づくっている。それらの石が光を拡散して、この静かで穏やかな空間が生まれているのだ。隣りあっているにもかかわらず、その印象は対極である。中央聖堂は緊張感と幾何学が律する場所であり、このテオトコス聖堂は揺らぎと穏やかさが満ちている。その両方を急いでスケッチブックに写しとって、待っていてくれた管理人の車で村へと戻った。

ギリシャのペロポネソス半島、エピダウロスという場所へ向かった。ここには、ギリシャで最も美しい屋外劇場が残っているのである。長距離バスに乗って、運転手さんのすぐ後ろに座って、降りるバス停を教えてもらって、たどり着いた。

この半円を幾重にも重ねた劇場を見た時、ぼくはル・コルビュジエのマルセイユのユニテ・ダビタシオンを思い出した。時代も形も全く異なるが、そのどちらもに、真に純粋な数学的な調和が、目の前の物質的な存在の背後にぴったりと重なるように存在しているのが見えるのだ。それは太さのない線であり、領域を持たないものとしての点であり、その純粋幾何学によってのみつくられる精緻さと軽やかさと永遠性があった。ローマのコロッセオが好きだと言う話を以前このエッセイでも書いたと思うが、この円形劇場は、全く別の意味でぼくにとって特別な存在となった。それは純粋幾何学であるがゆえに存在と非存在の間にあって両立し、またランドスケープ的な場であるという意味において、建築と地形の間をつないでいく。そして人間が腰掛ける段のみでできているという意味において、身体と建築と地形と立地が美しく溶けあっているのである。穏やかに晴れた光の中で、その純粋さの場をいつまでも歩き回っていた。

この屋外劇場に感動したこともあって、そのあとトルコに戻ってからも、円形劇場の残る遺跡を幾つか訪れた。エフェソスの円形劇場は山に抱かれて優雅であった。ベルガマでは、とても急峻な斜面

エピダウロス

ベルガマ

につくられた屋外劇場が印象的だった。地形と幾何学が拮抗してる。ベルガマの遺跡の周辺に、丸い蟻地獄の巣のような窪みとなっている場所があった。それは当時の円形劇場が朽ち果てて、ほとんど自然の地形にしか見えなくなっているのだった。羊飼いが二匹の羊を連れて、その知性の微かな痕跡としての窪みの中を歩いていた。

そうして旅は続いていった。ギリシャの内陸、メテオラの谷を吹雪とともに歩いた。二月のある夜、ホテルのお湯が出ずにコートを着たまま震えながら眠った。晴れた夕方にテサロニキの海辺を歩いた。カッパドキアの地底都市の中を這い回った。クレタ島の迷宮を歩いた。イスタンブールに沈む夕陽の中に、アヤ・ソフィアとブルーモスクの姿を見た。そうしてこの一ヶ月の旅が終わった。

2021.9.3　近江八幡

多様さを受け止める究極の場としての循環する「自然」

二〇二一年八月

㊶

東京では、パンデミックは収まるどころかますます激しさを増している。一方で中国などの海外とオンライン会議を行うと、すでに日常が戻ってきている様子の場所も多い。この不均衡が今後の世界情勢にどのような変化をもたらすのかは、まだよくわからない。

ぼくは、社会的に大きな出来事があった時に、それゆえに建築はこのように変わる、というような直接的な議論には慎重な方だと思う。それでもこの一年半の間には様々なことを考えざるを得なかった。いろいろな場面で断片的に書いていたことも含めて、ここに整理しておきたいと思う。

ぼく個人の素直な実感として、人は行動を制限されると辛い、ということを強く感じた。パンデミックでは、否が応にも行動が制限され続けた。外に出かけてはいけない、人と大声で会話してはいけない。レストランで外食してはいけない。出社してはいけない。人混みは避けなくてはならない。普段の生活の中での選択の幅が狭められると、それは豊かではない、と感じるのである。それは逆にいうと、ぼくたちの生活の豊かさとは、選択の多様さにこそある、ということだ。もちろんここでいう多様さにも、人それぞれの程よい度合いがあるだろう。何がなんでも何でもあれば良い、というものではない。自由が増えれば逆に不安になる、というのもまた人間心理の本質だろう。しかしそれでも、シンプルに、選択の多様さ、認識の多様さが、ぼくたちの生活を豊かにする、と言えるに違いない。

一方で、このパンデミックによって、建築物にとっても想定外の使われ方が余儀なくされている例がある。一番典型的なのは、突如として家で仕事をしなくてはならなくなった状況だ。リモートワークといっても、椅子と机があればいいというわけではなくて、空間として、プランニングとして、家と仕事場が適切な関係で共存していなくてはならないのだが、現実的には、ほとんどの住宅はそのようにはつくられていない。想定外とは、限られた状況にしか対応していないことの現れであり、つまり多様な状況が想定されていないということだ。ここでも別の意味で、多様性の欠如が現実的な問題を引き起こしているのである。

そもそも機能主義ということ自体が、多様性とは正反対の概念なのである。人間の生活とは、本来、多様であったはずだ。その日の状況や気分や文化や慣習によって、天気や交友関係や会話やその時やるべきことによって、常に柔軟に、良い意味で曖昧に、いろいろなことを行ってきた。それがある時から「機能」という言葉で人間の活動を整理し始めた。それは人口が増えたり、労働者をコントロールしなくてはならなかったり、社会の制度により強硬に人を従わせたり、あるいは、より効率を求めたり、といった理由があったのかもしれない。従わされると同時に、便利という意味で自ら進んでその枠に収まることもあったに違いない。いずれにしても「機能」という大雑把な枠に、人は自分たちを押し込めはじめた。寝る時にはベッドルームで。食事はダイニングルームで。キッチンの動線は最短で。無駄がなく、効率的で、便利。その枠に自分を無理にでも押し込むことで、社会のシステムとしても、個人の生活としても、何かうまくいっているかのような幻想が広がった。

しかしそれは本当に人間的な豊かさなのだろうか？

人間が本来持っている多様な活動や感覚を「機能」という枠に押し込むことは、世界に無数にある色彩を、白と黒の二色に無理やり整理してしまうことにも似ている。それ以外の豊かな曖昧さや微妙なニュアンス、つまり本質的な多様さを全て切り捨ててしまうことである。人は、キッチンで勉強する時もあれば、ある部屋のある一隅で本を読むこともある。部屋の窓を開け放して、何をやるでもなくボーッとする時もある。そんな全てを大雑把な機能という枠で切り捨てることなど、本来無理なのである。

機能主義が世界的に市民権を得た理由はなんだろうか？　それは産業革命以降の資本主義が、効率性を目指して、世界を過剰に整理整頓していったことと連動しているのかもしれない。それが便利という言葉で飾られて、切り捨てられる多様なものよりも、大雑把なわかりやすさに人々がなびいていったのかもしれない。

そして近代建築もまた、そのような整理整頓へと進んでいった。ゴシックの大聖堂の持つ、無数の次元と時間とスケールが入り乱れて共存し、秩序と混沌の間の豊かな複雑性が無限に展開していく空間はもはやそこにはなく、ただ、ドライに整理された機能の並びとなってしまったのかもしれない（しかしミースやコルビュジエの建築には、それでも強烈に、整理され得ない不可思議が残り続けているのだが）。

人間というのは奇妙な生き物で、その生活環境が本来の人間性とは相容れないものだとしても、時間と共に、柔軟に適応してしまう。大雑把な括りである機能主義でつくられた住宅や都市ではあるが、一〇〇年以上にわたって、人間はなんとか住みこなしてきた。その歪みは至る所で散見されていたにも拘わらず、その独自の文化を育ててきた。ポストモダンの建築は、もしかするとそのような人間の本質と機能的空間の齟齬《そご》に対する切実な異議申し立てを胎内に宿していたのかもしれない。ランドスケープ的な要素を建築に持ち込む試みなども、整理されすぎた建築へのアンチテーゼとして、整理されない自然を持ち込む行為なのかもしれない。人間の本質が多様なものであるなら、機能主義の建築はそれにはそぐわない、むしろ多様性を排除するものである。その矛盾に社会全体が晒されていたのが、近代化以降の世界だったのだ。

人はそれに薄々気が付きながらも、なんとかやり過ごしていた……。それを受けての、今回のパンデミックである。

ぼくたちの生活の多様性が暴力的に圧迫された。同時に機能主義的につくられた生活環境が、多様性の欠如としてその不自由さがあらわになった。その両方から、ぼくたちは、人間本来の豊かさ、つまり本質的な多様性こそが、これからの社会の根幹となるだろうということに、気付きはじめた。

本来多様であるものを大雑把に括って雑に整理するという思考がもはや意味を持たないという感覚は、建築の機能性という狭い話だけではなく、社会全体の共通認識として広がりはじめている。ジェンダーの問題もそうであろう。男と女という大雑把な括り方ではもはや捉えられない、多様な性のあり方がある。それを前提に社会をもう一度構築し直す必要がある。働き方についてもそうだろう。一人の人間にひとつの仕事を割り振ることの不自然さに、社会全体が気づいている。いろいろな顔を持ついろいろな人がいろいろに関わりあうことで、社会は活性化される。それは、全てが溶けあって均質なスープになってしまうこととは異なる。すべての異なる色を混ぜたらどす黒い灰色になることではない。それぞれの鮮やかな色彩を保ったまま、それらが共鳴しあって美しい全体がつくられる。それぞれの違いやアイデンティティが明確にあるゆえに、その多様な関係性が豊かさを生むのである。

建築の話に戻ろう。

機能主義的な方法がすでに問題を孕んでいる、という認識は、建築設計の立場からは随分前から言われていたことだろう。機能主義を超えた何か、というものが様々に提案されてもいた。これからの時代は、その想定が現実になり始める。ぼくたちが「提案」していたものは、現実の試練に耐えられるだろうか？　本当の意味での、機能主義を超えた、多様な価値観と行為の場所としての建築をつくり始めなくてはならない。

大雑把な雑な括り、という意味では、機能主義だけが問題なのではない。例えば、ぼくたちが「建築」と言っているものも、無意識のうちに、ある狭められた枠組みの中の話に閉じてはいないだろうか？　建築を設計する時に、なぜ前面にある道を同時につくることができないのか？　街と建築を区別することは、その間に広がる多様な場を排除して、融通の効かない枠組みに都市も建築をも押し込めてしまうことではないのか？　ランドスケープと建築の間はどうだろうか？　都市と建築とランドスケープが溶けあう場を構想することはできないだろうか？　あるいは、家具と建築の間はどうだろうか？　サインや備品なども含めて、その場所に現れる全てが、人々の活動と連動している。

道と地形と都市と建築と庭とランドスケープと森と家具とサインと照明とが溶けあう先に、人間が本来的に活動するための場として、意味のある未知なる領域が広がってはいないだろうか？　今まで建築・都市・道・ランドスケープなどといった大雑把な枠組みに押し込められて、その中での思考に閉じていた部分があったのだとしたら、それはやはり、機能主義と同じ呪縛に囚われていたことになる。そこから解放された「人々が多様に活動するための場」をつくるという意識が、これからの社会と連動していくことになるだろう。

今回のパンデミックをきっかけとして、建築を、建築としてではなく、人々のための場としての本質に遡《さかのぼ》っていくことが求められ始めるに違いない。それは人間の本質と同じく、多様性の場所であり、ここ数百年にわたって大雑把な枠組みによって整理されたかに見える一方で、本質的な多様性を削ぎ落としてきた世界の呪縛から逃れた先の、新しい世界観を形づくっていくことになるだろう。

ぼくは以前から、建築というものは、概念の上では様々に矛盾することが、魅力的に同居し共存することができる場であると感じている。閉じて守られている安心感と、開いた解放感が両立する空間をつくることができる。離れていることとつながっていることが両立していることも可能だ。秩序と混沌が拮抗しながら共存することもできる。一人でいて快適な場所が、複数でいる時に違った魅力を放ったりする。人工物と自然物が共存する。巨大さと小ささが同時に存在する。祭りの場所が、追悼の場所となりえる。このような、相矛盾する様々な様相が、その間の無数の階調が、ひとつの建築、ひとつの場所に共存、両立して、時間や状況によって多様に体験される。これこそが、建築の持つ力である。そしてそれは、建築というものが、適切につくられた時に、多様性を受け止める素晴らしい場所となることを示唆している。

一方で、建築は時に、ある権力がひとつの思想を押し付けるために間違った使われ方をすることがある。多様な状況を無視した単調な枠組みになる時もある。多くの人にひとつの使われ方を押し付けてしまう時もある。一歩間違うと、建築は多様性を迫害するものに堕《だ》してしまう。それらは全て、建築の暴力性であり、悲劇なのである。

ぼくたちは、この建築の持つ、相矛盾する多様なものたちを柔らかく包み込む力をこそ伸ばしていかなくてはならない。これからの多様性の時代に、建築という枠に囚われずに、多様な人々が多様に活動するための場所として、建築を新しく構築し直していかなくてはならない。

最後に、多様なものを様々に受けとめる場を構想する上で、その究極の多様性とは「自然」ではないだろうか。この点において、多様性のための場は、自然の循環とサイクルを見据えた持続可能な建築へとつながってくる。それは単に建物に緑を置くとか、木材を使うとか、そういう表面的なエコ建築のことではない。本質的な意味での多様性と予測不可能性を含み込んだ、コントロールできない他者としての「自然」と、いかに共存していくのかという問いである。全てがつながりあい、響きあう時代。人間のための場所をつくるということと、この地球環境そのものを思考することとが、ここにきて重なりあうのである。

◁北海道上川郡東神楽町にある実家の庭の森。人工と自然の関係の原体験

2021.9.8　東京

「近代」の終焉を考える

42

大阪　二〇二一年一〇月

前回の文章を自分で読み返してみた。冒頭で「整理しておきたい」と書き始めながら、全然整理されていない。それどころか議論が発散してしまっていて、いつもながら自分の思考の傾向が腑に落ちてしまった。とはいえ、来月から海外出張が再開しそうな雰囲気もあり、今のうちにしっかりと自分の建築思考を定着させておきたいと思い、今月も続きを書いてみる。

まずは前回のまとめをしておきたい。

パンデミックによって我々の行動が制限された反動で、人間社会の根源的な豊さとは選択肢が多いこと、多様性であると実感した。多様性への志向は、同時に、機能主義という一〇〇年以上続いている社会の枠組みをいよいよ終焉へと向かわせている。機能主義とは、多様性を排除して、大雑把に整理整頓する仕組みであり､人間社会が持つ曖昧さや揺らぎを受け止める仕組みとしては荒すぎたのだ。それに伴って、建築における機能主義も見直される時がきている。その先に何があるのだろうか。

機能主義の終焉は、様々な分野やカテゴリーの区分けの終焉でもある。建築と都市とランドスケープを分けて整理していた思考は終わり、我々は建築と街と道と公園と緑とが溶けあう新しい場を設計する方法を持たねばならない。それにとどまらず、家具と建築、内部と外部、単純さと複雑さ、自然と人工、大きいものと小さいもの、デジタルとアナログ、プライベートとパブリック、秩序と混沌、社会と個人など、単純化された様々な整理の仕方が問い直され、これら対立すると言われているものが溶けあい、その間にグラデーションをなすように新しい場と価値が見出される。その時、我々が根差すべきものとは、人々のための場である、という一点だろう。多様な人々が多様に活動するための場という視点で見た時に、個人と社会の分断は意味を失い、どう共存していくのかが問われる。建築と都市を別々に考えるのではなく、それらが一体となって人々のためにどう豊かに供されるのかが問われる。こうして様々なものの間にあった境界が溶けていき、世界を整理していた大雑把な概念が過去のものとなり、新しい統合の場の探索が始まる。

これが、前回述べたことの概要である。

前回の最後のパラグラフでは、コントロールできない他者としての自然、ということを書いた。これはだいぶ以前から書いてきたことだが、この「他者」の概念こそが、近代の先を示唆しているに違いない。近代とは、全てをコントロールできると信じた時代だった。それが行き過ぎて、現実世界をコントロールできるように歪めて理解し始めてしまったとも言える。だから人間の複雑さと多様さを無視して画一化し、生活や社会の複雑さと豊かさを切り捨てて大雑把な機能主義として整理し、コントロールできない自然は無視するか排除するかしてきた。しかし現実は、それではうまくいかなかった。自然も、他人も、社会も、そう簡単にはコントロールできない。その多様さと複雑さを認めた上で、ではどう響きあっていくのか。それを思考するのがこれからの時代の精神である。

二〇世紀の初頭には全く存在していなかったもので、現代の社会の中心を形づくっているものとはなんだろうか？　ぼくはそれは、サスティナビリティとコンピュータ（情報ネットワーク）であると思う。自然そのものを、人間社会の外に排除するのではなく、含み込んだ形でどう思考するのかというのがサスティナビリティであり、二〇世紀後半に生まれた概念だ。一方コンピュータは、技術として、二〇世紀後半に実用化し、インターネットを産んだ。

この二つ、サスティナビリティとコンピュータは、一見全く異なる出来事のように見えながら、面白い共通点がある。それはどちらも、新しい複雑さであるという点だ。コンピュータは、複雑である。それが無数につながりあってつくられる情報ネットワークは、もっと複雑だ。その複雑な状況そのものが、現代であるとも言える。

自然も複雑である。さらに二〇世紀後半に入って、自然の複雑さは、地球環境全体がつながりあい、影響を与えあっているゆえの複雑さであるということがわかってくる。それは一本の樹木や森の複雑さを遥かに超えた、圧倒的な複雑さだ。

この「つながりあい影響を与えあうことによって生まれる複雑さ」が、情報ネットワークと環境問題という現代を象徴する二つの事象の背後に共通して流れているのである。それは社会の複雑さともつながり、それゆえにぼくが冒頭から何度も使っているように「多様さ」とそのつながりや共鳴が時代の象徴的な概念になりつつあるのである。

その意味では、『GA JAPAN 171』での二川由夫さんとの対談の中で話題に上った、近代建築の名作であるロンドン動物園のペンギンプールは、近代の思考とその終焉を鮮やかに映し出している。

それは二つの意味において、見事に近代的な思考の象徴である。まずそれは動物園の中にある。動物園とは、いろいろな動物たちを元々の生息域などのコンテクストから切り離すことだ。そこには原理的に周辺のコンテクストは存在せず、豊かな複雑さを生み出すつながりや関係性から切り離してしまうことが、まさに近代のあり方である。そしてそれ故に、動物園はぼくたちの目指すこれからの社会とは乖離しているのである。

ふたつ目は、それは動物のための場所であるということだ。そこでは原理的に、ペンギンのための場所と言いながら、ぼくたちが切実にそこで暮らすことはないのだ。生活が抽象化され、我々から切り離されている。

これもまた、近代の極端なモデル化を象徴している。近代建築が、人間を相手にしていながら、しかし人間をどこか抽象的なモデルとして取り扱うことと、この場所がペンギンのための場所であり、ペンギンが何を感じているかは我々人間は十分に知ることができない、ということは、見事なまでに鏡写しである。頭で想定した生活のための場所でしかないのだ。

この二重の切断、コンテクストの切断と、そこで暮らすということの切断によって、このプールは鮮やかな美しさで近代を象徴し、またそれゆえに、これからの時代の建築の反例としても鮮やかに引き立つのである。つながりを切らないこと。そこで暮らすことの複雑さを受け止めること。それがぼくたちの時代なのだ。

それはまた、残酷なまでに、鑑賞するための場所としての建築、という誤謬をも体現している。これからの時代は、人が様々に活動するための場所、としての建築が求められる。それは当たり前のようでありながら、実際には、いまだに「鑑賞するための建築」がつくり続けられているのは残念なことである。

もうひとつ大きな誤解がある。このプールは、構造とプログラムの美しい融合と称される。建築構造は地球の重力と物理法則に根差しているがゆえに、建築の客観性を担保するもののように議論され

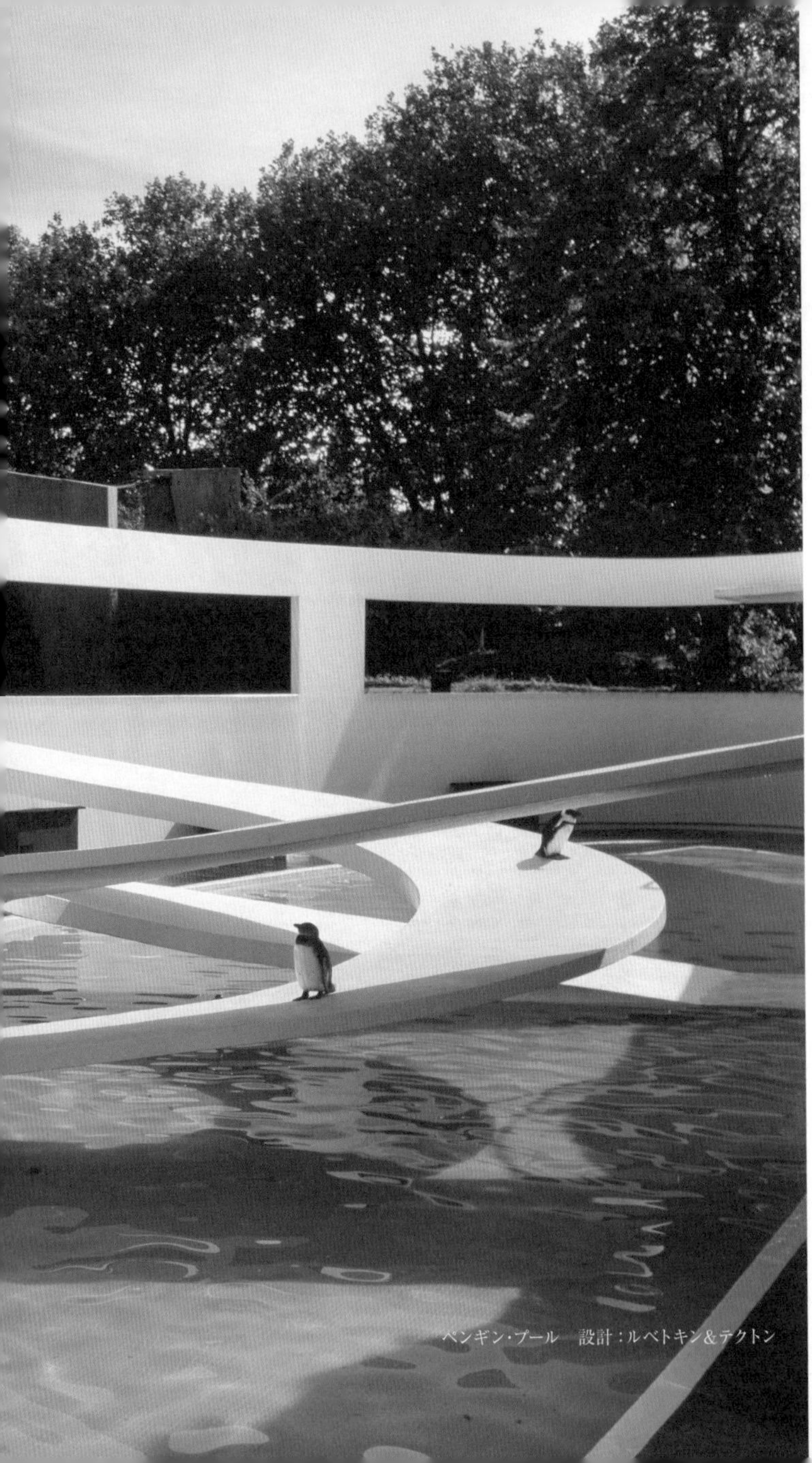

ペンギン・プール　設計：ルベトキン&テクトン

FEEDING TIME 2.30PM

ることが多い。これもまた近代の誤謬である。確かに力学的にはそうである。しかし一方で、構造と空間とを融合させることだけを突き詰めても、周辺のコンテクストやプログラム、そこで過ごす人々が視野に入らなければ、それは単に建築の内に閉じたゲームである。ペンギンプールと丹下健三の代々木体育館を比較すればその違いが明瞭となる（面白いことに、両者ともに、二つのエレメントが点対称に向きあって場所を構成している）。代々木の素晴らしさは、明治神宮の存在や駅からの人の流れなどの歴史的、都市的な周囲のコンテクストを鮮やかに引き受けながら、それがプログラムと空間体験、そして構造にまで昇華されている点にある。周辺から切り離された中でつくられる閉じた世界ではなく、様々なものがつながることによって生まれる複雑さを全て引き受けた上での統合なのである。それゆえに代々木体育館は近代の名作であると同時に近代を超えている。

二〇世紀末から二一世紀初頭にかけて、日本の建築でもトリッキーな構造形式を持つものが様々に試みられた。その中には代々木体育館の系譜につながるであろうせんだいメディアテークなどの真の名作も生まれたが、建築に閉じて空しい構造ゲームに興じているだけのものも多かった。先日、ギャラリー間の展覧会に合わせて、スペインのアンサンブル・スタジオの二人とオンラインで対談したのだが、話題が日本建築の構造形式に触れた時に、アントンが放った「我々は近代の終焉を迎えているのだと思う」という言葉が印象に残っている。この建築構造のゲームに先がないことを見通した、彼の眼差しの広さと確かさを再認識したのだった。

先日、大阪で行われた建築新人戦の翌日のエスキース会に参加した。久しぶりに学生の様々な思考を見ることができて大いに刺激を受けた。そしてたくさんの作品を見ている中で、ふと湧き上がってきた思いがあった。

それは周辺環境やそこでの人の流れ、気候風土や歴史、プログラムとそこを使う人々に対して、リスペクトがないままにつくられた建築は、いかに面白げな空間や概念を提案していようとも、ただ虚しいだけである、ということだった。

学生の設計課題であるから、全てが仮定の話である。それでも現実の敷地があり、その場所の複雑なコンテクストがあり、また様々なプログラムと、その背景となる歴史があり、さらにその場所を使う人々がいる。それらをリスペクトを持って想像する時、それは仮定を超えて、リアリティを持ち始める。実現しないものでも、そこに力が生まれる。逆にそれらに本質的なリスペクトがなく、ただ自分が提案するものの背景としてしか考えられていないなら（もちろん多くの人は、そんなことを意識的には考えないはずだが、しかし無意識的にでもそう考えているなら、それは現れてしまう）仮定の話であってもリアルに虚しく、また時に暴力ですらある。

これは学生の課題に限った話ではない。悲しいことに、建築家がつくるリアルなプロジェクトや提案においても、そんなリスペクトに欠ける建物が往々にしてある。それは悲劇であり、世界に対する暴力であろう。それでも建築の世界の中で、面白い提案とか新しいなんとかなどと言いあっているのなら、建築家のつくる建築は世界から必要とされなくなるだろう。

ここで言うリスペクトとは、つまり複雑なこの世界との豊かな関係性というつながりのことである。リスペクトが欠けるとは、つながりを軽視し切断して単純化することだ。それが近代の誤謬であり、ぼくたちのこれからの時代の建築の反面教師であることは、すでに先に述べたとおりである。

つながりと言っても、それはウェットで直接的なつながりだけを指すのではない。絆とか博愛とか、そういうことでもない。それは概念と現実をつなぎ、数千年の歴史と具体的な今日の朝の情景を関係づけ、地球の気候とあるひとりの暮らしの関係を想像し、構成と美学とを、整理され得ない人々の愚かさと美しさとに対置することである。それは抽象からドロドロの具象までのあらゆるレンジを関係させることができる想像力である。この圧倒的な複雑さと多様さの上に、建築が生まれる。それゆえに建築は素晴らしい。


もうひとつ、先日、社会に開いた建築、という取材を受けた。

そこでいろいろ話している中で気がついたことは、真に開いた建築とは、物理的に内外が開放的であるということではなく、より本質的には、多様さに対して開いている、ということだ。それは先のリスペクトの話ともつながっている。それぞれ異なる様々な人々が、それぞれの仕方でその姿や場所を感じ、認知し、理解する、その可能性に開いているということ。ひとつの意味の押し付けではなく、かと言って意味が拡散してしまうわけでもない。そこで重要なのは、多様でありながら、同時に柔らかくつながっている、ということだろう。そのつながりが、多様さの掛け算によるさらなる多様さを生み出し、同時に緩やかに共有することができる何かを生み出すのだ。それは石巻で試みたことでもあるし、ぼくのキャリアの最初期の精神医療施設の設計で思考したことでもある。離れていて同時につながっていること。

そんな多様性の場をどうやってつくっていくのか。それはぼくたち各人が誠実に試みていくことだろう。ぼく自身の中では、ここ最近は「流れの中に場を見出す」というようなことを考えている。流れとは、つまりつながりである。周辺の人の流れ、歴史の時間の流れ、物理的な空気の流れ、いろいろな流れがある。それらの流れの中に、流れそのものの多様な現れとして、人々のための場を見出すということ。その場所場所に流れていることに耳を澄ますということ。そこでは建築と都市と道と公園と広場と緑と家具とサインと人々の間の境界は溶けていき、ただ流れの中の場が漂っている。そんな建築の姿を思い描いている。

2021.11.7　飛騨

圧倒的な建築／開かれていることの現代性と普遍性

ブルス・ドゥ・コメルス　二〇二一年十二月

パリ，秋の風景

十一月の中旬、一年八ヶ月ぶりにパリを訪れた。以前は気楽に行き来していたパリ出張だったが、ひさしぶりに良い緊張感があった。全てが変わってしまったような気もするし、何も変わっていないような気もする。飛行機がシャルル・ド・ゴール空港に降りた時、パリの空は美しい黄金色だった。あ、これがパリの秋だな、と思い出した。パスポート・コントロールはCOVID-19など存在していないかのように、以前と同じ無関心さでスタンプを押された。書類も隔離も検査もない。そのまま以前と同じようにタクシーに乗り、パリへと向かう。夕暮れの光の中に浮かぶパリの街は、変わらず美しい。四泊の旅程、以前からいつも泊まっている小さなホテルは、まだそこにあった。一階のカフェの内装が少し変わってしまっていて、この一年以上の月日を感じる。それでもホテルスタッフはぼくの顔を覚えてくれていた。

今回、少し無理を押してパリにやってきたのは、何よりも、先ごろオープンした安藤忠雄さん設計のブルス・ドゥ・コメルス/ピノー・コレクションをぜひ見たいと思ったからだ。パリに着いた翌日の夕方、それまで曇りがちだった空が柔らかいピンクがかった水色に晴れてきた。ブルス・ドゥ・コメルスは、十八世紀につくられた建造物に、十九世紀末のパリ万博でガラスのドームが載せられた歴史建造物。その明るいクリーム色の石造りの外観は美しくリファービッシュされ、外構に新しく設置されたブルレック兄弟による淡い金色のベンチと、柔らかく光を反射しながらたゆたう半透明の白メタリックのフラッグが、現代と歴史とを繊細につないでいる。エントランス前でCOVIDの予防接種証明書の確認をしてから、いよいよ建物の中に入る。

エントランスを通り抜けると、その先に安藤さんのコンクリートの壁が見えている。しかしすぐに

「その空間」には辿り着かない。安藤さんの空間の気配を左手に感じながら、古い建物内の回廊に沿うようにしばらく進む。そうして今か今かと期待が高まるその瞬間に、大きな木製のドアが開け放たれた先に「その空間」が一気に開ける。

それは、一瞬で、圧倒的な展開だった。思わず立ち尽くした。パルテノン神殿がそうであるように、アヤ・ソフィアやミケランジェロのカンピドリオ広場がそうであるように、コルビュジエのラ・トゥーレット修道院の大聖堂やミースの新国立ギャラリーがそうであるように、圧倒的な空間の前に、人はしばし立ち尽くす。それは開口の完璧なプロポーションであり、空間の奥行きと高さのつくり出す何かであり、古いものと新しいものの対立と共鳴であり、それらがないまぜになって、この最初の一瞬をつくり出している。安藤さんの建築には、この決定的な一撃が常にあるのだ。

我にかえり、ゆっくりと、中央の円形の空間へと入っていく。コンクリートの壁でつくられた中央の空間の広がりと、その上空に浮いているドームの天井画、さらにその先のガラス屋根を通した淡い空の色が見えてくる。現代アートの作品が点在し、人々が思い思いに行き交う。この空間にしばらくたたずみ、歩き回り、アートと行き交う人々を眺めていると、最初の衝撃を遥かに上回る深い感動が湧き上がってくるのを感じる。

この空間は強い。圧倒的に強い。しかしながら、同時に「この空間は開かれている」。軽やかに開かれている。円弧ゆえの求心的で純粋な強さがありながら、同時に、開かれていることの豊かなおおらかさがある。現代アートのための場所として、あらゆる作品のもつディメンションと変幻を受け入れながら、そこに同時に、数世代にわたって変わらないであろう普遍性が透徹している。

この「開かれている」という感覚こそが、この建築を圧倒的な名作たらしめている。求心的でありながら、同時に開かれている。それは開放的な、ということとは少し違う。概念としても、存在としても、体感としても、時間的にも、開かれているのである。

それはまず、歴史に開いている。重厚な歴史建築物と緊張感のある対比をつくりながら、時に安藤さんの壁が主役となって立ち現れ、また時には美しいクラシカルな既存建物の空間を切り取り、引き立てる背景として引いていく。新旧の間で図と地が刻々と入れ替わり続けるような豊かな関係が生成変化しているのである。

またそれは、自然に対して、つまり光と時間に対して開かれている。安藤さんの建築は不思議だ。それ自体が圧倒的でありながら、それはいつも、自然に対して謙虚に引き立てる側に回る。水の教会でも、アプローチの壁は常に次の風景に開いており、風景から風景へと視線を継いでいく。教会堂の本体そのものは完璧なプロポーションで建ち現れるが、その先の水と森と十字架のために傍に控える。コンクリートの強さは、それが自然と対峙した時に負けないようにという強さではなく、その切り取られた自然があまりに力強いために、体験の総体の均衡をとるかのように、繊細で、控えめで、美しく、かすかに揺らぎを持って、そして力強くつくられている。光の教会においても、正面に見えている十字は建築そのものでなく、建築がないこと（＝不在＝開口）であり、つまり光であり、それゆえにあの求心的な空間が、軽やかに開かれているのである。ブルス・ドゥ・コメルスにおいても、このコンクリートの壁が、シンプルで力強いことでかえって、うつろう自然や光、空のかすかな色の変化が繊細に、時にダイナミックに映し出されるのである。

それはまた、アートに、つまりプログラムに開かれている。中央の展示スペースは、ゆったりとした大きさと十分な壁面が用意され、自然光が降り注ぐ現代アートの魅力的な展示スペースとなっている。このおおらかさは、テートモダンのタービンホールよりも気持ちが良いだろう。歴史と現代、自然と人工物が交錯するこの場所は、パリの中での立地も含めて、展示するアート作品の豊かなコンテクストとなるだろう。コンクリートの壁の高さと厚さ、空間の直径は、展示空間として求心的かつ内向的に使いたい場合にもそれが可能であり、また人々が行き交う都市の広場のように使いたい場合（まさに今回訪れた展示がそうだった）にもそのように変貌するような、絶妙な多義性を持ったプロポーションとなっている。そして多義的でありながら、ひとつの力強いアイデンティティを保持している。RC壁と既存建物の壁の間を登っていく階段によって、壁の中ほどから中央の展示スペースを見下ろすことができ、また最上部まで至ると円を一周する回廊となっているなど、シンプルな空間をさまざまに体験することができる。この辺りは安藤さんの最も得意とするところだと思うが、空間がシンプルでかつ建物全体の動線と連動しているゆえに、巡り歩く楽しさと体験の豊かさが際立つ。実際、既存建物の方には、各階に少しずつ性格の異なる展示室がぐるりと巡っているのだが、どの空間からも、常にこの中央のスペースやRC壁を見ることができるように開口を残しているので、この美術館体験の中での多様性と一貫性が常に意識されるのである。

この点が、同じくピノー財団と安藤さんによるヴェネツィアのプンタ・デラ・ドガーナよりもさらにこの建物が進化した点だと感じられた。この美術館のどこにいても、常に中央のRC壁による空間や人の動きが感じられ、それが美術館全体の体験を統一し、同時に多様なものにしているのである。

ブルス・ドゥ・コメルス／ピノー・コレクション　設計：安藤忠雄／▷
Niney et Marca Architectes／Agence Pierre-Antoine Gatier／Setec Batiment

そして何よりこの場所は、人々に対して開かれている。屋内の美術館でありながら、この中央の空間は、まるで都市の広場のような雰囲気で、人々が思い思いに歩き回り、広場から出入りし、見上げたりしながら、とてもリラックスして時間を過ごしているのである。ぼくはその光景を見て、これはとても現代的な場所だな、と感じた。と同時に、とても古典的な場所でもある。それがとても不思議な魅力だった。建築の構成という意味では、同心円、分厚いコンクリートの壁、アイレベルでは外部へと開かれた開口はない。それだけを聞くと、緊張感のある静謐な古典的な空間を想像するのではないだろうか。このブルス・ドゥ・コメルスは、確かに圧倒的に美しい静謐な空間である。そしてそれが同時に、人々が気軽に行き来するおおらかで開かれた都市の広場でもあるのである。この双方の魅力的な、しかし相反する状況が、なぜ軽やかにこのひとつの場所で共存しえたのか。そこにぼくは最も感動した。

それは安藤さんが、はるか初期の住吉の長屋から試みてきたことに違いない。精緻なプロポーションの中庭が空に開く瞬間、その精緻さと緊張感を引き受けながらも、空はおおらかに頭上にあったのではなかったか。また中之島公会堂に卵型の空間を埋め込んだ初期の計画案も、このブルス・ドゥ・コメルスへと至る最初の一歩だっただろう。色鉛筆で描かれた圧倒的なドローイングのことを思い出す。その時は求心的な閉じた楕円の卵だったものが、いつしか開かれ、歴史と自然とプログラムと人とをおおらかに受け入れ引き立たせ、もっとも相応しいこのパリの歴史の中に実現したのだ。パリという街にあることは、この場所が、この先数百年の間、ここにあり続けるということだ。価値あるものが、歴史と生活の中にあり続ける。

人々に開かれたこのおおらかさは、安藤さんとお話しする時の温かさをも思い出させる。いつも冗談を言いながら、若いぼくたちを鼓舞してくれるその姿が、人々を柔らかく包み込み、そこに多様なつながりが生まれるのを見守るこの空間のあり方に重なる。

歴史に開かれることで、時間を超えたさまざまな文脈を含み込み、自然に開かれることで、時間の中で変化し続けるあらゆる異なる光と空と空気の変化を迎え入れ、アートの営みと行き交う人々に開かれることによって、多様なものたちが緩やかにつながりあう場が生成する。その意味において、ブルス・ドゥ・コメルスは圧倒的に現代的でありながら、同時に時間を超えていくのである。

2022.1.24　飛騨

「提案」や「表現」などが薄っぺらく思えるその先へ

ＪＩＡ新人賞　二〇二二年二月

今年のＪＩＡ新人賞の審査委員を務めた。長谷川逸子さんと小野田泰明さんという尊敬するお二人と一緒に建築を見て周り議論する時間は、とても貴重で楽しいものだった。審査結果はまだ公表されていないのでここでは結果には言及しないが、審査の過程で若い世代のつくるこれからの時代の建築について豊かな示唆をもらったので、それを書いてみたい。

ＪＩＡ新人賞は、一次審査であるパネル審査、プレゼンテーションと質疑応答による二次審査、そして現地を訪れる最終審査によって選定される。今年は、最終審査に五つのプロジェクトを選定した。

興味深かったのは、最終審査に残った五つのうちの四つまでが、住宅＋アルファの建築だったことだ。住宅と店舗、住宅と地域に開いた多目的なスペースなど、住宅をつくりながら住宅の範囲にとどまらずに、少し公共の方へと溶け出すような、そんなあり方が模索されていた。

現地を訪れてみると、その意図と達成は、身体的な実感をしっかりと得られた。そして何より面白かったのは、どのプロジェクトも「住宅というものを拡張して今までのプログラムを解体してやるぞ」とか「建築家が住まい方の新しい提案をしてやるぞ」というようなギラギラした意識ではなく、むしろごく自然に、敷地と周辺の状況や経緯、またそこで起こるであろう具体的な活動などを真摯に受け止めて、とても素直につくっていった結果として、通常の「住宅」、「建築」というものの枠組みを超えていくような柔軟でおおらかな存在ができ上がってきているところだった。

能作文徳さん、淳平さん兄弟による高岡のゲストハウスは、既存住宅の屋根をそのまま再利用する方法が一見目を引くのだが、そして屋根が空中を飛んでいる写真はインパクトが大きいのだが、つくり上げられた場所は、そんな一過性のインパクトなどを遥かにしのぐ「生きた場所」の質が生まれていた。道路側に新しくつくられた離れのようなスペースは、この敷地全体を道から守りながら同時に道へと開いていく重要な存在となって、しかし周囲の家並みとの調和の中で、あたかもずっと以前からそこに建っていたかのように存在している。この新しい棟を含めた全体のつくり方によって、家と街と道と広場と庭とコミュニティの新しい関係が生まれているのである。

木村松本建築設計事務所による京都の house S/shop B は、奥行きの極端に浅い変形敷地への対応が目を引くが、その状況の特殊性を利用して面白い建築をつくってやろうというような邪心が一切な

高岡のゲストハウス　設計：能作文徳+能作淳平

house S/shop B　設計：木村吉成+松本尚子

く、むしろこの場所でどんな豊かな人間活動が生まれるだろうかという点を施主と共に真摯に考えていった先に立ち現れた建築である。ここでも総体としての状況への素直さが際立っていて、素直さゆえに唯一無二のものができ上がったと言える。施主が一階のバーカウンターに立って近隣の方々とやりとりしているさまを見ると、建築家の「提案」など軽々と超えていく真の豊かさを感じる。もちろんそれを建築として実現するためには、彼らが培ってきた構造やディテールへの深い造詣と、そして何より建築そのものへの圧倒的な実力があってこそであるのは言うまでもない。

コンマによるサクラと住宅は、不思議な建ち方をしている。敷地に残る桜の老木との共存ということなのだが、一昔前(ぼくたちの世代?)であれば、もっとあからさまに「桜と建築が共存する新しい形式」などと言ってインパクトのある「提案」としたかもしれない状況で、彼らはもっと広い視野で誠実に状況を把握し、建築を紡いでいく。外観を見た時に、家というには奇妙なスケール感で大ぶりだなと思ったのだが、施主が「公共建築のような建ち方ができないかと相談した」と言うのを聞いて、ものすごく腑に落ちた。外観のRCのフレームは、家というよりは、たとえば公民館のような公共性を感じさせるスケール感である。一方で内部は木のフレームによって住居としての質感とスケールで、伸びやかさと居心地を両立している。その内外の積極的なズレによって、家であり、同時にどこか公共性のある人々の集う建物が現れた。ゆくゆくは一階部分をカフェとして使いたいという施主の思いも含めて、実に素直に、しかし特別なものとなっている。

武田清明さんによる六つの小さな離れの家は、その意味では、古き良き「作品性」、「提案性」を感じた。それゆえにこの家は写真映えするし「面白い」感じを伝えやすいのだが、現地に行ってみると逆にそれゆえの空回りを感じる部分もあった。既存の状況を丁寧に見ていくという点ではとても真摯な姿勢が感じられるが、最後にそれを形にする時に、才能があるゆえのケレン味ともいえる何かが溢れ出ていて、それが魅力でもあり、また違和感でもあったと思う。家でありながら家を超えたある種のコミュニティや公共性という感覚はここにも生きているが、それが少し「建築」に閉じていたかもしれない。

もうひとつ、萬代基介さんの作品は、パヴィリオンという性格ゆえなのか上記の作品たちの持つ建築のトータリティには至っていなかった気がする。しかし写真で見せてもらった石巻の堤防に建つ東屋はとても魅力的に思えた。

家というものを問い直したり、それ以外の機能も含めて、旧来の機能や活動を問い直す、ということは「プログラム」を新しく提案する、などと言われて、今では建築家の役割のひとつのように考えられている。そういう意識はいつ頃から生まれたものなのだろうか？　ぼくが学生だった頃には、まだあまりそういう話が積極的に行われていたわけではなかった気もする。レム・コールハースのＯＭＡが大々的に紹介されたあたりから、日本でもそういう意識が芽生え、さまざまなプロジェクトで試みられていったのかもしれない。

あるいはまた、建築家というものが、依頼された案件を設計するという、どちらかというと受け身の仕事であることに対するフラストレーションが、建築家側から機能与件も含めて提案する、という攻めの姿勢への憧れになっていったのかもしれない。

もちろん、プログラムが再検討されるべきプロジェクトはあるだろう。またそのようにして初めて生まれた名作建築もある。SANAAの金沢21世紀美術館はその最たる例だろうし、せんだいメディアテークも、プログラムを再構築する意識がなければ決して生まれなかった建築だ。ぼく自身もキャリアの初期に精神医療施設を設計していたときには、旧来の精神病院の形式をそのまま援用することがほとんど空間の暴力となってしまうという切迫した状況ゆえに、設計条件それ自体をクライアントと共に組み立てていかなくてはならなかった。これらの建築は、クライアントや運営側と建築家が密にやりとりをする中でこそ生まれてくるものだろう。

一方で、あまりに「プログラムの提案」の響きが魅力的だったからなのか、建築関係者の中には、全てのプロジェクトでプログラムを「提案」しなくてはならない、とでもいう感じで迫ってくる方々もいる。それは少し空回りなのではないか、と思うこともある。ぼく自身もホールを設計した時に、それはいわゆる普通の形式の良いホールだったのだが、「新しい劇場のあり方を提案するということは考えなかったのか?」と問われたことがある。劇場というのは特に、オーセンティックなものと新しい実験とが常に混在する複雑なプログラムなのだが、本当の意味で何が生きてくるのか、というのはその状況によって色々である。

ある街では、地元に根ざした劇団なり合唱サークルなりが、彼らなりの新しい試みを行おうとしている場合もあり、またある街では、いわゆる普通のホールをしっかりつくり運用することで、その街の文化活動が活性化することもある。ある街では、全く前衛的な活動をあえて招致したいと考え、そこには「新しい劇場の形式」が必要となるだろう。そこに優劣はない。ただ、その場所場所に応じた多様な劇場の在り方があるのである。

同じように、普通のホールと、プログラム的に意欲的な提案をしたホール（ホールじゃなくても、美術館でも図書館でもいいのだが）との間で、それ自体での優劣はない。どちらも尊いものである。この意識をしっかり持っていないと、建築家が勇んで色々な提案をして、それが空回りしてみんなが不幸になる、というようなことが起こりかねない（すでに起こっているかもしれない）。ぼくたちは、普通の劇場を、普通の美術館を、誇りを持って設計して良いのである。そしてその普通の中には、必ずやその場所に特有の何かが潜んでいて、建築家の頭でっかちな「提案」や「表現」などが薄っぺらに思えるような、リアルな価値へとつながっていくはずなのである。「提案」の暴力を振り回して建築の狭いコミュニティだけが面白がっているような滑稽さはもういいだろう。

今回、ＪＩＡ新人賞の現地審査で若い優れた建築家の作品を幾つも見て回る中で、その落ち着いた素直な姿勢に大いに共鳴した。彼らの建築への姿勢には「建築家が何をやるか」ではなく、このプロジェクトが素晴らしくなるためにはどうすればいいのか、と考えることが、自然と身体化されていたように思う。攻めの提案だけではなく、受け身もまた同じくらいに重要であること。さらにプログラムというものが、たとえばホールにしても、劇場そのものの新しさとは別に、建築全体、もっと言うとその周辺地域全体として見た時の価値の提案に結びついているかどうか、という広い視点を、彼らはしっかりと持てているように感じられた。そして建築というものが、社会のさまざまな活動やプレイヤーと連動しながら、互いに響きあいながら生まれてくるものであるということを気づかせてくれた。自分が大声を出すのではなく、全体が響きあうこと。だから住宅でありかつ店舗である、というプロジェクトだったとしても、それはプログラムに囚われたゆえの「解体」や「組み替え」ではなく、素直に場所と人と活動を見ていった結果、旧来のプログラムや用途や意味づけが溶けて自然と混ざりあってしまった、とでもいうような、建築に対する信頼が感じられた。

ぼくが好きな丹下健三さんの言葉がある。一九五四年、津田塾大学の図書館の竣工直前に週刊朝日別冊に寄せた文章だ。タイトルは「素直」である。

「わたくしは〈前衛〉でもなければ〈保守〉でもないようである。ごく、あたりまえのことをしている素直な一人の建築家と思っている。わたくしは建築の設計をするとき、機能に忠実である。それとともに、わたくしたちの風土の条件や、技術の水準にも素直なつもりである。伝統についても何かを感じている。だから、ごく当たり前の素直なものができる。すると文明開化いらいの固定観念にとらわれた人たちは、それを見て、新しいといっておどろくのである。」

昨日新しかったことは、明日には固定観念になる。無関心で凡庸なものをつくるということではない。提案の押し付けではない。ズレた新しさの表現でもない。素直な視線の先にのみ、真にみずみずしい建築がある。なにごともただ素直に見ることができる姿勢でいたい。

2022.3.17　仙台

現代建築への深い危機感／「それでもそこにつくる」こと

卒業設計日本一決定戦　二〇二一年四月

三月上旬、せんだいメディアテークで行われた卒業設計日本一決定戦の審査員長を務めた。ここ数年はスケジュールが合わなかったこともあり、卒業設計の講評会に参加していなかったので、久しぶりにたくさんの学生の熱意とパワーを感じることができて、とても新鮮な喜びがあった。そしてそれ以上に、建築とはなにか、という根源的な問いについて、大いに刺激とインスピレーションをもらえたので、今回はそれについて書いてみたい。卒業設計の話題ではあるけれど、現代社会と建築の抱えている問題や、これからの時代の建築のあり方などについて、建築家の方々にとっても示唆に富むイベントだったと思う。

今年の審査員はぼくを含め五人だった。建築だけでなくランドスケープやインテリア分野からも参加してもらい、さらに若い世代の審査員もいる、良い審査員団だったと思う。審査は二日間にわたって行われた。初日は、せんだいメディアテークの五、六階に展示された四〇〇点以上の出品作品のパネルと模型を見ながら一〇〇作品まで絞り込む。この作業はひたすら展示会場を行き来して、全作品を何度も見返し、各自の評価する案を絞っていく。

会場であるせんだいメディアテークのチューブが、上階のギャラリーや下層のライブラリの情景を常に垣間見せてくれるので、展示空間にいながらも、ある種の外部性や他者性を常に意識できるのはやはり楽しい。模型で満たされた展示空間に突然裂け目ができて、全然関係のない都市の活動や人々の寛《くつろ》ぐ情景などが、意識にコラージュされるような感覚だ。この丸二日間のハードな審査過程の中で、ぼくたちの精神世界を支えてくれたのは、伊東豊雄さんの設計したこのメディアテークの空間に違いない。

四〇〇作品を越える全体を概観すると、幾つかの興味深い傾向が見てとれる。

まずひとつめは、時間の経過を建築に取り込むような作品がとても多かった。人の一生や社会の変化、世代の交代につれて、建物自体が更新され、ときに減築され、いろいろな仕方で変化していくのである。それを表現するために、時系列に幾つもの模型を使ってプレゼンテーションをする案も多かった。最終プレゼンテーションを行なった十一組の作品の中で具体的に挙げるとすると、088大山亮さん「破壊と構築」、207山井駿さん「〈日常〉のパッソ・オスティナート」、390小林芽衣菜さん「於 道の上、木の隣」、538門田岳さん「都市住宅山行」などがその系譜だった。

右記の時間の経過ということとも連動するが、自分たちがコントロールできない他者性を建築思考の重要な一部として捉える案も多く見受けられた。風雨などの自然の力によって「朽ちる」ことや変化することを積極的に取り入れる案があった。また大勢の人間が関わるというストーリーとすることで、社会的な意味での他者性を内包することを意図した提案もあった。ひとつの住宅の経緯を仔細に提示するような案の場合にも、施主という他者性を提示することで、なんでも自由に設定できる卒業設計というものにポジティブな不自由さのようなものを導入しているものもある。最終十一選の中では、上記に挙げた088大山さんが波による侵食を積極的に空間造形の根底に置き、207山井さんは既存の住居そのものが持つ他者性に加えて、そこに記憶というもうひとつの他者を想定し、さらに新しく住むことになる具体的な施主を重ねることで、他者性の複雑なレイヤーをつくり出している。436柴田智帆さん「個性のあいだ」は大勢の人の多様な意識を扱うという方法で他者性の交響曲のようなものを意図していたように思えて面白かった。541須佐基輝さんによる物議をかもした生物的建築「建築の生存本能」では、建築が雨風気温湿度などの自然環境の変化によって生物的に変化していくという意味でコントロールできない他者の介入を積極的に推し進めているだけでなく、そのように変化し続ける建築自体が人間存在にとっての他者となり、他者と人間との動的関係に機能主義を越える新しい建築の可能性を見ていたという意味で、多重の他者性を意識していた提案だった。

もうひとつ印象的だった傾向は、敷地を複数箇所に設定し、それらが関係性のネットワークを形づくるように、それぞれの場所にツボを押すかのように（比較的小さな）建築を置いていく、という考え方だ。最終十一選で言えば、458及川龍人さん「追憶と展望」のさまざまなバス停を点在させていく案がまさにそうだし、右に挙げた538門田さんの提案も、二拠点を行き来するという意味で状況と建築の複数性に触れている。

これらの傾向、時間の経過による変化を取り入れ、さまざまな意味でのコントロールできない他者を建築の根幹として据えて、さらに建築を分解しネットワーク状の関係性として再構築する、という方法たちは、その全てが、旧来のいわゆる建築というものへの疑問や問い直しから生成しているのではないだろうか。ぼくたちが知っている古びた意味での建築とは、ひとつの大きな塊のようにそこに立ちはだかり、鈍重で、一度でき上がったら変化することなく、全てをコントロールできているような尊大な態度で硬直化している「建築」と成り果てていて、現代のぼくたちの社会の柔軟な変化や活動に今の建築はついていけていないのではないか、そこにもはや希望を見出せない、という若い世代の意思表示なのだろう。旧来の、と言ったが、それは何も石造りの古びた博物館のようなものだけを指しているのではない。現在進行形でつくられている軽やかな現代建築でさえも、そのような建築の根源的な旧来性と鈍重さからは逃れられていない。それほどまでに、現代建築が抱えている問題は根が深く深刻なのである。

一方で、そのような建築の危機の意識は、ここ数年で急に湧き上がってきたというわけでもないのではないか。一〇〜二〇年、あるいはそれ以上の長い時間の中で、建築の建築性を超えていくという永遠の夢を追い求めている、とも言えるかもしれない。ぼく自身の中にも、建築そのものを問い直すという不可能性ゆえの魅力に取り憑かれた自分がいることを否定できない。しかし今回仙台で感じた若者たちの意思表示は、観念を超えてもっと身体的に、実感を持って、この古くて新しい問いが提示されたように思えて、感銘を受けたのだった。

さて、そうやって色々な議論を経て、審査二日目の昼前に、最終プレゼンテーションを行う十一選が選定された。

十一人の素晴らしいプレゼンテーションを聴き、審査の議論が始まる。

ひととおり意見を出しあった後に、では各審査員が推すものをそれぞれ表明してみると、見事に五者五様、票が完全に割れた。審査委員長として、これはどうしたものか、と思っていると、審査員の一人である秋吉浩気さんが「藤本さん、評価軸を設定してください。評価軸によってどれが良いのかというのは変わるので」と言う。それを聞いて、スッと視界が開けた気がした。ぼくは「評価軸を設定したくない」と言った。なぜか。

直感的に、ひとつの評価軸を設定してそれに沿って全ての案を並べることは、「建築」というものが持つべき複層性、多様性に反するのではないか、と考えたのだ。建築とは、この複雑で多様で豊かで、それゆえに相矛盾しているさまざまな状況が同時に共存しているこの世界というものを受け止め、そのどれをも排除することなく、多様性を響きあわせる場であるだろう。そこにひとつの物差しを持ち込んで評価しようとしても、すぐさま別の物差しが顕在化して、全く反対の評価が現れてくる。どの物差しを選ぶかという不毛な議論ではなく、それら無数の視点や価値観全体が、その矛盾を超えてそこに響きあうそのさまこそが、建築の持つ力であり、この多様性の時代に建築がそれでも価値を創り出すことができるという希望でもあるのだ。

結果として、ぼくは、審査員長として、明確な評価軸を提示する代わりに「できるだけ決定を引き伸ばす」ということを提案した。それは時間的に引き伸ばすということではなく、決定ということ自体の持つ暴力性からできるだけ遠ざかることだ。決定をしないことによって浮かび上がってくる各案の魅力が各審査員に染み渡っていって、その先に浮かび上がってくるものをじっと見据えるという方法だった。ひとつの評価軸に沿って一列に並べるような単純化された世界ではなく、また減点法によって絞っていくような次善の策の世界でもない。賞を決めることを優先して建築に目をつぶるのではなく、不要に状況を単純化せずに、この複雑で豊かで多様な素晴らしい世界を映し出している圧倒的な作品たちの只中にできるだけ長い時間浸り続けて、向きあって、そうすることでしか浮かび上がってこない建築の本質を最後に掬い取ることがぼくたちの責任なのではないか。

その瞬間、この審査は単なる審査を超えて、現代において、この多様な世界を多様なまま、いかに建築として立ち現せることができるのか、という大きな問いへと向きあう時間となった。コンセプトだけでもなく、デザインだけでもなく、プロセスだけでもなく、リサーチだけでもなく、インパクトだけでもなく、構造の面白さだけでもなく、プレゼンのうまさだけでもなく、そういう言語化できる次元を超えてこそ生まれるトータリティとしての建築。総体としての建築。

見事日本一に輝いたのは、317佐藤夏綾さん「磯に生きるを灯ス」だった。東日本大震災の津波被害を乗り越えた鮎川に向きあい、現地を何度も訪れた実感と、そこから良い意味で距離をとる知的な眼差しとが行き来するようなリアルなダイナミズムが計画として、風景として、立ち上がっている。将来に再び来るであろう津波に対して、それが流されてしまうかもしれないという意識と、それでもそこに残り続ける痕跡と記憶として立ち上げた塔たちの、その多義的な存在感に、深く感銘を受けた。美しい湾の風景を目の当たりにしたとき、それをそのまま残すことも頭に浮かんだかもしれない。しかし「それでもそこにつくる」ということを最後に選択した知性と胆力に震えた。冒頭に挙げた最近の傾向のどれにも当てはまらないとも言えるし、その全てを内包しているとも言える。自らが力強く設計をしながらも、それが自らの意志を超えていくことを見据えている。圧巻だった。

日本二位になった250鎌田彩那さん「なびくみち　あままで届き　うづもれぬ」も素晴らしい作品だった。自身が幼少期に遊んだという六甲山の急斜面に、自然と人間と動物とが共存する新しい環境をつくり出す。それは土木と建築とランドスケープの融合であり、巨大スケールと人間スケール、そしてミクロのスケールまでを横断する視点が、おおらかに、軽やかに、そして同時にいい意味でしつこくつくられている。ぼくはここにも、人間的なトータリティの豊かさを感じた。概念や言語やコンセプ

佐藤夏綾「磯に生きるを灯ス」

鎌田彩那「なびくみち あままで届き うづもれぬ」

トによってつくられる提案は、ともすればインパクトは大きいが実はスカスカであるということが気になっていた。この提案では、設計者の身体性や記憶、空回り気味の思い、巨大な模型に立ち向かうパッション、その一方でこれを完成させられるのかという不安や逡巡、さらにどこまでデザインすればいいのかという迷いなどもないまぜになったトータリティが、最終的な作品の力となっている。個人の思いに沈んでいくということではなく、個人から発して、世界を含み込んで開いていく清々しさが際立った。個々のエレメントのデザインは決して上手いとは言えないが、逆に上手さに流されなかったことで、このトータリティに行き着くことができたのだろう。

三位の饗庭優樹さん「水トノ共生作法」は、今回のファイナリストの中では一番しっかりとした建築だった。それゆえに建築が本来備えているトータリティの力はあるが、逆に言うと、建築を超えたトータリティ、世界に揺さぶりをかけるような、一位二位のような、恐れと可能性を感じながら思い切って世界に飛び込んでいくような迫力がなかった。世界に飛び込む瞬間に生まれる、最後キワでの世界の総体への信頼が、一位二位の提案を尊いレベルに押し上げていたのだ。選には漏れたが、447小村龍平さん「機械と人の大樹」にも、一位二位に迫る世界への眼差しが感じられて良かった。

建築というものへの信頼が揺らいでいるという感覚と、その傾向が見てとれた全体の中にあって、「それでもそこにつくる」という知性と胆力とそこに飛び込む勇気と楽観性が、未来を切り開くに違いない。

2022.4.28　東京

多彩な世界と均質化する人間の脳

ドバイ万博　二〇二二年六月

㊻

三月下旬、ドバイ万博を視察した。

二〇二五年の大阪・関西万博の会場デザインプロデューサーという重責を引き受けてから二年がたち、マスタープランの概要や幾つかの重要な建築物などの設計は進んでいるが、ぼく自身は、未だ万博というものを体験したことがなかった。一九七一年生まれなので七〇年大阪万博は未経験としても、その後の筑波万博や愛知万博にも会場へ行く機会はなかった。学生時代の一九九二年に行われたセビリア万博で安藤忠雄さんが設計した木造の日本館は、雑誌で見たそのコンセプトの鮮やかさと新しい時代の木造の再発明の衝撃、そして何よりその立ち姿や内部空間の力強さで強く記憶に残っているが、現地を訪れたわけではなかった。ハノーバー万博、上海万博、ミラノ万博なども、メディアを通しての情報しか知らない。やはり万博というものを、肌で感じ、身体の体験として記憶に刻むことが、この先二〇二五年までの三年間のクオリティを決定づけるに違いない。パンデミックによる日本への帰国時の隔離期間が緩和され始めるタイミングを待って、三月末の閉幕直前となったが、ドバイを訪れた。

閉幕直前となったことは、結果的に良かったと思う。COVID-19の影響もあり、ドバイ万博は開幕当初は入場者の低迷に苦しんだ。それが会期末が近づくにつれてさまざまな施策によって賑わいが戻ってきて、ぼくが訪れた時にはかなり混雑している状況だった。万博会場を設計している身としては、人のまばらな会場ではなく、リアルな混雑が会場計画にどんな影響を及ぼしているのかを体験できることは重要である。また三月のドバイはすでに気温三〇度前後まで暑く、日差しも相当に強くなっている。その状況は、二〇二五年の夏の大阪を想定したシミュレーションとしても適切だ。それもあって、各国館にも一般入場者と同じように列に並んで、その待機列のつくり方や日除け対策などを直に体験したのだった。オンラインの予約システムはあるのだが、人気館はそうそうに予約が埋まってしまうため、早朝の開場時から訪れて二時間待ちなどの列に並んだりした。

五日間にわたって、朝から晩まで会場を歩き回り、六〇以上のパヴィリオンを訪れた。

まずは会場全体について。広大である。体感として、大阪・関西万博の一・五倍はある。この会場全体を飽きさせずに周遊できるかが、まずは鍵になる。万博会場は都市計画になぞらえられることが多いと思うが、都市と言うには散漫だ。むしろテーマパークと言った方がいいだろう。ドバイの日差しを考慮して、主要な動線空間には全てパーゴラ状の日除けが設置されている。その日除けの形式やデザインが場所によって異なるのは良い。小規模な出展をする国は、会場側が用意した既存建物にテナントとして入居する仕組みで、それは二〇二五年万博も同じなのだが、その建屋のエリアがかなりの規模でつくられている。おそらく会期後にはオフィスや住居として利用することを見越していて、そのエリアだけは比較的ヒューマンスケールの路地と広場とグリーンが点在して街のようだ。万博らしいオーバースケールの巨大パヴィリオンと大きな街路が広がるエリアと、上記の小さな路地の巡るエリアが常に表裏の関係になっているので、シャンゼリゼや表参道などがその良い例だが、体験の変化をうまくつくり出している。

現地で実感したのは、マスタープランレベルの計画はあくまで全体の大きな骨格のみであり、実際の体験を形づくるのはその骨格の中に展開するさまざまなスケールや意味のレイヤーによる無数の雑多なものたちである、ということだ。ひとつの建築を設計する場合には、その建築に関係するあらゆるものがちゃんとデザインされて調和していることが良しとされることが多いが、都市スケールになると、それら全てがちゃんとデザインされていることは、逆に恐ろしく単調でつまらないものだろうと想像される。そこには雑多なものによるズレと揺らぎとごちゃごちゃとした感覚が必要であり、それはある程度までは計画され得るけれども、その先は計画されえない領域である、と認めることは重要だろう。特に近代主義的なクリーンな建築やデザインにありがちな、それ自体が完成しているものの魅力に無意識的に取り込まれている現代の我々にとって、この雑多さの問題というのは、本質的かつ創造的な領域であるはずだ。秩序と乱雑さの揺らぎを持った均衡とでもいうのだろうか。そしてそれは、多様さを許容するインクルーシブの思想とも根底でつながっているはずである。

パヴィリオンについては、多くの展示が映像やインタラクティブな体験となっている現代においては、建築はブラックボックスが主体となっていて、その周囲に何がしかの装飾が施されているというのがまずは標準的なつくりだ。そこからもう少し展開して、体験のルートを立体的かつ開放空間の動線とし、その中に幾つかのブラックボックスが配置される、という方法もあった。建築的には疑問符が残るが、ドイツ館やイタリア館などの巨大館、コロンビア館やイラン館などである。

それをさらに押し進める試みとして、そこにある種の環境のようなものを出現させるものが幾つか見られた。ブラジル館は軽やかな半透明の膜屋根のヴォリュームの下に、子どもたちが遊ぶことのできる広大な水盤を用意した。展示エリアは補足的なものであり、パヴィリオンのメインはこの水盤である。そこにはドバイの暑さから逃れて多くの人が集まってきて、子どもも大人も水遊びをしている。

ブラジル館　設計：JPG.ARQ, MMBB, Ben-Avid

そのおおらかさに、人はブラジルという国と人と文化を感じたであろう。

オーストリア館は、土で仕上げられた円錐形の空間が無数に連なる場を提示した。その形状と素材によって、軽やかな洞窟のような空間の中は体感温度が数℃低く感じられ、風が抜ける気持ちのよい場所となっていた。

シンガポール館は、シンガポールらしいグリーン推しのパヴィリオンで、立体的なグリーンがつくり出す建築―自然―都市環境の中を回遊する仕掛けであり、スウェーデン館は丸太柱が林立する環境そのものがパヴィリオンである。韓国館は、屋根付きのイベントスペースを近未来的な風景で形づくり、その周囲を立体的に巡る展示経路だが、そのイベント空間が屋外に向かって開いているので、やはりある種の環境をつくり出していると言える。サスティナビリティ館の巨大なキャノピーは、その下に、開放的な屋外でありながら、日差しから守られたグリーンと広場が融合した場所をつくり出していた。周囲に林立する大屋根の子どものような小さなキャノピーたちと合わせて、その屋根の上のソーラーパネルが全ての電力をつくり出している。

個別に見ていくと興味深いものもあるのだが、しかしあの場で痛感したのは、あらゆることが無節操に試されていた、という感覚だった。それはもはや無数の可能性のワクワクするような展開などではなく、むしろあるゆることが可能であるゆえに、そのどれもがなんの説得力も持たず、無数のヴァリエーションのひとつとしてしか認識されないという明るい不毛さの砂漠だった。万博が未来の建築の実験場である、という時代は、すでに終わってしまっているのだろう。構造の実験、素材の実験、空間の実験、形の実験、社会の実験。こういう建築の未来へ向けた「実験」がすべからく不毛なゲー

シンガポール館　設計：WOHA

オーストリア館　設計：querkraft

サスティナビリティ館　設計：グリムショウ・アーキテクツ

ムと成り果てて空回りしているさまは、現実世界でもすでに起こっていると言うべきだろう。万博という最もコンテクストが希薄な状況において、その空回りは最も勢いよく、それゆえに虚しく響き渡る。

友人であるスイスの建築家クリスチャン・ケレッがデザインしたバーレーン館は、ある意味でその最たるものだったかもしれない。巨大なキューブ状の姿をした建物は、中に入ると、そのキューブ全体がワンルームであり、そこに構造要素となる無数の斜め柱が空間をランダムに突き刺している。壁は柔らかく周囲を写し込む金属板で、内部も同じ仕上げである。その壁に柱が交わる部分では、スリット状の開口部が開けられ、そこから光が差し込む。展示はこのランダムに落ちてくる柱によって緩やかにエリア分けされた内部空間に控えめにいろいろなものが並べられている。構造的、空間的にも素晴らしいチャレンジであり、見たことのない空間である。光と構造と空間が融合して、そこにプログラムと人の動きが響きあう。そう書くと、名建築の予感すらするのだが、実際に体験したそのパヴィリオンは、外界から隔絶した自己充足的な世界の中に閉じて（たとえ外部に開いた光を主題にしていても、それはあくまで内部体験をつくり出すための光でしかない）その中での自問自答にすぎないように見える。エントランスが、地下へと降りていくトンネル状だったことは象徴的だった。これは建築的な実験の極北であり、その終焉をも示していたのではないだろうか。

そのような傾向から逆説的に導かれるのは、これからの建築の価値は、建築単体での面白さではもはやなく、いかに状況やコンテクストと豊かな関係を築いていくのかということだろう。単に周囲に開いていますとか、場所の記憶を取り込みましたという単純なものでなく、より多様に、深く、コン

バーレーン館　設計：クリスチャン・ケレッ▷

テクストと響きあわせるためのさまざまな実験が試みられていくであろう。つながりの中から湧き上がってくる建築。それは、排他的ではなく、真に開かれた、インクルーシブな場をつくることとつながっていくはずだ。

最後に、パヴィリオンのコンテンツも含めた全体を通しての実感を書いておきたい。

それは端的に言うならば、この世界とはなんと素晴らしく多様性に満ち溢れているのだ、という感動と、未来とはなんと画一的でつまらないのだろうか、という失望がないまぜになった奇妙な感覚だった。各国館で展示されるそれぞれの国の風土や文化、伝統や生活は、驚くほどにそれぞれが違っていてそれぞれが多様で、そしてそのどれもが感動的である。ペルー、パキスタン、インド館などが美しい映像で見せてくれるそれらの国々の自然と文化は、その先を果てしなく探求していくことができるであろう深さを実感させてくれる。それだけでも万博に来た価値があると思う。一方でどの国も展示の最後には、我が国の未来、というパートがあり、そのどれもが、驚くほど画一的で単調で、表面的な正しいことしか述べられていない虚しさに満ちている。

これは何か重大な真実を示唆しているのではないか、と感じずにはいられない。

この世界は、自然は、そこで膨大な時間をかけて培われた文化は、真の多様性に満ちている。一方で、未来は、人間の脳によって構想されつくられるであろうこの未来、つまり人間の脳は、なんと小さく単調にまとまってしまっているのか。そして情報テクノロジーが過剰に発達した現代において、我々はますますこの単調な自らの脳の中に閉じていきつつあるのではないだろうか。建築もまた同様かもしれない。偉大な天才の脳がつくり出す偉大な建築も素晴らしい。しかし一方で、世界に耳を澄ませ、世界との共鳴によって現れる建築の方が、より多様で豊かなのではないか、とも思う。建築家なしの建築が常にぼくたちを遥か遠方から見渡している。ぼくたちは、建築家のつくる建築だけでもなく、建築家なしの建築だけでもない、その二つが溶けあう未来に向かっていけるはずだ。

QUAI
CADEAUX
Bar à Huitr
Office du Tourisme
10
PRIORITÉ
AUX
PIÉTONS

2022.7.4　セット

循環していくこと

伊勢　出雲　宮島　神戸　大阪

二〇二二年八月

伊勢神宮

昨年から今年にかけて国内を動くことが多くなって、伊勢神宮と出雲大社を、恥ずかしながら初めて訪れた。また先日は宮島の厳島神社を再訪した。そうして改めて、これらの場の力を実感した。

伊勢神宮の内宮を初めて訪れて何よりも新鮮だったのは、その地形が思いのほか荒々しいことだった。宇治橋を渡るところは穏やかな風景で、そこから徐々に鬱蒼とした巨木の森の中に入っていく感覚が良い。しかしいよいよ本殿というあたりから、地形は岩山のような雰囲気となってくる。式年遷宮のために二つ設えてある敷地が、ぼくの勝手な想像で綺麗に二つ並んでいるのかと思っていたが、実際には岩山の起伏の中でそれぞれの敷地でレベル差があり、静謐なというよりも、なんとかこの場所に仮に設えたという感じの不思議な建ち方である。その荒々しい自然をどうにもできないという趣きが味わい深い。

当日は正式参拝をすることができた。そうすると、普段は立ち入ることができない壁の向こうに足を踏み入れることになる。まずは脇の小屋でお浄めをして、神職の方の後について神域に入っていく。歩強く印象に残ったのが、その地面の設えだ。あたり一面、かなり大ぶりな荒い石で覆われている。歩いていくと、石が鳴り、足元はおぼつかない。それはまるで、本来人間が足を踏み入れてはいけない場所に、特別に許しを得てかりそめに居させてもらっているかのような感覚だ。静謐でありながら、荒々しい。それは、人間のものではなく、むしろ自然そのものの持つ荒々しさだ。原初の自然に対する畏れとつながる。そのひとときは、時間すらも現世とは異なるもののように感じられる。

ようやく社殿の正面に立つと、そこからさらに数歩前へ進むように促される。もはや神職の方も脇に控えられて、自分一人そこに放り出され、ただ一人が本殿と対峙している感覚となる。足元はますますおぼつかない。身体的な体験であることが拒まれているような感覚になる。二礼二拍手一礼。この儀礼の形式性もまた、体験を身体や感覚と結びつけることを拒む。それは身体的にも感覚的にも思考としても、どこまでも宙吊りにされたまま始まり、終わる。

ここでは「その先の向こう側」が意図されている。それは微かに感じることができるが、しかし人間の五感や思考では越えられない何かを感じる。あるいはそう設えられている。それを自然と言ってもいいのかもしれないし、神と言ってもいいのかもしれない。ここではその二つに本質的な違いはないのだろう。そして自然は、人間と近しくもありながら、同時にどこまでも近づけない遥かな距離としてそこにある。それが荒々しさとして現れてくる。

出雲大社で印象的だったのは、何よりも急激に下っていく参道だ。ぼくの中で、参道というものは平らか、緩やかに登っていくものという先入観があったので、この下っていく参道を目の当たりにした時には驚いた。出雲大社の高層社殿の話は聞いていたので、もしかすると、この参道は、当時は下っていたのではなく、この大鳥居から谷を跨いで巨大な木造の橋が水平に架けられ、結果として社殿が高く持ち上げられていたのではないか、というような想像をしたりもした。鎮守の森の上空を、美しい木造の架構の橋が、全長五〇〇メートルにもなるだろうか、真っ直ぐに浮遊して、その先の空中の社殿へと至る。おそらくそんなふうではなかったはずだが、大いに想像を掻き立てられる。その後、博物館で見た、発掘された当時の空中社殿の柱の巨大な遺構を目の当たりにすると、ぼくたちの想像をはるかに超える何かがここに存在していたとしても不思議ではない気がした。

ここでは巨木というものが、荒々しい自然を体現しているのだろう。それが遥か山奥に存在すること自体がすでに人知を超えているが、あえてその巨木を切り倒し、運び、柱に束ねて何本も林立させる。そうやって生まれる社殿では、人知の及ばない荒々しさがそのまま林立して聖域をつくり出す。人の手によるものでありながら、人を超えた何かとなる。

先月、久しぶりに厳島神社を訪れた。

今回は満潮時の訪問だったので、穏やかな海に浮かぶ姿を見ることができたが、ぼくにとっての厳島神社の驚きと本質は、初めて訪問した時の印象として強烈に記憶に残っている。

もう二〇年近く前だろうか、その日その時間はたまたま潮が引いていく時間帯だった。それまで知識の上で、厳島神社は美しい水面の上の静謐な建築という印象を勝手につくり上げていた自分にとって、その体験は衝撃だった。潮が引くにつれて、水上社殿の足元の水面が、ものすごい音を立てて渦を巻いて流れていくのである。それは静謐などという言葉とは正反対の、荒々しい自然そのものだった。社殿の床が軽やかな平面だけに、周囲で渦巻きながら轟音を立てている水が、恐ろしい対比で見えてくる。その時にぼくは、これこそが厳島神社の本質なのだと理解した。水に浮かぶ優美な姿も素晴らしい。だがそれよりも、荒れ狂う濁流と轟音の只中で、足元もおぼつかなくなりながら、何かに対峙するということ。超えることのできない自然の姿を目の当たりにする「場」そのものとしての厳島神社。その姿を見た後では、満潮の水面でさえも、その静けさにかえって畏れを感じざるを得ないのだ。

伊勢神宮の正式参拝で荒い石の上をおぼつかない足取りで進んで行ったとき、厳島神社の濁流渦巻く風景が思い出された。人が足を踏み入れることが許されない場所。人知の果てが垣間見える瞬間。伊勢神宮の式年遷宮も、ある意味ではそのようなキワにおける出来事として理解するべきなのかもしれない。永続するものと、移り変わるもの。人間のつくるものは、自然のように永続するものの世界には入れない。だから二〇年に一度、強制的に建て替える。建築物も、古くなるとなんとなく自然と溶けあうようになってきたりもする。しかしそこで、冷徹に、厳然と、人知とその先の違いを思い知らされるように、建て替えが行われる。どこまで行っても踏み越えられない領域を、空間だけではなく時間的にも設えるのが、式年遷宮であると言えるのかもしれない。伊勢も出雲も厳島神社も、その「場」自体が聖域であり、建築物はその聖域をほんのわずかに引き立てるためにあるかのように見える。その大きな自然自体に比べれば、人間のつくるものなどほんの小さな出来事にすぎないのだろう。自然の持つ大きな時間に対して、人間のつくるものは常に移ろいゆく。この「大きな時空」を見据える感覚を深く体感したのだった。

しかし面白いのは、自然そのものもまた、常に移り変わっていくものだということだ。日本の文化は、古来この「移り変わっていくゆえに変わらない」という感覚に貫かれている。日本の庭などはまさにその典型だろう。式年遷宮もそのような文化の現れなのかもしれないが、それにしては、少し形式的すぎる気もする。移ろいゆくゆえに変わらない大きな自然に対して、あえて形式的に更新を繰り返す式年遷宮は、人間の活動が到達できない相手への敬意として、あえてミニアチュアとしてうつろいをなぞる行為なのかもしれない。循環という大きな自然観をミニアチュアとすることで、自然をなぞりながら同時に自然には近づけないことを体感する、キワの表現となっている。

先日、神戸でミケーレ・デ・ルッキさんとお話をした。

ミケーレさんとは、数年前に、白井屋ホテルの一部屋のデザインをお願いするために、ミラノのスタジオを訪ねたのが最初の出会いだった。久しぶりの再会だったが、変わらず暖かく迎えてくれた。お会いするのは二度目だが、ぼくとミケーレさんは不思議なほど共鳴した。ミケーレさんはいま六甲山の森の中で、リング状のホテルの建物を計画していた。そしてぼくは、二〇二五年の大阪・関西万博でリング状の大屋根を計画している。どちらも木造である。また、神戸で行われていたミケーレさんの展覧会「EARTH STATION」でのプロジェクトも円環状のものが多かった。ぼくとミケーレさんは、六甲山の森の中の静かな部屋で、リングに象徴される循環について語りあった。それは森の木々の循環であり、命の循環であり、また正面も裏もないという公平性であり、同時に全ての場所が異なるという多様性でもある。古いものと新しいものという歴史を継承する循環でもあり、持続可能性という大きな循環でもある。日本にも古来から、この思想があったはずだ。そしてこれからの建築は「それがどこから来て、何を経て、どこへいくのか」という循環をしっかりと見据えていく時代になるだろう。

先週、大阪の安藤忠雄さんの事務所を訪れた。変わらず、笑いあふれる暖かさで迎えていただいた。

いろいろな楽しいお話の中でも忘れがたい言葉があった。「子どものときに見た建築が、その子にとって一生の建築になる。だからわしらはエエ建築をつくらなあかん」。安藤さんが、笑いを交えながらも、いつになく言葉に力を込めておっしゃっていたのが強く記憶に残っている。ここに建築の本当に大切な循環がある。ぼくはこのことを忘れずに建築をつくっていきたいと思う。

2022.9.5　宮島

世界はそもそも完全ではない

ロンドン　ブダペスト　大阪　二〇二二年一〇月

COVID-19が落ち着いてきて、海外へと行き来する機会が増えてきた。

五月下旬からすでにヨーロッパを四往復している。以前のペースに比べるとまだゆったりしているし、以前のように戻るのが良いかどうかわからないが、建築と人と社会の持つ多様さや豊かさは、やはり実際に訪れて会って体感してこそ得られるものだと実感する。

五月下旬にロンドンで行われた、友人であるフランシス・ケレのプリツカー賞受賞パーティーは、参加した多くの建築家にとっても久しぶりのパブリックなパーティーだったようで、皆そのことの喜びを語っていた。

六月上旬、シアスター・ゲイツが設計したサーペンタイン・パヴィリオンのオープニングに参加。黒い円筒形の象徴的なシアターは、パンテオンを思わせる円形のトップライトが印象的だ。パンデミック以前と変わらず大勢の人がひしめきあうオープニングの風景が懐かしく感じられた。その群衆の中で遠くにDEZEENのマーカス・フェアーズさんを発見、お互いアイコンタクトでうなずきあう。マーカスさんがぼくの方にiPhoneのカメラを向けたのでスマイルで撮ってもらう。ぼくたちのプロジェクトを毎回掲載してくれたマーカスさん。まさか翌月に彼が亡くなるとは想像もできなかった。その時マーカスさんが撮ってくれたぼくの写真が、先日、共通の知人を経由してぼくのところに送られてきた。サーペンタインのオープニング直後に「藤本に会ったよ」とその写真を知人に送っていたのだという。彼の目を通したぼく自身の写真。もはや会うことができない友人の視線そのものを贈られた気がした。

サーペンタイン・パヴィリオン2022　設計：シアスター・ゲイツ

コロナの中でオープニングに参加することができなかったブダペストのHouse of Musicをようやく訪れることができた。九月の初旬、初秋の美しい日差しの中、それはそこにあった。設計図面と写真を無数に見ていたが、やはり実際の佇まいと空間は格別だ。周囲の森の緑は生い茂り、その中にひっそりと建っている。天井の金色は意図した通り、そして写真で見るよりも遥かに穏やかに、周囲の緑と響きあっている。空間のスケール感も良い。大きすぎず、しかしおおらかで、親密に人々を迎え入れながら、同時に特別な場所であるという華やかさがある。この感覚、両義的で多様で豊かな空間体験は、やはり実際に体験しないとわからない。久しぶりに名建築を見た、という感覚があった。同時に、ちゃんとできていてほっとした、というのが正直なところだ。

この建物は、モンペリエの集合住宅に続いて、ぼくたちがヨーロッパで実現した二番目の建物になる。モンペリエは内部空間がほとんどなかったのに対して、ブダペストは文化施設であり、外部から内部への空間的なグラデーションが一番の特徴だ。その空間が、現実のものとして目の前に広がっている。なんというか、素材や空間が、どっしりしているな、と感じた。ペラペラでない。それでいて重々しくない。建築だな、と感じた。もしかするとこれは、地震がある場所と、ない場所で建つ建築の決定的な違いかもしれない。地震がある日本などでは、全てが揺れ動くことを前提につくられている。だから建築がしっかり座っていないように感じられる。それが軽やかさを産むとも言える。一方でヨーロッパをはじめとする地震のない国では、さまざまな納まりが、ただ素材と素材が組み合わさっているという素直さと安定感がある。床、柱、ガラス、天井、そのどれもが、それがそこにあるようにそこに存在している。その素直さと安心感。その中にあって三種類の金色アルミ板を組み合わせた

House of Music

天井だけが、対比的な軽やかさで浮いている。そのアルミ板でさえも、存在の根拠を持っているように見える。これが数百年の歴史をもつ街に建つ建築のあり方なのか、と腑に落ちた。

毎年秋に大阪で行われる若手建築家の展覧会「U-35建築展／三五歳以下の若手建築家による建築の展覧会二〇二二」のシンポジウムに今年も参加した。今年の出展者は、自分たちの設計思考をなんとか言葉にして伝えようという姿勢が強く感じられて面白かった。マニフェストとも言えるようなメッセージを放っている。シンポジウムでは、ぼくたち五〇歳前後の建築家＋建築史家とU-35の若い世代の建築家が議論をするのだが、若い世代から言葉が幾つか提示されることによって、その言葉とその先を巡って、世代を超えた議論ができるのだ。個別の建築の良い悪いよりも、その背後で考えている思考の広がりを皆と共有することで、この現代という時代のなんとも捉えどころのない、しかし今まさに変化しつつある時代性のようなものをあぶり出すことができると面白い。

印象に残ったプロジェクトや言葉を幾つか拾っていきたい。

Aleksandra Kovaleva ＋佐藤敬のお二人は「つくろう（繕う）」という言葉を提示した。「つくる」ではなく「つくろう」。ヴェネチアビエンナーレのロシア館を改修するプロジェクトを通して生まれてきた言葉だという。建築をつくる時に、「つくる」ではなく「つくろう」と言ってみることで、確かに建築の意味が変わってくる気がする。どんなプロジェクトでも、その状況は多かれ少なかれ、課題を抱えていたり、何かを求められることが大半である。そこに寄り添うように、丁寧に繕っていくことが、建築という行為なのだ、というメッセージだ。ぼくはその言葉の先にある建築の開かれた可能性にワクワクした。それは単にリノベーションをすれば良いとか、弱々しくあれば良いということではない。建築を単体の自己完結した閉じた「表現」とするのではなく、多様な周囲の状況、空間的にだけでなく時間的な変化も含めた状況に寄り添い、丁寧に響きあいながら、何かが変わっていく。コンテクストに応答して、とか、周辺環境を考慮して、という言葉ではなく、もっと染み込むように、しかし本質的なところで強く大きな変化を起こすような、そんな姿勢なのではないかと思ったのだ。

シンポジウムの後の飲み会で「つくろう」を英語でどう表現するのか、という質問を投げかけた。まずは repair という言葉が出てきたが、それだとちょっと直接的で断定的すぎる気がした。mending, take care などの言葉も出てきたが、まだしっくりこない。この日本語の「つくろう」という言葉の持つ、ただ問題を解決するだけではない、もっと持続的に寄り添って本質を変容させていくニュアンスの英語表現が求められるのだろう。彼らの進行中のプロジェクトの建築案や表現は、その言葉としっかりとシンクロしているように見えた。

佐々木慧さんの提示する「非建築」という言葉もまた、とても深い思索を呼び覚ました。この言葉だけをみると、建築に対する単純で強いアンチテーゼのように見えるかもしれない。しかし彼の描いたダイアグラムが表現するのはもっと本質的な転換だ。それを文章でうまく表現できるかどうか自信がないが、言ってみれば、建築にまつわるさまざまなものたち、敷地条件や家具、機能性や設備などすべてのものが、建築という確たる何かによって統合されるのではなく、むしろ建築とはそれらさまざまな状況のあいだに染み渡って溶けていくエーテルのような存在として全てが統合される、というようなイメージである。

建築を取り巻く状況がますます多様になり、その全てを包含しようとする時、建築そのものはむしろ媒体として溶け出し消えていき、その媒体によって統合された総体が、真の多様性の建築として立ち現れる、という感覚だろうか。その滲《にじ》み消えていくエーテルのような「非」建築こそが建築の本質であり、しかしその先にもっと広い意味での建築の強さが立ち現れ拮抗する。ただの否定ではなく、非建築―建築の再転換が行われるのである。ではそのヴィジョンは具体的にどのような建築として実現するのか。幾つもの進行中のプロジェクトにその萌芽を見てとることができるが、さらにその先を期待させるものがある。

全てに寄り添い溶けていくという点において「非建築」は「つくろう」ともつながっている気がした。シンポジウムに参加した五十嵐太郎さんは、出展者全員の傾向として「新しい統合」を模索しているのではないか、と洞察していたが、佐々木さんの「非建築」は、その新しい統合を最も意欲的かつ現代的な形で提示しようとしていた。

西倉美祝さんの提唱する「オルタナティブ・パブリックネス」も、その言葉だけを見ていると何を言っているのかわからないが、話を聞くと現代の時代を表す示唆がある。いわく、公共空間とはそもそも不完全なもので、それを完全にしようとしてもなんらかの形で人を排除する空間になってしまう。そうであるなら、不完全なものを受け入れ、異なるさまざまな不完全さを重ねあわせていくことで、不完全で多層であるゆえに多様性を受け止める場所ができるのではないだろうか、という仮説だ。西倉さんの作品が、その思想をうまく建築化できているかはまだよくわからなかったが、この不完全さを重ねていくという思考は、右に挙げた、「つくろう」や「非建築」とも通じる現代的な本質を突い

ている と思う。

山田健太郎さんの提唱する新しい「積層」も、同様の不完全さゆえの多様性を志向している。最古の建築構法のひとつである積層は、古来、ピラミッドのように同じ素材と単位のものを積み上げることでつくられていた。それに対して山田さんは、異なるものを積み上げてもよいのではないかと発想し、コンクリートブロック、木材、鉄骨のH鋼を、半ばランダムに積み上げることを試みている。そうしてでき上がった空間は、均質さを回避し、不思議と豊かな乱雑さを宿している。それでも禁欲的に三種類の素材に限定していることに疑問を感じながらも、もっと自由に多様なものたち、例えば部屋そのものや庭、家具や全く異なるあれこれを積み上げるという可能性へと開いている思考はとても面白いと感じた。ここでもまた、均質で完結した存在としての建築への疑問から出発した、よりインクルーシブな思考が芽生えている。

世界はそもそも完全ではないという前提。完全さが逆に何かを排除してしまうという感覚。それゆえに不完全さに可能性を見出すこと。その不完全な世界に寄り添い、多様なものたちを受け止めるためには、不完全さに根ざした新たな統合が求められているという感覚。これらはとても示唆的で大いなるインスピレーションであった。

翌週、伊東豊雄さんを招いての講演会と、さらにU-35出展者の若手建築家たちと伊東さんの対談シンポジウムを開催した。ぼくも司会者の一人として同席した。先に書いたような、若い世代の提示する多様な世界に応答する建築の未来像に、伊東さんはどう反応するだろうか?

「まだまだぜんっぜん弱いんだよな……！」

「言葉で安心しちゃってるように見えるんだよ。言葉にしがみついて、徹底的に追求して、必死に食らいついていくくらいじゃないと……そういう姿を見たかった！」

伊東さんの言葉はいつもダイレクトに本質に突き刺さる。その言葉は、伊東さんが培ってきた建築に対する圧倒的な「信頼」に根ざしている。そして同時に、伊東さん本人が一番「まだまだ行ける」と、地の底から湧き上がるような熱意をもって実感している。リアルな建築とリアルなプロセス、リアルな社会と圧倒的な熱量で格闘してきた伊東さんの思いが溢れ出た瞬間だった。出展者の若手建築家だけではなく、ぼく自身も、そして会場にいた数百人の全員が、熱いものを受け取ったのだった。

2021.11.6　ニューヨーク

都市を「ぶらぶら歩く」ことの価値

京都　ニューヨーク　パリ　二〇二二年十二月

京都、西芳寺に来ている。

久しぶりに訪れた苔寺は、新鮮な驚きに溢れていた。まず何よりも、庭全体の起伏の高低差に驚く。総門から本堂へと至る道はほぼ平らなので、意識が無防備なまま歩みを進めてしまう。そうして観音堂の前で庭の全景を思いがけず見下ろす形となって、その高低差のダイナミズムに驚愕するのである。人は目の前に空間が開ける時、水平や見上げ方向で広がる視界よりも、足元から空間が下っていって目の前の全景が三次元的に目に飛び込んでくる時に、より大きな空間的驚きを感じるものなのかもしれない。目の前の空間に自分の身体が飛び込んでいく感覚と同時に、その空間の全景を客体として引いた目線で認識する感覚が共存する。臨場感と俯瞰が両方同時に体験されるのだろう。西芳寺の最初の驚きは、まさにそこにある。そして目の前の風景が全て苔と木々によって、淡い緑色に染められているのである。緑色のエーテルに満たされた空間に、今まさに静かに沈み込んでいこうとするかのような、静粛な、それでいてダイナミックな、音のない空間。苔の吸音作用と包まれるようなすり鉢状の地形が、この独特の「音のない場」をつくり出している。そこに無数の時間が幾重にも重なりあっている。

この重層する時間は、形容し難い不思議な感覚を生み出す。この庭は打ち捨てられた場所のように感じられる瞬間がある。物理的な廃墟というものを通り越して、時空の廃墟とでもいうような、全てがあちら側へと行ってしまった後の痕跡のみが見えているかのような感覚がある。実際に、ある時期この庭が放置されていたことによって、この苔に埋め尽くされた庭が生まれたという説もあるようだ。しかしそういう現実世界の時間の経過を超えて、その先へと、その果てへと、行ってしまっている。

それでいながら、この庭は丁寧に手入れが行き届いている。現にぼくが訪問した時にも、庭師の方が細やかに手を入れていらっしゃった。打ち捨てられながら、同時に脈々と手入れが続けられている。手入れを続けることで生まれる廃墟。あるいは、人間スケールの時間感覚を超えた遥か彼方の時空の反響が、手入れという人の営みによって、かすかに、奇跡的に、ぼくたちの住む現実世界につなぎ止められているとでもいうような。この矛盾を超えた両義性の中に、この庭の世界が果てしなく巡っている。

その水際は場所によっては思いのほか切り立っている。それがまた人を寄せ付けない時空の厳しさの片鱗を見せてくれる。苔で覆われているということは、そこで起こったことやそこにあったものたちが全て覆い尽くされるということだ。それは無数の出来事を内包しながら同時にそれらを無化する。多様でありひとつである。また苔に覆われているということは、そこに人が足を踏み入れていないということだ。足を踏み入れることを許さないということだ。人が近づくことができないといういわば絶縁の感覚が、空間のテクスチャーとして視界全体を覆っている。しかしそれは縁を断たれているわけではなく、柔らかい緑として目に差し込まれてくる。人間のための場所ではないものが、人間のための庭として設えられている。無限に遠いものが、目の前にある。目の前に実在しながら、それがこの同じ世界に属してはいないのではないか、という感覚。存在そのものが、非存在となっている。世界の果ての裏側を垣間見たような感覚である。

パンデミック以来三年以上ぶりにニューヨークへ来た。

西芳寺

ジョン・F・ケネディ空港からタクシーに乗ってマンハッタンへ向かう。以前はあれだけスリムで異質ですらあったラファエル・ヴィニオリによる432パーク・アヴェニューが以前よりも、ぼってりと見えて風景の中に馴染んでいる。その背後に二つのもっとスリムな超高層ができたからなのか。ブルックリンにも以前には見なかった超高層が続々と建ち並んでいる。こうやってニューヨークは常に変化していきながら、それでも変わらぬニューヨークであり続けるのだろう。

今回は一泊の滞在だったので、打ち合わせ後にせめて新しくできた建物を見に行った。まずは友人であるトーマス・ヘザウィックによる新しいランドマーク、ヴェッセルである。

ハイラインに上がって少し歩くと、新しく開発されたハドソン・ヤードの一帯が見えてくる。ここに建つスカイスクレーパーたちは、ある意味、マンハッタンらしくない。しかしそれも少しすれば、この偉大なマンハッタンのアイデンティティの一部になるのだろう。それらの超高層の足元に、ヴェッセルはある。実際に訪れると、周りの超高層に比べると圧倒的に小さい。それでも世界中にマンハッタンの新しいランドマークとして瞬く間に認知されたその力は素晴らしいが、この立地はちょっともったいない気もした。すぐ横のディラー&スコフィディオ+レンフロのザ・シェードも相当な個性と大きさなので、なんとも濃いキャラクターがぎゅうぎゅう詰めの感じなのだ。あいにく上には登ることができなかったが、それでも周りの人々と同様、見上げて写真を何枚も撮ってしまったので、やはりその存在感は圧倒的だ。

そのままハドソン川沿いをUberで南下して、同じくヘザウィックによるリトルアイランドへ。ハドソン川に張り出した巨大な島状の新しい都市公園である。まずこのような公共空間が実現していることに感動する。それが世界的な建築家によって手掛けられているということも素晴らしい。ハドソン川に打ち込まれた無数の杭が漏斗状に開いて島を支えるつくりである。その漏斗の形状はやや表現的だが、それがまたこのプロジェクトのアイデンティティにもなっているはずで、成功していると言えるだろう。

島には二つの橋で行き来ができるようになっているが、橋も島の中も人で溢れている。何か目的があるわけではなく、ただぶらぶらと歩く人たちでおおいに賑わっているのだ。島は大体一〇〇メートル×一〇〇メートルくらいの大きさの正方形に近い形だが、かなりな起伏をつくってあるのが体験としての魅力につながっている。杭から伸びる漏斗状の構造体の高さと組み合わせ方でこの起伏がつくられていて、島の中の通路を辿っていくと、木々や草花で溢れるランドスケープの中をさまざまな勾配で登ったり降りたりする。そのたびに視点やヴューが変化して、マンハッタンや自分が今いる島そのものの見え方が変化する。徐々に島の全貌が自らの足と目によって明かされていく感じが楽しい。南西の角の一番高いところに行くと、そこからはロウワー・マンハッタンのダウンタウンの高層ビルが一望できる。マンハッタンにいながら、少しだけハドソン川に張り出していることで、マンハッタンの全貌が見えるのだ。先ほどのヴェッセルもそうだが、こういう無条件に嬉しくなる仕掛けがちゃんと用意されているのは重要だろう。またところどころに地面の裂け目のような場所がつくられていて、島を支える漏斗状の構造体や、その下の水面を見ることができるのも面白い。浮かぶ島としてのスペクタクルを散策する体験の中に自然と組み入れている。

この起伏は、全体としてすり鉢状になっていて、西芳寺の高低差を思い出した。大きさも同じようなものだ。そう考えると、西芳寺の庭園の、あの大きさを、その先の広がりを、一人で体験するということの贅沢さが際立つ。それはある意味で、もっとも過激な現代アートの体験にも比べられるだろう。一方で、マンハッタンのリトルアイランドの、あの大きさの中にあれだけの賑わいをつくり出す力もまた素晴らしい。ヘザウィックのプロジェクトは、時に建築というよりもプロダクト的な様相が強くなる場合があるが、このリトルアイランドは、それが島であるという前提もあって、とても良い「場」のデザインになっていた。

それにしても、ニューヨークでは、多くの人が「ぶらぶら歩く」という素晴らしい時間を楽しんでいた。ハイラインも、普通に下の道を通ってもなんの不便もないにも拘わらず、人はハイラインの上を歩くことを楽しんでいる。マンハッタンの地上の道は、ぼくは活気があって好きなのだが、こうやって改めて両方の道を歩いてみると、下の道はやはり車通りも多く道も凸凹で、それなりに緊張感と目的意識を持って歩く場所のように感じる。そこを早足で歩く時のなんとも言えない疾走感が、またマンハッタンの良さでもあるのだろうと思うが、しかしそんな街だからこそ、ハイラインの上のように、安全で、リラックスして、ただ「ぶらぶら歩く」という場所の価値が意味を持つのだろう。ハドソン川に浮かぶリトルアイランドもその意味でのただ「ぶらぶら歩く」という価値が最大化された場所だ。そのどちらもが、建築家が設計を手掛け、そこに実現するための行政などの力がうまく組み合わさったことに、都市文化の可能性を感じる。

十二月のパリに来た。

リトルアイランド　設計：トーマス・ヘザウィック

寒く、あいにくの曇りである。それでもぼくは冬のパリが好きだ。この空気の冷たさが故郷の北海道とどこかつながるからかもしれない。パリの街の柔らかいオフホワイトの建物たちは、もしかすると、この冬のためにデザインされているのかもしれない。それはどんよりとした曇りの日でも、そのわずかな光を反射し増幅して、街全体がほのかに明るくなるようだ。空のグレーが街に降りてくると少しだけ明るい白い光になって人々を柔らかく包み込む。

2023.1.1　東神楽

人とその思いの流れの緩急そのものが建築である

前橋　倉敷　小布施　パリ　二〇二三年二月

前橋BOOK FESでのアーケード商店街の様子

昨年のことになるが、ぼくたちが白井屋ホテルを設計した群馬県前橋市の中心市街地で、「前橋BOOK FES」というイベントがあり、ぼくも関連するトークイベントに参加したこともあって前橋を訪れた。

糸井重里さんが発案し、白井屋ホテルのクライアントでもあるJINSの田中仁さんら地元の方々と共につくり上げたこのイベントは、本を介して人と人がつながる仕組みである。参加者は自分の本を持ち寄り、他の誰かの本を持ち帰る。お金を介さない物々交換に近い形で、本が行き交う。そこに直接の、あるいは本を介した間接のコミュニケーションが生まれる。前橋の中心市街地のアーケード街の路上に、露店でたくさんの本が並べられ、地元の人々も、このイベントのために前橋を訪れた人々も、路を行き交いながら本を選び、会話し、思い思いの本を小脇に抱えて、みんな楽しそうである。

その時の前橋の商店街アーケードの風景は、忘れがたい。以前から何度も訪れた同じ道が、こんなにも人で溢れ、生き生きとするのだという驚き。そして街というものは、ただ人がいるというだけではなく、そこに会話と交流が生まれ、お金を介したやりとり以上の豊かさがあってこそ初めて生きている街と言えるのだということを目の当たりにした。

建築的な視点で見ると、昭和の時代のいわゆるアーケードというものがもはや古めかしい印象を持たれる場合もあるかと思うが、「屋根がついた路」という形式は、その場所が今回のように青空図書館のように使われることを可能にし、それでいて路としての開放性と流動性があり、また商店街に面する飲食店やさまざまなお店はそのまま営業しているので、多様な活動とプログラムが共存する街としての活気があり、つまり都市と建築が溶けあう豊かさをすでに先取りしていたのだと改めて実感させられた。

パリのパサージュなどの場所が美しい実例として思い出されるが、日本のアーケード商店街は、その「ゆるさ」において、より現代的なのではないかとも思う。パサージュが、美しく統合されすぎた路空間であるのに対して、アーケード商店街は、雑多な建物の集合でありながら、それが微かに屋根でつなぎ止められていて、その隙間から空が見えたり、横丁の背後の路地が別世界のような時間を垣間見せていたり、その世界が閉じていないことで、多層的な時空間の魅力が図らずも生まれているのである。人とその思いの流れの緩急そのものが建築である、とでも言えるような、原初的な場の力が溢れていた。

ぼくは、これからの時代の建築は、都市とランドスケープと建築との境界がますます消えていって、それらが溶けあい、境界を跨いだ多様な場所が生まれてくるのではないかと考えている。この日、前橋に現れた風景は、その予感に大きなインスピレーションを与えてくれるものだった。

倉敷の歴史的街区を歩いた。

白壁の屋敷や蔵が並ぶ街並みの美しさは圧巻だったが、新鮮な驚きだったのは、その美しい街区の中を縫うように、もうひとつの街をめぐるネットワークが生まれていることだった。ある屋敷の前庭から建物に入っていき、その横の蔵がカフェになっていたりする。しかしカフェの奥にもうひとつドアがあり、そこを抜けると背後の隣の建物へとつながっている。その建物は家具屋さんだったりして、

倉敷の歴史的街区

そこからもと来たのとは別の道へと出ていくことができる。つまり街区を形成する建物や蔵に通路や開口を開けていくことで、街区の中を通り抜けるような「けもの道」的な動線のネットワークを巡らせて、表の街に対して、もうひとつの見えない街の網目を重ねているのである。

それはあたかも整然とした歴史街区の街並みから一歩足を踏み入れると、異なる時空へとつながるワームホールへと誘われるような楽しさがあり、街を体感する次元がひとつ増えたかのように感じられる。表通りが格式のある通りであるのに対して、この「けもの道」はヒューマンスケールで部屋から部屋へと異なる時空間が断続的につながるような感覚となって相互補完的なのも良い。イタロ・カルヴィーノの『見えない都市』に出てきそうな街と路の新しい体験だった。

魅力的な街の体験は、新しい建築のあり方への示唆にもなる。例えば倉敷のアイデンティティでもある大原美術館が、幾つもの展示空間を、街の中の蔵を利用したり、屋敷の奥の空きスペースに現代的な展示室を新築するなりして、離散的でありながら同時に街というエーテルを通してつながりあう新しいタイプの美術館建築として立ち現れるという可能性もあるかもしれない。美術館を巡り歩く体験が街を巡る体験と魅力的にずれながら重なりあい、さらにそこに「けもの道」的な路/建築のネットワークが重なりあうことで、倉敷の街の体験の重層性が増していく。美術館建築としても、街と連動し、歴史的な意味も含めて真の意味で街と一体となったこれまでにない美術館が生まれるかもしれない。そんな想像を大いに掻き立ててくれる街の体験だった。

先日訪れた長野県小布施でも、また異なる方法による「けもの道」的な街の魅力に出会った。小布施では、オープンガーデンという方法で、人々が個人の家の庭を通り抜けることができるようになっている。道から庭へ、そしてまた道へ。庭を通り抜けるので、リビングでくつろいでいる方と目が合ったりもする。そうすると会釈をして通り抜けていく。ぼくは地元の方にご案内いただいて通り抜けていたのだが、当然みなさん顔見知りなので、通りかかっては世間話をしたりする。これはとても新鮮な経験だった。

近代以降、街というものが、公共の場所である路と、私有地である個人の家や庭とに厳格に分けられてしまったのに対して、小布施では公と私が、信頼の上で混ざりあう。街はフォーマルな路だけでできているのではなく、その間を縫うような庭によって網目状につなぎあわされ、面的な広がりとして認識される。線のネットワークである路と、面のネットワークであるオープンガーデンが、相互補完的なレイヤーとして重ねあわされる。街を縦横無尽に歩いている感覚が楽しい。

また、庭の中を通り抜ける時と路を歩く時では、スケール感や周囲に広がる空間の感覚が異なる。空間が脈動しているようなダイナミズムがある。ここにもまた、街や路、庭と建築とランドスケープが交わる未来の姿がある。

パリからの帰りの飛行機で、エッフェルをモデルにした映画『エッフェル塔～創造者の愛～』を見た。エッフェル塔は、その存在として、ぼくが歴史上最も好きな建造物である。

映画はエッフェル塔の設計―建設よりもその過程での愛や人間模様に焦点を当てたものだったが、それでも塔の建造がとてつもなく困難を極めたであろうことが感じられた。ぼく自身も、二〇二五

小布施のオープンガーデンで通った道

年の万博に向けて、史上最大級の木造建造物である大屋根リングの設計と建設に関わっているので、一八八九年のパリ万博のために建設されたエッフェル塔の規模や困難には比べられるものではないが、深く共感するものがあった。

興味深かったのは、映画の中で描かれる十九世紀のパリの街が、ほぼ今のパリの街と変わらないという点だ。それ以外の全て、食事も服装も、自動車も（馬車に混じって当時最先端であっただろう自動車が登場する）、設計図面も（手描き！）、それ以外も全てが現代とは全く異なるのに対して、街だけは、変わらずそこにある。もちろん新しい建物は無数に建ち（エッフェル塔もまさにその新しい建物のひとつだ）、古いもので無くなったものも多いだろう。それでもなお、パリの街は一〇〇年以上昔のパリのままなのだ。

ぼくたちの生活が、価値観が、それにまつわるあらゆるものが変化してもなお、その生活の場である街は、そのままであり続けるということ。ここにぼくは、街と建築をつくることの面白さがあると思う。時間を超えながら、同時に人々の生活に寄り添い、さまざまな人間のドラマが生起する場としての街と建築。無数の時間と無数の空間の次元が重なりあう場所なのである。

そしてこれからつくられていく街は、例えばパリの街にけもの道のようなもうひとつの巡り歩きのレイヤーを切り開いていくことかもしれないし、そのけもの道がひとつの美術館や図書館などの建築そのものであるということかもしれない。街や路というものの持つ、ポジティブな不確定性と予測不可能性、ぼくたちの想像を超えた何かが起こる多様性というものが、建築やランドスケープと重ねられていくに違いない。

あとがき

『GA JAPAN』で二〇一五年一月から八年にわたって連載しているエッセイが、このたび書籍化されることになった。

振り返ってみると、この八年間は自分の人生の中でもたくさんの大切な出来事があった時期に重なっていて、とても感慨深い。それらのかけがえのない時間の中で、訪れた場所や、見たものたち、そして感じ、考えたことを文章にして残すことができたのは、ぼく自身にとって貴重なものであった。その機会を下さった二川由夫さんに感謝したい。

二〇一五年というのは、二〇一二年のヴェネツィア・ビエンナーレ金獅子賞や二〇一三年のロンドンのサーペタイン・ギャラリーのパヴィリオンなどを経て、自分の建築観が広がり変化し始めた時期だった。モンペリエのプロジェクトをはじめとしてフランスでの活動が増え、二〇一六年にはパリに事務所を開いた。それまで講演会に呼ばれる形で世界各地を行き来していたが、異国の地でリアルなプロジェクトが動き出し、自分の事務所を海外にも持つということは、偶然かつ必然に起こる大きな流れに翻弄されるような感覚があった。

二〇一五年に最初の息子が生まれたことも大きな出来事だった。彼が生まれたことでぼくは確実に変わったと思う。翌年には父が他界した。

ここ数年はコロナの中での生活だった。パンデミックによって移動が制限されたことで、東京にとどまりながら、全世界が直面した未曾有の状況に自分自身の思考がどう応答するのかを静かに書き残すことになった。海外に行くことができないので、大学時代や卒業後に行った最初の海外旅行について記憶をたどりながら書き記すことができたのもありがたかった。いま書いていなければ、それらのかすかな記憶は忘却の彼方に去っていたであろう。

万博の会場デザインプロデューサーという大役を任命された。世界がどうコロナから脱して次の世界へと進もうとしているのかを肌で感じ、持続可能な社会というものへの転換が驚くほど急速に動いているのを体感した時期でもあった。ヨーロッパで戦争が始まった。昨年には次男が生まれた。

改めて読み直してみると、建築や都市についてばかりでなく、日々の生活の中でのささやかな気づきや、ときに深く物事の本質を思考し、また社会や世界のありようを大きな視点で見ていくなど、本当に色々なことを自由に描いていくことは楽しかった。

思いつくままに描いていったこれらの思考は、この八年でずいぶん変化し、また深められたと思う。その一方で、八年間ずっと同じことの周りを巡りながら思考し続けているようにも思う。ひとつの主題をめぐって無数の変奏が生まれ永遠に新しく生まれ変わり続けるバッハのゴルトベルク変奏曲のように。多様でありながら同時にひとつである。それは建築と世界のありようそのものかもしれない。

時系列になっているが、どこから読んでもらっても、まるでボルヘスの『砂の本』のように、そこからさまざまな思索の世界が広がって、異なる時系列が不意につながるような本になっているのではないかと思う。

藤本壮介

一九七一年　北海道生まれ
一九九四年　東京大学工学部建築学科卒業
二〇〇〇年　藤本壮介建築設計事務所設立

［写真・図版クレジット］
藤本壮介：特記なきもの
二川幸夫：pp.8-9, pp.12-13, p.21, pp.24-25, pp.32-33, pp.72-73,
pp.110-111, pp.118-119, p.121, p.132, pp.146-147, p.155, pp.158-159,
pp.234-235, pp.280-281, pp.316-317, p.339, pp.370-371,
pp.380-381, pp.442-443, pp.492-493
二川由夫：pp.2-3, p.20, p.27, pp.36-37, pp.52-53, p.57, pp.64-65, pp.96-97,
pp.100-101, pp.104-105, pp.116-117, pp.128-129, pp.230-231, p.237,
pp.250-251, p.254, pp.260-261, p.401, pp.414-415
山口真：pp.348-349
佐藤夏綾：p.476上, 鎌田彩那：p.476下

［初出］
GA JAPAN 132～181, 2015年1月～2023年3月

藤本壮介　地球の景色

2023年4月28日発行

著者：藤本壮介
企画：二川由夫
印刷・製本：シナノ印刷株式会社
制作・発行：エーディーエー・エディタ・トーキョー
151-0051 東京都渋谷区千駄ヶ谷3-12-14
TEL.(03)3403-1581(代)

ISBN 978-4-87140-695-6 C1052

デジタルネイチャー

生態系を為す汎神化した計算機による侘と寂

二〇一八年六月三〇日　第一版第一刷発行
二〇一八年六月三〇日　第一版第二刷発行

著者　落合陽一
発行者　宇野常寛
発行所　株式会社PLANETS／第二次惑星開発委員会
http://wakusei2nd.com/
info@wakusei2nd.com
印刷・製本所　日経印刷株式会社

ISBN978-4-905325-09-3　C0004

定価はカバーに表示してあります。
乱丁・落丁本は小社宛にメールにてご連絡ください。

本書はＰＬＡＮＥＴＳ発行のメールマガジン「Daily PLANETS」で連載されていた
「デジタルネイチャーと幸福な全体主義」第１回〜第６回（２０１６年８月〜２０１７年５月配信）を
再構成した上で、大幅な加筆を加えたものです。

https://arxiv.org/pdf/1711.00165.pdf（閲覧日２０１８年5月6日）
42 落合陽一『超ＡＩ時代の生存戦略――シンギュラリティ〈２０４０年代〉に備える34のリスト』（大和書房、２０１７年）
43 ＳＮＳに関する調査結果（坂本旬、「研究ノート：「ポスト真実」時代のメディア・リテラシーと教育学、フェイクニュースとヘイトスピーチへの対抗」、http://repo.lib.hosei.ac.jp/bitstream/10114/13614/1/sgcd_15_1_sakamoto.pdf）（閲覧日２０１８年5月6日）

34 デカルト『方法序説』(谷川多佳子訳、岩波書店、１９９７年　原：１６３７年)
35 Bektur Ryskeldiev, Yoichi Ochiai, Michael Cohen, and Jens Herder. 2018. Distributed Metaverse: Creating Decentralized Blockchain-based Model for Peer-to-peer Sharing of Virtual Spaces for Mixed Reality Applications. In Proceedings of the 9th Augmented Human International Conference (AH ,18). ACM, New York, NY, USA, Article 39, 3 pages. DOI: https://doi.org/10.1145/3174910.3174952 (閲覧日２０１８年５月６日)
36 http://digitalnature.slis.tsukuba.ac.jp/2016/07/human-coded-orchestra/ (閲覧日２０１８年５月６日)
37 http://digitalnature.slis.tsukuba.ac.jp/2016/10/stimulated-percussions-2/ (閲覧日２０１８年５月６日)
38 Natsumi Kato, Hiroyuki Osone, Daitetsu Sato, Naoya Muramatsu, and Yoichi Ochiai. 2017. Crowd Sourcing Clothes Design Directed by Adversarial Neural Networks. In NIPS 2017 Workshop (NIPS' 17). https://nips2017creativity.github.io/ (閲覧日２０１８年５月６日)
39 Holographic Whisper:
Yoichi Ochiai, Takayuki Hoshi, and Ippei Suzuki. 2017. Holographic Whisper: Rendering Audible Sound Spots in Three-dimensional Space by Focusing Ultrasonic Waves. In Proceedings of the 2017 CHI Conference on Human Factors in Computing Systems (CHI・17). ACM, New York, NY, USA, 4314-4325. DOI: https://doi.org/10.1145/3025453.3025989 (閲覧日２０１８年５月６日)
40 ロバート・キンセル『YouTube革命 メディアを変える挑戦者たち』(渡会圭子訳、文藝春秋、２０１８年)
41 Jaehoon Lee, Yasaman Bahri, Roman Novak, Samuel S. Schoenholz, Jeffrey Pennington, Jascha Sohl-Dickstein, "DEEP NEURAL NETWORKS AS GAUSSIAN PROCESSES"

https://ci.nii.ac.jp/els/contents110006181334.pdf?id=ART0008153616（閲覧日２０１８年5月25日）
27 JST CREST xDiversity
https://xdiversity.org/（閲覧日２０１８年5月６日）
28 グレゴリー・ベイトソン『精神と自然』改訂版（佐藤良明訳、新思索社、２００６年　原：１９７９年）
29 イクシー株式会社（exiii Inc.）公式サイト
http://exiii.jp/（閲覧日２０１８年5月６日）
30 ジョージ・オーウェル『１９８４年』（新庄哲夫訳、早川書房、１９７２年　原：１９４９年）
31 Naoya Muramatsu, Chun Wei Ooi, Yuta Itoh, and Yoichi Ochiai. 2017. DeepHolo: recognizing 3D objects using a binary-weighted computer-generated hologram. In SIGGRAPH Asia 2017 Posters (SA' 17). ACM, New York, NY, USA, Article 29, 2 pages. DOI: https://doi.org/10.1145/3145690.3145725（閲覧日２０１８年5月６日）
32 Yoichi Ochiai. 2018. How could we ignore the lens and pupils of eyeballs: Metamaterial optics for retinal projection. arXiv.
https://arxiv.org/abs/1804.01253（閲覧日２０１８年5月６日）
33 Yoichi Ochiai, Tatsuya Minagawa, Takayuki Hoshi, Daitetsu Sato, Satoshi Hashizume, Kazuki Takazawa, Amy Koike, Ippei Suzuki, Atsushi Shinoda, and Kazuyoshi Kubokawa. 2017. LeviFab: stabilization and manipulation of digitally fabricated objects for superconductive levitation. In ACM SIGGRAPH 2017 Posters (SIGGRAPH' 17). ACM, New York, NY, USA, Article 7, 2 pages. DOI: https://doi.org/10.1145/3102163.3102233（閲覧日２０１８年5月６日）

DOI: https://doi.org/10.1145/3025453.3025989（閲覧日２０１８年５月６日）
Fairy Lights in Femtoseconds:
Yoichi Ochiai, Kota Kumagai, Takayuki Hoshi, Jun Rekimoto, Satoshi Hasegawa, Yoshio Hayasaki, Fairy Lights in Femtoseconds: Aerial and Volumetric Graphics Rendered by Focused Femtosecond Laser Combined with Computational Holographic Fields, http://arxiv.org/abs/1506.06668（閲覧日２０１８年５月６日）

19 Holographic Whisper:
Yoichi Ochiai, Takayuki Hoshi, and Ippei Suzuki. 2017. Holographic Whisper: Rendering Audible Sound Spots in Three-dimensional Space by Focusing Ultrasonic Waves. In Proceedings of the 2017 CHI Conference on Human Factors in Computing Systems (CHI ,17). ACM, New York, NY, USA, 4314-4325. DOI: https://doi.org/10.1145/3025453.3025989（閲覧日２０１８年５月６日）

20 ジョン・C・リリー『イルカと話す日』（神谷敏郎、尾沢和幸翻訳、ＮＴＴ出版、１９９４年）

21 カール・マルクス、フリードリヒ・エンゲルス『資本論』（向坂逸郎訳、岩波書店、１９６９年　原：１８６７年）

22 マックス・ウェーバー『プロテスタンティズムの倫理と資本主義の精神』（大塚久雄訳、岩波書店、１９８９年　原：１９０４～05年）

23 前掲『プロテスタンティズムの倫理と資本主義の精神』３６５～３６６頁

24 齋藤毅『明治のことば』（講談社、１９７７年）

25 前掲『明治のことば』

26 舟阪晃「インターネット研究―仮想と現実―」（１９９９年）

https://www.theverge.com/a/verge-2021/google-x-astro-teller-interview-drones-innovation（閲覧日2018年5月6日）
13 ウィーナー『サイバネティックス――動物と機械における制御と通信』第2版（池原止戈夫、彌永昌吉、室賀三郎、戸田巌訳、岩波書店、1962年）
14 ノーバート・ウィーナー『人間機械論』第2版（鎮目恭夫、池原止戈夫訳、みすず書房、1979年）23頁
15 Lijun Wang, Wanli Ouyang, Xiaogang Wang, Huchuan Lu, "Visual Tracking with Fully Convolutional Networks", 2015.
https://www.cv-foundation.org/openaccess/content_iccv_2015/papers/Wang_Visual_Tracking_With_ICCV_2015_paper.pdf（閲覧日2018年5月6日）
16 前掲『人間機械論』第2版32頁
17 前掲『人間機械論』第2版66～67頁
18 Pixie Dust:
Yoichi Ochiai, Takayuki Hoshi, and Jun Rekimoto: Pixie Dust: Graphics Generated by Levitated and Animated Objects in Computational Acoustic-Potential Field, Proc. ACM SIGGRAPH 2014, Technical Papers, Vancouver (Canada), article no. 85, 10-14 Aug., 2014.
Holographic Whisper:
Yoichi Ochiai, Takayuki Hoshi, and Ippei Suzuki. 2017. Holographic Whisper: Rendering Audible Sound Spots in Three-dimensional Space by Focusing Ultrasonic Waves. In Proceedings of the 2017 CHI Conference on Human Factors in Computing Systems (CHI ' 17). ACM, New York, NY, USA, 4314-4325.

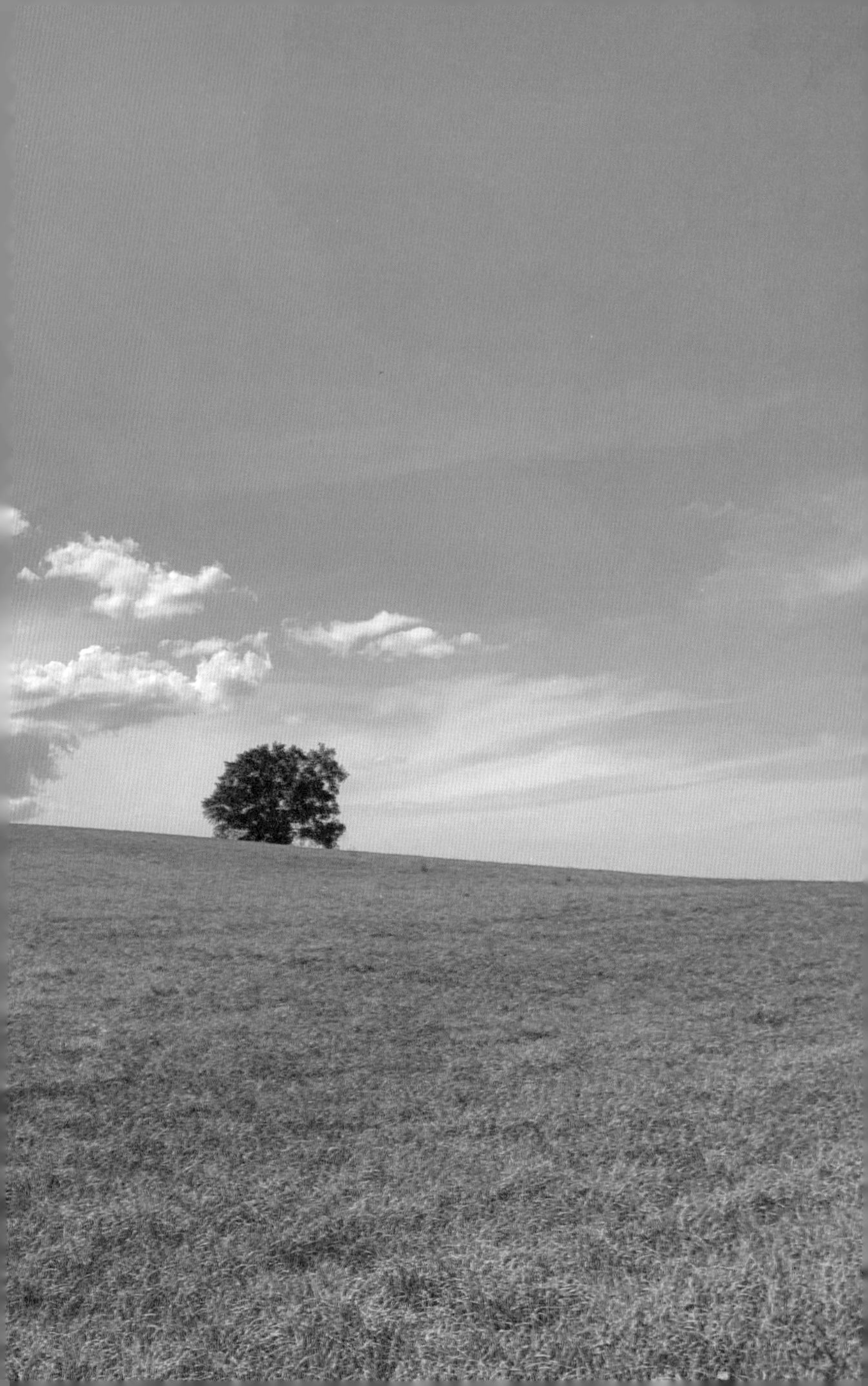